Marina Hennig · Steffen Kohl

Rahmen und Spielräume sozialer Beziehungen

Netzwerkforschung

Herausgegeben von
Roger Häußling
Christian Stegbauer

In der deutschsprachigen Soziologie ist das Paradigma der Netzwerkforschung noch nicht so weit verbreitet wie in den angelsächsischen Ländern. Die Reihe „Netzwerkforschung" möchte Veröffentlichungen in dem Themenkreis bündeln und damit dieses Forschungsgebiet stärken. Obwohl die Netzwerkforschung nicht eine einheitliche theoretische Ausrichtung und Methode besitzt, ist mit ihr ein Denken in Relationen verbunden, das zu neuen Einsichten in die Wirkungsweise des Sozialen führt. In der Reihe sollen sowohl eher theoretisch ausgerichtete Arbeiten, als auch Methodenbücher im Umkreis der quantitativen und qualitativen Netzwerkforschung erscheinen.

Marina Hennig · Steffen Kohl

Rahmen und Spielräume sozialer Beziehungen

Zum Einfluss des Habitus
auf die Herausbildung
von Netzwerkstrukturen

VS VERLAG

Bibliografische Information der Deutschen Nationalbibliothek
Die Deutsche Nationalbibliothek verzeichnet diese Publikation in der
Deutschen Nationalbibliografie; detaillierte bibliografische Daten sind im Internet über
<http://dnb.d-nb.de> abrufbar.

1. Auflage 2011

Alle Rechte vorbehalten
© VS Verlag für Sozialwissenschaften | Springer Fachmedien Wiesbaden GmbH 2011

Lektorat: Frank Engelhardt | Cori Mackrodt

VS Verlag für Sozialwissenschaften ist Teil der Fachverlagsgruppe Springer Science+Business Media.
www.vs-verlag.de

Umschlaggestaltung: KünkelLopka Medienentwicklung, Heidelberg
Gedruckt auf säurefreiem und chlorfrei gebleichtem Papier
Printed in Germany

ISBN 978-3-531-17975-9

Danksagung

Unser Dank gilt an erster Stelle der Deutschen Forschungsgemeinschaft, die durch die Förderung des Projektes „Versuch einer empirischen Rekonstruktion der Habitus- und Feldtheorie von Bourdieu durch die Netzwerkanalyse" dieses Buch ermöglicht hat.

Auch der Präsidentin des Wissenschaftszentrums Berlin, Prof. Ph.D. Jutta Allmendinger, die unserem Projekt offen und interessiert gegenüberstand und uns mit dem Projekt nicht nur Unterschlupf gewährte, sondern uns ermöglichte, das WZB und die darin vorhandene Wissenschaftsinfrastruktur zu nutzen, möchten wir an dieser Stelle danken.

Dieses Netzwerk von Akteuren unterschiedlicher wissenschaftlicher Felder war eine wesentliche Grundlage für das Entstehen dieses Buches, denn der Austausch mit den Kollegen der verschiedenen Fachgebiete und -disziplinen hat unsere Arbeit ein Stück weit mit inspiriert. Stellvertretend für die vielen Gesprächs- und Diskussionspartner möchten wir an dieser Stelle Prof. Kathrin Leuze und Dörthe Gatermann (WZB) danken, die sich immer wieder die Zeit genommen haben, Textentwürfe zu lesen, zu hinterfragen und zu diskutieren.

Erwähnen möchten wir an dieser Stelle auch den selbstlosen Einsatz von Dr. Jürgen Pfeffer (CASOS Center, Institute for Software Research, Carnegie Mellon University), der für uns ein kleines Programm geschrieben hat, mit dem es uns möglich wurde, die gefundenen Netzwerkstrukturen anschaulich zu visualisieren. Jürgen, wir danken Dir und hoffen, dass Du das Programm so weiter entwickelst, dass es auch andere Kollegen nutzen können.

Bei der Fertigstellung des Manuskriptes bekamen wir wertvolle Unterstützung von Mareike Ebach und Anna Erika Hägglund (WZB). Auch ihnen sei an dieser Stelle herzlich gedankt.

Inhalt

1   Einleitung   15

2   Pierre Bourdieus konzeptueller Ansatz   21
    2.1   Relationales Denken und die Objektivierung von Beziehungen   22
    2.2   Das Kapital- und Klassenkonzept   22
    2.3   Die Struktur, Raum und Feld   24
    2.4   Habitus als Verbindungselement von Struktur und Handeln   27
    2.5   Habitus und Wandel   30
    2.6   Handeln   32
    2.7   Zusammenfassung Bourdieu   33

3   Die Netzwerkperspektive   35
    3.1   Rollentheorie   35
    3.2   Handlungstheorie   36
    3.3   Austauschtheorie   38
    3.4   Balancetheorie   40
    3.5   Strukturalismus   41
    3.6   Rollen, Positionen und rationales Handeln   43
    3.7   Netzwerke und Kognitionen   45
    3.8   Subjektive und objektive Beziehungen   47

4   Verknüpfung der Netzwerkperspektive mit der Habitus- und Feldtheorie
    Bourdieus   49

5   Hypothesen   63

6   Daten und Operationalisierung   67
    6.1   Operationalisierung des Habitus   69
    6.2   Beschreibung der Milieu-Typen   79
    6.3   Beschreibung der Gesellungsstile   83

7   Untersuchung der Netzwerkstrukturen   87
    7.1   Netzwerkbeziehungen der Befragten   87
    7.2   Netzwerkgröße und Strukturmaße für die Netzwerke insgesamt   88
    7.3   Berechnung der Strukturmaße   90
    7.4   Netzwerkbeziehungen in den Milieutypen   93
    7.5   Aggregierte Netzwerkstrukturen für die Milieutypen   108
    7.6   Netzwerkbeziehungen in den Gesellungsstilen   113
    7.7   Aggregierte Netzwerkstrukturen für die Gesellungsstile   128

8   Zum Einfluss von Habitus und Netzwerkstruktur – empirische Ergebnisse   135

9   Sozialkapital und Netzwerkstruktur   145

10   Schlussbemerkungen   151

11   Literatur   157

Anhang A   163

Anhang B   187

Tabellenverzeichnis

Tabelle 1:   Verteilung von Geschlecht und Alter nach Befragungsort 67
Tabelle 2:   Verteilung von Lebensform und Schulabschluss nach Befragungsort 68
Tabelle 3:   Prozentualer Anteil männlicher und weiblicher Alteri im Netzwerk nach
             dem Geschlecht von Ego 89
Tabelle 4:   Anteil von Familie, Freunden und Bekannten nach Beziehungsnähe
             (Angaben in Spaltenprozent) 90
Tabelle 5:   Mittelwerte und Standardabweichung der Strukturvariablen 91
Tabelle 6:   Mittelwerte und Standardabweichung der Strukturvariablen nach
             Geschlecht 92
Tabelle 7:   Mittelwerte und Standardabweichung der Strukturvariablen nach
             Altersgruppen 92
Tabelle 8:   Anteil von Familie, Freunden und Bekannten nach Beziehungsnähe
             (der postmaterialistische Typus, Angaben in Spaltenprozent)..........94
Tabelle 9:   Mittelwerte und Standardabweichung der Strukturvariablen
             (der postmaterialistische Typus) 94
Tabelle 10: Anteil von Familie, Freunden und Bekannten nach Beziehungsnähe
             (der alternativ-sozial engagierte Typus, Angaben in Spaltenprozent).............95
Tabelle 11: Mittelwerte und Standardabweichung der Strukturvariablen
             (der alternativ-sozial engagierte Typus) 96
Tabelle 12: Anteil von Familie, Freunden und Bekannten nach Beziehungsnähe
             (der sozial-ökologische Typus , Angaben in Spaltenprozent) 97
Tabelle 13: Mittelwerte und Standardabweichung der Strukturvariablen
             (der sozial-ökologische Typus) 98
Tabelle 14: Anteil von Familie, Freunden und Bekannten nach Beziehungsnähe
             (der konsumorientierte Typus, Angaben in Spaltenprozent) 99
Tabelle 15: Mittelwerte und Standardabweichung der Strukturvariablen
             (der konsumorientierte Typus) 99
Tabelle 16: Anteil von Familie, Freunden und Bekannten nach Beziehungsnähe
             (der hedonistische Typus, Angaben in Spaltenprozent) 100
Tabelle 17: Mittelwerte und Standardabweichung der Strukturvariablen
             (der hedonistische Typus)..101
Tabelle 18: Anteil von Familie, Freunden und Bekannten nach Beziehungsnähe
             (der kleinbürgerliche Typus, Angaben in Spaltenprozent) 102
Tabelle 19: Mittelwerte und Standardabweichung der Strukturvariablen
             (der kleinbürgerliche Typus) 103
Tabelle 20: Anteil von Familie, Freunden und Bekannten nach Beziehungsnähe
             (der konservative Typus, Angaben in Spaltenprozent)...................104
Tabelle 21: Mittelwerte und Standardabweichung der Strukturvariablen
             (der konservative Typus)..104

Tabelle 22: Anteil von Familie, Freunden und Bekannten nach Beziehungsnähe
(der traditionsverwurzelte Typus, Angaben in Spaltenprozent) 105
Tabelle 23: Mittelwerte und Standardabweichung der Strukturvariablen
(der traditionsverwurzelte Typus)..106
Tabelle 24: Anteil von Familie, Freunden und Bekannten nach Beziehungsnähe
(der bürgerlich humanistische Typus, Angaben in Spaltenprozent).............107
Tabelle 25: Mittelwerte und Standardabweichung der Strukturvariablen
(der bürgerlich humanistische Typus) 108
Tabelle 26: Anteil von Familie, Freunden und Bekannten nach Beziehungsnähe
(Gesellige Erlebnisorientierung, Angaben in Spaltenprozent) 114
Tabelle 27: Mittelwerte und Standardabweichung der Strukturvariablen
(Gesellige Erlebnisorientierung)..114
Tabelle 28: Anteil von Familie, Freunden und Bekannten nach Beziehungsnähe
(Funktionale Rigidität, Angaben in Spaltenprozent) 115
Tabelle 29: Mittelwerte und Standardabweichung der Strukturvariablen
(Funktionale Rigidität) 116
Tabelle 30: Anteil von Familie, Freunden und Bekannten nach Beziehungsnähe
(Gesinnungsgemeinschaft, Angaben in Spaltenprozent)...............................117
Tabelle 31: Mittelwerte und Standardabweichung der Strukturvariablen
(Gesinnungsgemeinschaft) 118
Tabelle 32: Anteil von Familie, Freunden und Bekannten nach Beziehungsnähe
(Konventionelle Geselligkeit, Angaben in Spaltenprozent) 119
Tabelle 33: Mittelwerte und Standardabweichung der Strukturvariablen
(Konventionelle Geselligkeit)..119
Tabelle 34: Anteil von Familie, Freunden und Bekannten nach Beziehungsnähe
(Ich-Zentrierung, Angaben in Spaltenprozent)..121
Tabelle 35: Mittelwerte und Standardabweichung der Strukturvariablen
(Ich-Zentrierung) 121
Tabelle 36: Anteil von Familie, Freunden und Bekannten nach Beziehungsnähe
(Konventionelle Familienzentrierung, Angaben in Spaltenprozent) 122
Tabelle 37: Mittelwerte und Standardabweichung der Strukturvariablen
(Konventionelle Familienzentrierung)..123
Tabelle 38: Anteil von Familie, Freunden und Bekannten nach Beziehungsnähe
(Trotzige Isolierung, Angaben in Spaltenprozent)..124
Tabelle 39: Mittelwerte und Standardabweichung der Strukturvariablen
(Trotzige Isolierung) 125
Tabelle 40: Anteil von Familie, Freunden und Bekannten nach Beziehungsnähe
(Anspruchsvolle Kommunikation, Angaben in Spaltenprozent) 126
Tabelle 41: Mittelwerte und Standardabweichung der Strukturvariablen
(Anspruchsvolle Kommunikation) 126
Tabelle 42: Anteil von Familie, Freunden und Bekannten nach Beziehungsnähe
(Zurückhaltende Unsicherheit, Angaben in Spaltenprozent)........................127
Tabelle 43: Mittelwerte und Standardabweichung der Strukturvariablen
(Zurückhaltende Unsicherheit) 128
Tabelle 44: Signifikanzen bei der Erklärung von Netzwerkkennzahlen durch
Habituselemente mittels einfaktorieller ANOVA-Berechnungen 138

Tabelle 45: Korrelationsmatrix zwischen Netzwerkgröße und Anzahl der Alteri, die jeweils rein expressive, rein instrumentelle oder sowohl expressive als auch instrumentelle Unterstützung leisten...146

Tabelle 46: Korrelationsmatrix zwischen Netzwerkgröße und Anteil der Alteri, die jeweils rein expressive, rein instrumentelle oder sowohl expressive als auch instrumentelle Unterstützung leisten...147

Abbildungsverzeichnis

Abbildung 1:   Zusammenhang von Voraussetzungen und Ergebnissen von
               Sozialkapital nach Lin 58
Abbildung 2:   Verteilung der Stellung der Befragten im Beruf nach Featherman.............68
Abbildung 3:   Häufigkeitsverteilung des Netzumfangs 88
Abbildung 4:   Anteil der Beziehungen im Netzwerk nach Beziehungsnähe 89
Abbildung 5:   Anteil der Beziehungen im Netzwerk nach Beziehungsnähe
               (der postmaterialistische Typus)..93
Abbildung 6:   Anteil der Beziehungen im Netzwerk nach Beziehungsnähe
               (der alternativ-sozial engagierte Typus) 95
Abbildung 7:   Anteil der Beziehungen im Netzwerk nach Beziehungsnähe
               (der sozial-ökologische Typus)..97
Abbildung 8:   Anteil der Beziehungen im Netzwerk nach Beziehungsnähe
               (der konsumorientierte Typus)...98
Abbildung 9:   Anteil der Beziehungen im Netzwerk nach Beziehungsnähe
               (der hedonistische Typus)...100
Abbildung 10: Anteil der Beziehungen im Netzwerk nach Beziehungsnähe
               (der kleinbürgerliche Typus)..102
Abbildung 11: Anteil der Beziehungen im Netzwerk nach Beziehungsnähe
               (der konservative Typus) 103
Abbildung 12: Anteil der Beziehungen im Netzwerk nach Beziehungsnähe
               (der traditionsverwurzelte Typus)..105
Abbildung 13: Anteil der Beziehungen im Netzwerk nach Beziehungsnähe
               (der bürgerlich humanistische Typus)..107
Abbildung 14: Aggregierte Netzwerkstruktur für den Milieutypus Bürgerlich-
               Humanistisch 109
Abbildung 15: Aggregierte Netzwerkstruktur für Milieutypen 110
Abbildung 16: Anteil der Beziehungen im Netzwerk nach Beziehungsnähe
               (Gesellige Erlebnisorientierung)..113
Abbildung 17: Anteil der Beziehungen im Netzwerk nach Beziehungsnähe
               (Funktionale Rigidität)...115
Abbildung 18: Anteil der Beziehungen im Netzwerk nach Beziehungsnähe
               (Gesinnungsgemeinschaft)..117
Abbildung 19: Anteil der Beziehungen im Netzwerk nach Beziehungsnähe
               (Konventionelle Geselligkeit)...118
Abbildung 20: Anteil der Beziehungen im Netzwerk nach Beziehungsnähe
               (Ich-Zentrierung) 120
Abbildung 21: Anteil der Beziehungen im Netzwerk nach Beziehungsnähe
               (Konventionelle Familienzentrierung)...122
Abbildung 22: Anteil der Beziehungen im Netzwerk nach Beziehungsnähe
               (Trotzige Isolierung)...123

Abbildung 23: Anteil der Beziehungen im Netzwerk nach Beziehungsnähe
(Anspruchsvolle Kommunikation)...125
Abbildung 24: Anteil der Beziehungen im Netzwerk nach Beziehungsnähe
(Zurückhaltende Unsicherheit) 127
Abbildung 25: Aggregierte Netzwerkstruktur für den Gesellungsstil der Trotzigen
Isolierung 129
Abbildung 26: Aggregierte Netzwerkstruktur für Gesellungsstile....................................130
Abbildung 27: Netzwerkstruktur von zwei Befragten aus unterschiedlichen sozialen
Milieus 135
Abbildung 28: Netzwerkstruktur von drei Befragten aus dem postmaterialistischen
Milieu...137
Abbildung 29: Prozentuale Verteilung von Kennenlernsituationen nach Milieu der
Befragten...141
Abbildung 30: Prozentuale Verteilung von Kennenlernsituationen nach
Gesellungsstil der Befragten 142
Abbildung 31: Prozentuale Verteilung von Beziehungsdauer nach Milieu der
Befragten...143
Abbildung 32: Prozentuale Verteilung von Beziehungsdauer nach Gesellungsstil
der Befragten 144

1   Einleitung

Journalisten, Politiker und Soziologen sprechen alle von sozialen Netzwerken, obwohl sie damit häufig unterschiedliche Sachverhalte meinen. Die dabei oft verwendete Bemerkung, es komme nicht unbedingt darauf an, was man weiß, sondern wen man kennt, spricht für die uns allen bekannte Erfahrung der Nützlichkeit sozialer Kontakte zu anderen. Der Begriff des sozialen Netzwerks hat mittlerweile Einzug in verschiedenste Wissenschaftsdisziplinen wie Sozialpsychologie, Anthropologie, Politik-, Wirtschafts- und Sozialwissenschaften gehalten.

Durch die Anwendung von Methoden der Analyse und der Veranschaulichung, die in anderen Disziplinen entwickelt wurden (vor allem Physik, Mathematik und Informatik), ist die Netzwerkforschung wesentlich vorangekommen. Die verwendeten theoretischen Annahmen haben ebenso verschiedene Wurzeln (vor allem in der Ethnologie, Psychologie, Soziologie), was zu einer Vielfalt an theoretischen Standpunkten geführt hat. So kann die Netzwerkperspektive zwar als ein „Orientierungsstatement" (Schenk 1984) bezeichnet werden, jedoch stellt sie keine einheitliche Sozialtheorie dar. Der Mangel an Netzwerktheorie stellt sich dabei als eine maßgebliche Behinderung der Ausschöpfung des potenziellen Wertes von Netzwerkmodellen in der empirischen Sozialforschung heraus (vgl. Burt 1980: 134).

Unser Ziel ist es daher, die Netzwerkanalyse stärker theoretisch zu fundieren, indem wir sie mit der Habitus- und Feldtheorie von Pierre Bourdieu verknüpfen. Sowohl der Netzwerkanalyse als auch der Habitus- und Feldtheorie liegen relationale Sichtweisen zu Grunde, die die Verknüpfung beider Ansätze ermöglichen. Im Sinne der Habitustheorie können Netzwerkstrukturen als Muster sozialer Praktiken angesehen werden, denen tiefer liegende Strukturen zu Grunde liegen, die durch den Habitus der Akteure entstehen und verändert werden. Damit werden soziale Netzwerke in ihrer Abhängigkeit von der Akteursposition in der Sozialstruktur und den damit verbundenen Handlungsdispositionen betrachtet und erklärt. Durch die Einbeziehung der Feldtheorie als Ergänzung zum Habitus wird den Handlungsmotiven unabhängig vom Netzwerk sowie den Wert- und Normvorstellungen der Akteure ein theoretischer Raum gegeben (vgl. Beckert 2005).

Die theoretische Fundierung ist gleichsam sinnvoll wie notwendig, denn die Netzwerkanalyse bleibt meist auf instrumentelle Handhabungen begrenzt und wird auf das analytische Ziel zur Erfassung ausgewählter sozialer Beziehungen bestimmter Personen, mit der Option interpersonale Strukturvariablen in die Auswertung einbringen zu können, reduziert. Warum ist aus unserer Sicht nun gerade Bourdieu mit seinen theoretischen Ansätzen für die Fundierung der Netzwerkanalyse sinnvoll und geeignet? Um dies zu verdeutlichen, werfen wir im Folgenden einen kurzen Blick auf verschiedene theoretische Ansätze und ihre Brauchbarkeit.

In der Tradition ökonomischer Theorieansätze wird meist das Paradigma des Austauschcharakters sozialer Beziehungen und damit die Rational-Choice-Prämisse individuellen Handelns als Erklärungsansatz herangezogen. Soziale Netzwerke werden hierbei spieltheoretisch als „Gefangenendilemma" aufgefasst (Vanberg 1975, 1984; Bien/ Hebborn-

Brass 1981; Raub/ Voss 1986). Der Einzelne lernt, seinen Nutzen unter „sicheren" Verwertungsbedingungen zu optimieren. Das Interesse an solchen „sicheren" Verwertungsbedingungen bedingt die Berücksichtigung der Interessen anderer beteiligter Personen. Soziale Netzwerke erscheinen aus dieser Perspektive als Sozialisationsinstanz, die einerseits individuelle Handlungsstrategien vermittelt, andererseits zur Transformation individueller Egoismen in rationale Orientierungsstrategien führt. Entscheidend ist dabei, dass die freiwillige Einbindung auf rationalen, individuellen Motiven basiert.

Weitere Argumente rationaler Erklärungen für die Sozialorientierung finden sich in der Annahme der Arbeitsteilung, wachsender individueller Abhängigkeit von komplexen äußeren Strukturen, Rollenspezialisierung sowie der Nutzenvorteile von Spezialisierungen bei ungleichen Marktbedingungen und -ressourcen interagierender Akteure. Soziale Netzwerke werden dementsprechend als soziale Tausch- und Transaktionssysteme verstanden. Dies bedingt die Annahme eines Beziehungsmarktes, führt jedoch zu der Abgrenzung sozialer Beziehungen bzw. zur Diskussion eines offenen und geschlossenen Marktes. Entsprechend konzentrieren sich die Erklärungen dieses Theorieansatzes auf institutionalisierte, enge soziale Beziehungen.

Sozialpsychologische Ansätze betonen vor allem affektive und emotionale Motive für soziale Beziehungen. So untersuchten Asch (1952) und Sherif (1936) in ihren sozialpsychologischen Experimenten die Bedeutung von Angst als Indikator für die Sozialorientierung. Einen weiteren sozialpsychologischen Aspekt führt Fischer (1976) im Zusammenhang mit der Abhängigkeit der Individuen von verschiedenen sozialen Umwelten an: „The first determinist thesis we will examine holds that city dwellers live in several and separate worlds, and that they adopt a different personality in each." (Fischer 1976: 181). Er bezieht sich, in Anlehnung an Robert K. Mertons Konstrukt des Rollen-Sets, auf die Funktion sozialer Netzwerke als feste Urteilsanker in einer ständig komplexer werdenden Umwelt. Unter Hinweis auf die Unmöglichkeit einer kausalen Beantwortung der soziologischen Ontologiefrage schreibt Claude Fischer von einer „duality of human nature" (ebenda). Diese sozialphilosophische Komponente der Netzwerkperspektive scheint dafür verantwortlich zu sein, dass ihr Theoriestatus verneint wird.

Emirbayr und Goodwin hoben die Bedeutung der geschichtlichen Erfahrungen der Akteure eines sozialen Beziehungsnetzes und ihre Orientierung an individuellen Präferenzen und kulturellen Werten mit Blick auf die Schwachpunkte in der Netzwerkanalyse hervor (vgl. Emirbayr/ Goodwin 1994; Hennig 2006). Daher sehen sie neben der strukturellen Analyse sozialer Netzwerke die Notwendigkeit, den Handlungsbegriff um kulturelle und diskursive Faktoren zu erweitern.

Im Rahmen der Analyse von Organisationsnetzwerken wurde in letzter Zeit häufig die Strukturationstheorie von Anthony Giddens (1988) diskutiert, um damit das Theoriedefizit der Netzwerkanalyse zu überwinden. Giddens beschäftigt sich im Rahmen dieser Theorie mit dem Zusammenhang von Struktur und Handeln. Dazu benutzt er ein begrifflich konzeptionelles Instrumentarium, in dem drei Kernbegriffe wesentlich sind: Struktur, Handeln und Strukturdualität. Vereinfacht kann man sagen, dass gesellschaftliche Strukturen aus seiner Sicht den Rahmen für das individuelle Handeln darstellen, wobei individuelles Handeln gleichzeitig die Voraussetzung für die Reproduktion, Aktualisierung und Veränderung dieser Strukturen ist. Gesellschaftliche Strukturen haben bei Giddens sowohl ermöglichenden als auch begrenzenden Charakter (Giddens 1988: 69). Auch wenn man festhalten muss, dass Giddens keine explizite Stellungnahme zur Netzwerkanalyse vornimmt (vgl. Hennig

2006), finden sich bei ihm doch einige kritische Anmerkungen zum Strukturbegriff von Peter Blau (1982), der in einigen Annahmen mit der Netzwerkanalyse übereinstimmt[1]. Valerie Haines setzte sich mit der Strukturationstheorie und Netzwerkanalyse auseinander und kam dabei zu dem Schluss, dass sich beide Ansätze hinsichtlich ihrer Stärken und Schwächen in idealer Weise ergänzen. Aus ihrer Sicht konstituiert sich die Gesellschaft durch Beziehungen zwischen Individuen und gesellschaftlichen Restriktionen, die sich nur in dem Maße ergeben, wie individuelles Handeln und Interaktionen zwischen den Akteuren tatsächlich stattfindet (Haines 1988: 164).

Giddens Ansatz scheint geeignet, um die Netzwerkanalyse zu erweitern, denn er geht zum einen, wie bereits ausgeführt, von einem rekursiven Verhältnis zwischen Struktur und Handeln aus, zum anderen entwickelt er ein differenziertes Modell individueller Akteure (vgl. Giddens 1988), die ihre Handlungen motiviert, rationalisiert und selbstreflektiert im geschlossenen Regelkreis von Handlungsbedingungen und unbeabsichtigten Handlungsfolgen vollziehen (vgl. Giddens 1988; Hennig 2006). Giddens Ansatz der Unterscheidung zwischen System und Struktur vernachlässigt aber diejenigen Strukturvorstellungen, welche die effektiven Beziehungen zwischen sozialen Akteuren berücksichtigen (Haines 1988: 172). Das mag damit zusammenhängen, dass sein Systembegriff zwar die anhaltenden Muster sozialer Beziehungen in Raum und Zeit umfasst, sich der Strukturbegriff aber nur auf den Vorrat an Ressourcen und Regeln bezieht (vgl. Sewell 1992: 5f). Ähnlich einseitig bleibt die Argumentation über den einschränkenden und gleichzeitig ermöglichenden Charakter von Strukturen.

Arnold Windeler nimmt die Strukturierungstheorie zum Ausgangspunkt für einen strukturationstheoretischen Netzwerkansatz. Windeler konstatiert, dass im Mittelpunkt des Analyseansatzes von sozialen Systemen „[...]ein über soziale Praktiken vermittelter Konstitutionsprozess, in dem gesellschaftsweite Institutionen und das Handeln, sowie die Beziehungen der Netzwerkakteure gleichermaßen eine Rolle spielen", steht (Windeler 2001: 124). Damit eröffnet er eine gegenüber der etablierten Netzwerkforschung radikal andere Perspektive auf Netzwerkakteure und ihre Beziehungen: „Netzwerkakteure beziehen sich im Handeln vornehmlich auf Geschäftsinteraktionen und -beziehungen von Netzwerkakteuren im Rahmen der durch das Netzwerk und andere Kontexte bis hin zu gesellschaftlichen Totalitäten konstituierten Handlungskontexte." (Windeler 2001: 156).

Der Akteur wird durch den verstärkten Fokus auf sein Handeln, ohne den eine strukturationstheoretische Sicht auf Netzwerke nicht möglich ist, in den Mittelpunkt der Konstitution von sozialen Netzwerken gestellt. In verschiedenen Kontexten des Handelns ist der Akteur selbst Konstrukteur und Baumeister der Netzwerkstrukturen, in denen er sich bewegt. Die Akteure „[...] enact structure through the process of forming, maintaining, and dissolving relationships" (Heath 1994: 7). Wie bereits kurz bei der Theorie der Strukturierung dargelegt, sind Netzwerkstrukturen, in Anlehnung an das Konzept der Dualität der Struktur, sowohl Medium als auch Ergebnis der Praktiken, die sie rekursiv organisieren. Durch seine sozialen Praktiken produziert und reproduziert der Akteur die (Netzwerk-) Strukturen.

Mit dem Modell sozialer Praktiken ermöglicht Windeler die Zusammenführung von Akteur, Rahmenbedingungen sozialer Systeme (formale Struktur des Unternehmens) und Herausbildung von Netzwerkstrukturen als eigene Form eines sozialen Systems (informelle

---

[1] So fasst Blau nach Müller (1997, 111) „... Struktur als empirisches Muster sozialer Beziehungen" auf und „interessiert sich für den Zusammenhang von Verteilungs- oder Positionsstruktur und Beziehungsstruktur".

Struktur des Unternehmens). Die Konstitution sozialer Praktiken ist an die Aufnahme gesellschaftlicher Totalitäten, Sozialsysteme und Akteure mit ihren Interaktionen und Beziehungen im Handeln gebunden, ebenso verhält es sich umgekehrt. Handeln von individuellen Akteuren und gesellschaftliche Totalitäten, Interaktion und Beziehungen beeinflussen
und prägen sich also gegenseitig (vgl. Windeler 2001: 152). Im Handeln produzieren und
reproduzieren Akteure die Strukturen unter Rückgriff auf die Regeln und Ressourcen, die
sie rekursiv in ihr Handeln mit einbringen. Der damit in Gang gesetzte Mechanismus des
Bezugs auf Struktur und deren immer weitere Ausformung ist die Strukturation.

Auch wenn der Ansatz der Strukturationstheorie die Herausbildung und Reproduktion
von Netzwerkstrukturen als Ergebnis sozialer Praktiken gut veranschaulicht, kann Windeler
den Vorwurf, der bereits Giddens gemacht wurde, nicht ausräumen. Es handelt sich bei
dem Wissen um Struktur eigentlich nur um ein praktisches Wissen, das tiefgründige Wissen oder Insiderwissen, das den Akteuren Autonomie und Gestaltungsfreiheit bringt, fehlt
jedoch. Letztlich sind Akteure strukturellen Zwängen unterworfen und wirken daher nicht
wie reflexive und kompetente Individuen. Der Verweis auf die Interpretationsfähigkeit der
Regeln (Giddens 1988) und die vielfältigen Einsatzmöglichkeiten der Ressourcen löst den
Mangel, dass Beziehungen zwischen Handlung und Struktur nicht eindeutig bestimmt werden können, nicht auf.

Hält man die wichtigsten Erkenntnisse aus dem hier dargelegten fest, so ist der zent-
ralste Gedanke der Netzwerkanalyse, dass soziale Akteure in soziale Beziehungsgeflechte
eingebunden sind, die sowohl positive als auch negative strukturelle Handlungsvorausset-
zungen implizieren. Diese Einbettung der Akteure in soziale Beziehungen beeinflusst ihre
Wahrnehmungen, Einstellungen und Handlungen. Man kann die Grundposition der Netzwerkanalyse dabei als relationalen Strukturalismus auffassen, in dem konkrete soziale Beziehungen zum Ausgangspunkt für das Auffinden emergenter sozialer Strukturen gemacht
werden (vgl. Trezzini 1998: 537). Die soziale Netzwerkanalyse vernachlässigt allerdings
die Bedeutung von Werten und Normen sowie individuelle Interessen. Schließlich führt die
„reduktionistische Gleichsetzung" (ebenda: 537) von Sozialstruktur mit Beziehungsstruktur
zu einem eingeschränkten Strukturbegriff. So ist die Feststellung von Granovetter (1973),
dass das Auffinden eines Jobs unter anderem vom jeweiligen Beziehungsnetz abhängt,
durchaus richtig und wichtig. Warum ein solches Beziehungsnetz aber gerade so ausgestal-
tet ist, wie es ist, bleibt unklar.

Während Giddens mit seinem Strukturationsansatz versucht, das Verhältnis von Struktur und Handeln vor allem theoretisch zu erklären, und Bourdieu sich mit seiner Habitus-
und Feldtheorie mit dem Problem der Vermittlung von Struktur und Handeln beschäftigt,
ist diese Auseinandersetzung im Rahmen der Netzwerkanalyse noch unterentwickelt. Zwar
wird davon ausgegangen, dass die Einbettung der Akteure in ein Beziehungsnetzwerk, und
damit die Position in einer Beziehungsstruktur, wesentlich für das Verständnis von Einstellungen und Handlungen der Akteure ist, zum Wechselspiel von Struktur und Handeln gibt
es aber kaum überzeugende Ausarbeitungen.

Die Arbeiten zu Giddens Strukturationstheorie – insbesondere von Windeler – bieten
zwar Ansatzpunkte zur theoretischen Fundierung der Netzwerkanalyse, jedoch kann die
Tiefenstruktur, die den sozialen Beziehungen zu Grunde liegt, auch mit dem strukturationstheoretischen Netzwerkansatz nicht aufgedeckt werden. Die Kritik an der Netzwerkanalyse
basiert jedoch vor allem darauf, dass sowohl die Eigenaktivitäten der Individuen eines sozialen Netzwerkes als auch gesellschaftlich vorgegebene handlungsrelevante Normen und

Wertorientierungen vernachlässigt werden (vgl. White et al. 1976; Wellman/ Berkowitz 1988). Es kommt zu einem Erklärungsnotstand, wenn danach gefragt wird, wie sich existierende Netzwerke überhaupt herausgebildet haben, sich reproduzieren oder sich wieder verändern. Leenders drückte es so aus: „Behavior of actors is partly determined by the structure of the network they are part of. At the same time, network structure itself is partly shaped by actions of actors, either intentionally or unintentionally." (Leenders 1995: 199). Es kommt also sowohl auf die Effekte als auch die Ursachen von Netzwerkbildung an.

Netzwerke nehmen eine zentrale Vermittlungs- bzw. „Scharnierfunktion" (Weyer 2000) zwischen Mikro- und Makroebene ein, da sich das, was wir als gesellschaftliche Realität wahrnehmen, in oder durch Netzwerke abspielt. „In einer solchen Sichtweise werden Intentionen und Handlungen von individuellen und kollektiven Akteuren der Mikroebene, die Einbettung dieser Akteure in ein übergreifendes Netzwerk sozialer Interaktionen der Mesoebene und kollektive Systemmerkmale und emergente Struktureigenschaften der Makroebene zugeordnet" (Trenzini 2010: 196). Weyer (2000) hat drei zentrale Aspekte für die theoretische Fundierung der Netzwerkanalyse hervorgehoben, die es zu berücksichtigen gilt. Erstens wie soziale Netzwerke entstehen und wie sich das Verhältnis zwischen dem Eigeninteresse von Akteuren und ihrer Kooperationsbereitschaft gestaltet; zweitens wie emergente Strukturen als Resultat sozialer Interaktionen in Netzwerken entstehen und drittens welche Rolle soziale Netzwerke für die Reproduktion und den Wandel gesellschaftlicher Institutionen spielen (vgl. Weyer 2000: 241 f.).

Ein wesentliches Problem in der Netzwerkforschung besteht bisher darin, dass jedes soziale Netzwerk ganz offensichtlich über eine Struktur verfügt und diese mit dem netzwerkanalytischen Instrumentarium adäquat beschrieben werden kann. Es wäre aber verkürzt zu behaupten, dass sich soziale Strukturen letztlich erschöpfend über die Struktur von manifesten Interaktionsbeziehungen erfassen lassen (vgl. Trezzini 2010). Das bedeutet, dass die netzwerkanalytische Forschung zwar einen wichtigen Aspekt sozialer Struktur erfasst, die Mikro-Makro-Thematik jedoch über soziale Beziehungsnetzwerke hinausweist.

Mit Blick darauf finden sich zur theoretischen Unterfütterung der Netzwerkanalyse einige vielversprechende Anstrengungen. Dazu zählen neben dem bereits skizzierten Strukturationsansatz von Giddens (Haines 1988) auch Ansätze, die im Rahmen der Rational-Choice-Theorie (Doreian 2006; Hummon 2000) und der Systemtheorie von Luhmann (Bommes und Tacke 2005; Holzer 2008; White et al. 2007) entwickelt wurden.

Erstaunlicher Weise wurde auf Bourdieus Habitus- und Feldtheorie zur Fundierung der Netzwerkanalyse bisher nur selten (lediglich De Nooy 2003; Gulas 2007; Bernhard 2008) Bezug genommen, denn aus unserer Sicht finden sich gerade hier einige interessante Ansatzpunkte für die Verbindung von Mikro- und Makroebene, die wir für die Netzwerkanalyse fruchtbar machen wollen.

Zu diesem Zweck werden wir zunächst die theoretischen Annahmen Bourdieus und die Grundannahmen der Netzwerkanalyse mit ihren Begrifflichkeiten und Zusammenhängen darstellen, um einen konzeptuellen Vergleich zu ermöglichen. Das heißt, dass bereits bestehende Gemeinsamkeiten und Unterschiede identifiziert und Verknüpfungsmöglichkeiten aufgezeigt werden. Das Vorgehen orientiert sich dabei an den folgenden Fragen: An welchen Stellen überschneiden sich Feld- und Habitustheorie mit der Netzwerkperspektive? Wo kann die Feld- und Habitustheorie die Netzwerkanalyse sinnvoll ergänzen und in welchen Punkten muss über beide Konzepte hinausgegangen werden? In der empirischen Umsetzung der theoretischen Verknüpfung prüfen wir, inwieweit der Habitus von Akteuren

Einfluss auf ihre Netzwerkstrukturen hat. Dazu haben wir mit Hilfe einer sozialstrukturell geschichteten Stichprobe bei 53 Befragten in Berlin (Anfang 2010) den Habitus und die egozentrierten Netzwerke erhoben. Dass die Evidenz der Analysen begrenzt ist, weil sie auf Grund der kleinen Fallzahlen nur bivariat und ohne Kontrollvariablen durchgeführt werden konnten, ist uns bewusst. Trotz der eingeschränkten Repräsentativität finden wir aber deutliche Hinweise auf den Zusammenhang von Habitus und Netzwerkstrukturen, die unsere theoretischen Annahmen erhärten.

2 Pierre Bourdieus konzeptueller Ansatz

Bourdieu, so Klaus Eder, steht mit seinen Vorstellungen über die Funktionsweisen von Gesellschaften zwischen den Stühlen (Eder 2002). Vor dem Hintergrund eines praxeologischen Ansatzes entwickelt Bourdieu in kritischer Auseinandersetzung zweier wissenschaftlicher Strömungen eine Theorie, die es ermöglicht, Mikro- und Makrophänomene in Gesellschaften gleichermaßen zur Erklärung menschlichen Handelns heranzuziehen. Bourdieu wird oft als einer der ersten Wissenschaftler genannt, der durch kritische Auseinandersetzung mit Subjektivismus und Objektivismus und durch die Genese seiner Theorie menschlichen Handelns die Kluft zwischen mikro- und makrotheoretischen Ansätzen überwunden hat, indem er auf die enge Verbindung objektiver Strukturen und subjektiver Orientierungen verweist (vgl. Steiner 2001; Eder 2002; Fröhlich 1994).

Die Gemeinsamkeit der strukturalistischen bzw. objektiven Ansätze besteht „[…] in der Analyse der jeweiligen Strukturzusammenhänge, die, ohne dass es den Subjekten bewusst wäre, den verschiedenen gesellschaftlichen (und psychischen) Phänomenbereichen wie Sprache, Verwandtschaftsbeziehungen, Ökonomie, Mythen, Kunst, psychischen Kognitionen u. a. m. zugrunde liegen." (Schwingel 1995: 29). Dagegen braucht „[…] eine dem phänomenologischen Subjektivismus verpflichtete Soziologie […] im Prinzip die (impliziten) Primärerfahrungen sozialer Agenten bloß explizit zu registrieren und zu systematisieren, um zu den von ihr erstrebten Ergebnissen zu gelangen." (ebenda: 39). Bourdieu entdeckt in beiden Zugängen Stärken, in ihrer Anlage aber auch Schwächen. Neben den konzeptuellen Schwächen kritisiert Bourdieu die wenig reflexiven Anlagen subjektiver und objektiver Ansätze. „Diese unkritische Haltung nährt zwei komplementäre Illusionen: die subjektivistische `Illusion der unmittelbaren Erkenntnis´ und die objektivistische `Illusion absoluten Wissens´." (ebenda: 45). Der Strukturalismus hat aus Bourdieus Sicht das relationale Denken in die Sozialwissenschaften eingeführt „[…]das mit dem substantialistischen Denken bricht und dazu führt, jedes Element durch die Beziehungen zu charakterisieren, die es zu anderen Elementen innerhalb des Systems unterhält und aus denen sich sein Sinn und seine Funktion ergeben." (Bourdieu/ Wacquant 2006: 36).

Aus dem Ziel der Überwindung der Spannung von Subjektivismus und Objektivismus heraus entwickelt Bourdieu die Begriffstrias Struktur-Habitus-Praxis, die eine wesentliche Grundlage seiner Forschungen bildet. Diese drei Elemente ermöglichen es ihm, eine Verbindung zwischen der makrosoziologischen Strukturebene und der mikrosoziologischen Handlungsebene herzustellen. Der Makroebene kann hier der Begriff des sozialen Raumes zugeordnet werden, während die Mikroebene mit den Begriffen Feld, Praxis, Geschmack und Lebensstil eng verbunden ist. Die verbindende Instanz ist der Habitus, welcher gleichsam strukturierte wie auch strukturierende Eigenschaften aufweist. Um das Konzept von Bourdieu und die Zusammenhänge der Begriffstrias Struktur-Habitus-Praxis am Schluss mit der Netzwerkanalyse verknüpfen zu können, werden im Folgenden die Begrifflichkeiten der Feld- und Habitustheorie mit ihren entsprechenden Implikationen näher erläutert.

Ein erster Schritt, sich Bourdieu zu nähern, besteht darin, sein Verständnis der sozialen Wirklichkeit aus der relationalen Perspektive heraus zu verdeutlichen: „Die Sozialwissenschaft muss nicht zwischen den beiden Polen entscheiden[2], denn der Stoff, aus dem die Wirklichkeit gemacht ist – der Habitus wie die Struktur und ihre Überschneidung als Geschichte – sind Relationen." (Bourdieu/ Wacqunat 2006: 35).

2.1 Relationales Denken und die Objektivierung von Beziehungen

Relationen bilden das Primat bourdieuschen Denkens schlechthin, denn sie verkörpern die Wirklichkeit und bilden „[...] das Prinzip einer relationalen Auffassung von der sozialen Welt: Sie behauptet nämlich, dass die ganze mit ihm bezeichnete „Realität" darauf beruht, dass die Elemente, aus denen sie besteht, einander wechselseitig äußerlich sind. Die von außen und direkt sichtbaren Lebewesen, ob Individuen oder Gruppen, leben und überleben nur im und durch den Unterschied, das heißt nur insofern, als sie relative Positionen in einem Raum von Relationen einnehmen, die [...] das reale Prinzip des Verhaltens der Individuen und der Gruppen darstellen." (Bourdieu 1998: 48). Bourdieus Grundauffassung von Gesellschaften folgt der Idee von sozialen Systemen als Sozialtopologie (vgl. Göhler/ Speth 1998), d.h. jedem Individuum kann aufgrund bestimmter Merkmale eine Position zugeordnet werden. Diese Positionen bilden sich nicht aus der absoluten Verteilung oder der Summe dieser Merkmale, sondern aus ihrer Relation heraus. Der positionale Ansatz, den Bourdieu entwickelt, setzt nahezu naturgemäß ein relationales Denken voraus, da Positionen in einem Raum ausschließlich relational bestimmbar sind.

In der Analyse von Relationen legt Bourdieu den Schwerpunkt auf objektive Beziehungen, denn: „Was in der sozialen Welt existiert, sind Relationen – nicht Interaktionen oder intersubjektive Beziehungen zwischen Akteuren, sondern *objektive Relationen*, die unabhängig vom Bewusstsein und Willen der Individuen bestehen, wie Marx gesagt hat." (Bourdieu/ Wacquant 2006: 126f.). Das heißt nicht, dass Interaktionen oder intersubjektive Beziehungen keine Rolle in den Konzeptionen Bourdieus spielen, allerdings sind sie den objektiven Beziehungen in ihrer Bedeutung und Kausalität untergeordnet, da es die Struktur objektiver Beziehungen (z.B. Bildung, Einkommen) ist, die jeder Interaktion und Praxis zu Grunde liegt. Das heißt, das Anliegen Bourdieus besteht darin, unterschiedliche Strukturen objektiver Beziehungen in Gesellschaften nicht als Wesensverschiedenheiten, sondern als Differenzen und Abstände zueinander zu erfassen (vgl. Bourdieu 1998: 18).

Der Vorteil dieses relationalen Ansatzes ist, dass Individuen nicht mehr nur als Inhaber empirisch messbarer Eigenschaften gelten. Im Zuge seiner relationalen Auffassung der sozialen Welt, die er in ihrer Funktionslogik mit der Trias Struktur-Habitus-Praxis erklärt, erweitert Bourdieu das marxsche Klassen- und Kapitalkonzept.

2.2 Das Kapital- und Klassenkonzept

In seiner Ausgestaltung erweitert Bourdieu den Marxschen Kapitalbegriff als gesellschaftlichen Ressourcenbegriff, der neben ökonomischem Kapital auch soziales, kulturelles und symbolisches Kapital (später auch Informationskapital) berücksichtigt.

---

[2] Gemeint sind Holismus und methodologischer Individualismus

Das ökonomische Kapital ist unmittelbar und direkt in Geld konvertierbar, eignet sich besonders zur Institutionalisierung in der Form des Eigentumsrechts (Bourdieu 1983: 185) und meint alle geldwerten Waren und Produkte oder deren abstrakte Entsprechung (Geld).

Kulturelles Kapital hat nach Bourdieu drei Erscheinungsformen. Erstens die inkorporierte, verinnerlichte Form, die durch die Erfassung der Primärerziehung in der Familie und der Dauer des Bildungserwerbs messbar wird. Hierbei handelt es sich um dauerhafte Dispositionen des Organismus wie kulturelle Kenntnisse, Fähigkeiten und Fertigkeiten eines Individuums, also um Besitztum, das zum festen Bestandteil der Person geworden ist. Die zweite Form kulturellen Besitztums erscheint als objektiviertes Kapital. Eine Besonderheit dieser Kapitalform ist die Verbindung von genereller Übertragbarkeit mit der Konvertierbarkeit in ökonomisches Kapital. Gemeint sind damit kulturelle Güter wie Kunstwerke, Instrumente oder Maschinen. Als letztes berücksichtigt Bourdieu die Möglichkeit kulturelles Kapital in Form von Bildungs- oder Adelstiteln zu institutionalisieren.

Soziales Kapital ist „[...] die Gesamtheit der aktuellen und potenziellen Ressourcen, die mit dem Besitz eines dauerhaften Netzes von mehr oder weniger institutionalisierten Beziehungen gegenseitigen Kennens oder Anerkennens verbunden sind, oder anders ausgedrückt, es handelt sich dabei um Ressourcen, die auf der Zugehörigkeit zu einer Gruppe beruhen." (Bourdieu 1992a: 63). Der relationalen Auffassung Bourdieus entsprechend sind auch die Wertigkeiten dieser drei Kapitalsorten nicht fix und können sich durch gesellschaftliche Prozesse wechselseitig verändern. So können Bildungstitel und damit institutionalisiertes Kulturkapital beispielsweise durch eine Bildungsexpansion sehr schnell an Wert verlieren.

Die vierte Kapitalform ist das symbolische Kapital. Es ist „[...] eine beliebige Eigenschaft (eine beliebige Kapitalsorte, physisches, ökonomisches, kulturelles, soziales Kapital), wenn sie von sozialen Akteuren wahrgenommen wird, dass sie zu erkennen (wahrzunehmen) und anzuerkennen, ihr Wert beizulegen, imstande sind." (Bourdieu 1998: 108). Symbolisches Kapital kann also in der Theorie Wertigkeiten anderer Kapitalsorten beeinflussen. In der Praxis ist es der Staat, der über die Mittel zur Durchsetzung und Verinnerlichung von Wahrnehmungsprinzipien verfügt und deshalb der ideale Ort für die Konzentration symbolischen Kapitals und Ausübung symbolischer Macht (vgl. Bourdieu 1998: 109) ist.

Eine besondere Eigenschaft aller Kapitalsorten ist ihre generelle Transformierbarkeit in jede andere Kapitalform. Unterschiede bestehen allerdings im Schwierigkeitsgrad der Konvertierung: Es muss Transformationsarbeit geleistet werden, die sich in Transformationskosten niederschlägt. Dabei gibt es unterschiedlich hohe Schwundrisiken und Verschleierungskosten, die im Bereich sozialer Beziehungen beispielsweise als Risiko der Undankbarkeit (Bourdieu 1992a: 70 ff.) auftreten. Kapital bei Bourdieu ist zwar in seiner Ausgestaltung nicht ausschließlich ökonomisch ausgerichtet, aber dem Verständnis nach schon, da alle Kapitalsorten nach ökonomischen Richtlinien transformierbar bleiben.

Zusammenfassend halten wir fest, dass Kapital in funktional arbeitsteilig organisierten Gesellschaften immer ungleich verteilt ist und im Wert variieren kann. Bourdieus Kapitalkonzept unterstellt keine Chancengleichheit, im Gegenteil: Die Handlung eines Akteurs in hoher Position hat größere Effekte und wirft höhere Gewinne ab, als die gleiche Handlung eines Akteurs in niedriger Position. Für diese Prozesse hat der US-amerikanische Wissenschaftssoziologe Robert K. Merton unter Bezug auf ein Bibelzitat[3] ein inzwi-

---

[3] „Denn jene die haben, denen wird gegeben werden; jenen, die nicht haben, wird sogar das noch genommen werden." (Matthäus 25,14-30: Gleichnis vom anvertrauten Geld)

schen weltberühmtes Etikett geprägt: Den „Matthäus-Effekt" (Fröhlich 2007b: 64). Akteure verfügen mit Kapital gleichsam über „Trümpfe", die je nach Ausgestaltung und Position des Akteurs allgemeingültig, oder aber nur in spezifischen Fällen stechen (vgl. Bourdieu/ Wacquant 2006: 128). Ökonomisches und kulturelles Kapital spielen dabei eine besondere Rolle, da es in modernen Gesellschaften die Prinzipien der wirtschaftlichen und sozialen Arbeitsteilung und damit die ökonomischen, beruflichen und bildungsspezifischen Differenzierungslinien sind, die die Teilungsprinzipien, nach denen die Gesellschaft organisiert ist, ausmachen (vgl. Müller 1997).

Der Klassenbegriff ist bei Bourdieu zwar relevant, doch untersucht er nicht in erster Linie Klassen, sondern Berufsgruppen. Mit dem Beruf verbindet Bourdieu im Gegensatz zur Schichtungsforschung nicht Prestige und sozialen Status, sondern die Stellung im Produktionsprozess. In Relation zueinander ergeben sich aus den Positionen im Raum Klassenfraktionen (berufsbasiert) und Klassen, denen die Individuen dann zugeordnet werden können. Klassenzugehörigkeit ist bei Bourdieu keinesfalls ein Attribut, wie wir es bei Marx finden, sondern eine Folge des relationalen Positionierungsprozesses. Wenn sich Personen im sozialen Raum nahe stehen, erhöht das zwar die Chance eines Zusammenschlusses. Da Bourdieu hier aber von wahrscheinlichen/konstruierten Klassen (Bourdieu 1987: 182) oder auch Klassen auf dem Papier spricht, ist das nicht zwingend der Fall. Die wahrscheinliche Klasse ist nur diejenige, die am leichtesten zu mobilisieren ist, da ihre Akteure durch ähnliche Merkmale gekennzeichnet sind. Eine soziale Klasse lässt sich dabei aber nicht anhand eines einzigen oder einer Summe von Merkmalen beschreiben, sondern nur anhand der Relationen vielfältiger Merkmale, wie Beruf, Einkommen und Ausbildungsniveau, Geschlecht, Alter, Ethnie und Nationalität (vgl. Bourdieu 1987: 182). Die drei Klassen, die Bourdieu herauskristallisiert, sind Ober-, Mittel- und Unterklasse.

2.3 Die Struktur, Raum und Feld

In der Feldtheorie Bourdieus setzt sich die besondere Bedeutung von ökonomischem und kulturellem Kapital fort, denn eine Grundannahme, die sich dahinter verbirgt, ist die Genese der Struktur des sozialen Raumes aus der Arbeitsteiligkeit von Gesellschaften und ihren Bildungsdifferenzen. Neben dem „sozialen Raum" ist das „soziale Feld" ein zentraler Begriff der Feldtheorie, wobei es sich in beiden Fällen um ein Mittel zur Beschreibung der strukturellen Wirklichkeit sozialer Systeme handelt. Der Begriff sozialer Raum bezieht sich dabei auf die Makro- und das soziale Feld auf die Mikrostruktur.

Der soziale Raum stellt die Makrostrukturierung eines sozialen Systems unter Berücksichtigung dreier Dimensionen dar: dem Kapitalvolumen, der Kapitalzusammensetzung und einer Zeitdimension. Mit Kapitalvolumen meint Bourdieu die Summe aller effektiv aufwendbaren Ressourcen und Machtpotentiale, also ökonomischen, kulturellen und sozialen Kapitals. Diese Kapitalvolumina stellen primäre Unterschiede dar und konstituieren die Hauptklassen der Lebensbedingungen (Bourdieu 1987: 196). In seinem Werk „Die feinen Unterschiede" finden sich sowohl im Bereich Kapitalvolumen als auch in der Kapitalzusammensetzung allerdings lediglich ökonomisches und kulturelles Kapitals wieder (vgl. Bourdieu 1987: 212f.), was mit großer Wahrscheinlichkeit auf die wenig detaillierte Ausarbeitung des Sozialkapitals zurückzuführen ist. Individuen unterscheiden sich in der Ausstattung mit Kapital, sowohl was die Gesamtmenge als auch die Kombination der Kapitalarten (ökonomisch und kulturell) betrifft. Für ihre Verortung im sozialen Raum spielt jedoch neben diesen Unterschieden die relative Stellung der Individuen zueinander eine Rolle. Beispielsweise ist der Bauer in seinen Lebensverhältnissen und Denkweisen nicht nur durch seine Kapitalausstattung und die damit gegebenen materiellen Existenzbedingungen geprägt, sondern auch durch den Gegensatz zum Städter (Krais/ Gebauer 2008: 36). Diese Verortung bzw. Positionierung von Akteuren im sozialen Raum ermittelt Bourdieu mit Hilfe der Korrespondenzanalyse. Die Korrespondenzanalyse ist für ihn deshalb das favorisierte Instrument, „[...] weil sie eine relationale Technik der Datenanalyse darstellt, deren Philosophie genau dem entspricht, was in [seinen] Augen die Realität der sozialen Welt ausmacht. Es ist eine Technik, die in Relationen denkt, genau wie [er] das mit dem Begriff Feld [versucht]." (Bourdieu/ Wacquant 2006: 126). Wie bereits im vorangegangenen Abschnitt genauer beschrieben, hat dieses Vorgehen zur Konsequenz, dass sich eine soziale Klasse nicht anhand eines Merkmals (etwa Beruf) oder einer Summe von Merkmalen, sondern nur anhand der Relationen vielfältiger Merkmale beschreiben lässt.

Durch die Einbeziehung einer Zeitachse bei der Konstruktion des sozialen Raumes wird aus dem zweidimensionalen System (Kapitalvolumen, Kapitalzusammensetzung) ein dreidimensionales. Damit gelingt es Bourdieu in der Anlage seiner Konzeption die Wandelbarkeit von Strukturen in arbeitsteiligen Systemen zu berücksichtigen und damit seinem relationalen Denken gerecht zu werden. Der Wandelbarkeit der Makrostruktur sind aber Grenzen gesetzt, denn der soziale Raum als Raum von Unterschieden ist ebenso wirklich wie der geographische, worin Stellungswechsel und Ortsveränderungen zwar möglich, allerdings nur um den Preis von Arbeit, Anstrengungen und vor allem Zeit zu haben sind. Sozialer Raum meint damit auch, dass man nicht jeden mit jedem zusammenbringen kann – unter Missachtung der grundlegenden zumal ökonomischen und kulturellen Unterschiede (Bourdieu 1985). An dieser Stelle kommt bereits die Tendenz zur Reproduktion sozialer Ungleichheit in sozialen Systemen zum Vorschein.

Das Denken Bourdieus richtet sich wie oben beschrieben auf die Verknüpfung von Makro- und Mikroebene, um menschliches Handeln in gesellschaftlichen Systemen verstehen und erklären zu können. Den Begriff des sozialen Raumes als Makrostruktur, die sich im Wesentlichen aus Arbeitsteilung und Bildungsdifferenzen ergibt und in der Akteure durch objektive Beziehungen zueinander relational positionierbar sind, wurde bereits eingeführt. Mit dem Begriff des sozialen Feldes stellt Bourdieu der Makrostruktur die Mikrostruktur gegenüber. Soziale Felder entstehen bzw. existieren immer dann, wenn sich Menschen durch gemeinsame Interessen auf Spielregeln einigen, nach denen um wertvolle Güter bzw. Kapitalien gespielt bzw. gekämpft wird. Das ökonomische Kapitalkonzept Bourdieus lässt es zu, dass Kapitalsorten ineinander transformierbar sind, was voraussetzt, dass sie handelbar bzw. verhandelbar sind. Die sozialen Felder sind also die Bereiche, in denen diese konkreten Tauschsituationen stattfinden: Hier treffen Menschen als Interessenten mit gleichen Vorlieben aufeinander, bemüht darum, ihr Kapital bestmöglich einzusetzen und bestmögliche Positionen zu erreichen. Da das Feld als Kräftefeld gedacht ist, wird, ähnlich wie im sozialen Raum, von vornherein unterstellt, dass die „Spieler" in relevanten Merkmalen verschieden sind, ja diese Verschiedenheit geradezu konstitutiv für das soziale Feld ist (vgl. Krais/ Gebauer 2008: 57). Die Spieler verfügen durch ihr Kapital „[...] über Trümpfe, mit denen sie andere ausstechen können und deren Wert je nach Spiel variiert. [...] Es gibt, mit anderen Worten, Karten, die in allen Feldern stechen und einen Effekt haben – das sind die Kapital-Grundsorten –, doch ist ihr relativer Wert als Trumpf je nach Feld und sogar je

nach den verschiedenen Zuständen ein und desselben Feldes ein anderer." (Bourdieu/ Wacquant 2006: 128). Auch im Feld ist die Positionierung einer Person relational, d.h. eine
Person kann nur dann verortet werden, wenn mindestens eine zweite Person hinzukommt.

Während objektive Beziehungen den sozialen Raum strukturieren, sind in den sozialen
Feldern intersubjektive Beziehungen von Bedeutung. Der Feldbegriff, den man auch als
Raum der Praxis verstehen kann, ist im Konzept von Bourdieu deshalb ein sehr bedeuten-
des Element, weil Akteure hier handeln und demzufolge auch interagieren. Bourdieu wendet sich zwar gegen den Interaktionismus, der menschliches Handeln allein aus den jeweiligen Interaktionssituationen heraus erklärt, allerdings: „Noch in die zufälligsten Interaktionen bringen die Interagierenden alle ihre Eigenschaften und Merkmale ein – und es ist die
jeweilige Position innerhalb der sozialen Struktur (oder eines spezifischen Feldes), die die
jeweilige Position im Rahmen der Interaktion determiniert [...]." (Bourdieu 1987: 379).
Interaktion hat demnach bei Bourdieu trotz seines eher strukturalistischen Ansatzes und
seiner Ablehnung gegenüber Interaktionisten ihren Platz, nur ordnen sich intersubjektive
Beziehungen den objektiven Beziehungen unter. Der Feldbegriff wird von Bourdieu also
eingeführt, um die Gesamtheit der objektiven Beziehungen zwischen den Positionen, die
den Unterschied für das typische Handeln der Beteiligten angeben, erfassen zu können. Das
Feld macht dabei „[...] als Raum von objektiven Relationen zwischen Positionen, die durch
ihren Rang in der Distribution der Macht oder der Kapitalsorten definiert sind [...]." (Bour-
dieu/ Wacquant 2006: 145), die Relationen sichtbar.

Felder unterscheiden sich in den „Spielregeln" und den gemeinsamen Interessen der
„Spieler", also in Art und Wertigkeit der Kapitalsorten, um die gespielt wird. Es ist also
denkbar, dass sich durch die Gemeinsamkeit von Teilinteressen der Spieler Felder auch
überschneiden. Unter anderem deshalb sind Akteure in der Vorstellung Bourdieus nicht an
ein einziges Feld gebunden. So unterschiedlich Felder auch sein können, so sind sie alle
auch durch eine Homologie verbunden. Für alle Felder gilt eine Entsprechung der verschiedenen Positionen der Akteure im sozialen Feld und den inhaltlichen Positionen, für die sie
stehen. So ist im wissenschaftlichen Feld die Anerkennung einer wissenschaftlichen Leistung auch an die soziale Anerkennung der Person gebunden, die diese Leistung hervorgebracht hat (Krais/ Gebauer 2008: 60). Diese grundsätzliche Gemeinsamkeit ermöglicht es
Spielern unter bestimmten Voraussetzungen in verschiedenen Feldern zu interagieren, auch
wenn sich die Spielregeln voneinander unterscheiden.

Betrachtet man die Gesamtheit der sozialen Felder, ihrer Struktur und ihrer Interaktionen, so ergibt sich aus ihnen die soziale Praxis. Diese Praxis spiegelt sich bei jedem Akteur
im Geschmack und Lebensstil wieder. Bourdieu verknüpft nun die Positionierung im sozialen Raum, also den Raum der Lebenslagen, mit der Mikrostruktur, indem er über den zweidimensionalen Raum der Lebenslagen eine „Folie" mit den jeweiligen Lebensstilen bzw.
Geschmäckern (Sport, Kunst, Essen etc.) legt. In den feinen Unterschieden werden also die
Relationen zwischen den objektiven Verteilungsstrukturen im Sozialraum und den symbolischen Verhältnissen, der Struktur der Lebensstile und Geschmäcker, identifiziert.

Die Kausalkette, die Bourdieu eröffnet, beginnt mit der Position eines Akteurs im Produktionsprozess, die zunächst durch den Beruf bestimmt wird. Diese Position ist mit einer
bestimmten Kapitalstruktur wie auch mit einem Kapitalvolumen verbunden, welche wiederum die Zugehörigkeit zu einer Klassenfraktion, die wahrscheinliche Zugehörigkeit zu einer
Klasse und einen wahrscheinlichen Lebensstil impliziert. Die Praxis wiederum, die den
Lebensstilen zu Grunde liegt, reproduziert tendenziell die Struktur der Soziallagen. Raum

und Feld bilden also ein Begriffspaar, das essenziell für das relationale Gesellschaftsverständnis Bourdieus ist. Über die bloße empirische Beobachtung des Zusammenhanges von Raum und Feld hinaus liefert Bourdieu ein Konzept, das diesen Zusammenhang zwischen Makro- und Mikrostruktur zu erklären vermag: Die Habitustheorie.

2.4 Habitus als Verbindungselement von Struktur und Handeln

Mit dem Habitus bietet Bourdieu ein Konzept an, das sich im relationalen Denken nahtlos zwischen Makrostruktur (Raum) und Mikrostruktur (Feld) einfügt. Da der Habitus beiden Ebenen implizit ist und nicht separat gedacht werden kann, muss er ebenfalls als Struktur behandelt werden. „Der Habitus ist nicht nur strukturierende, die Praxis wie deren Wahrnehmung organisierende Struktur, sondern auch strukturierte Struktur: das Prinzip der Teilung in logische Klassen, das der Wahrnehmung der sozialen Welt zugrunde liegt, ist seinerseits Produkt der Verinnerlichung der Teilung in soziale Klassen." (Bourdieu 1987: 279).

Als strukturierte Struktur verweist der Habitusbegriff auf die Verinnerlichung objektiver Beziehungen als Produkt objektiver und subjektiver Geschichte, d.h. kollektiv erlebter Geschichte von Akteuren und individuellen Erfahrungen. Das bedeutet, dass der Habitus zwar ein subjektives, aber kein rein individuelles Phänomen ist, weil er immer auch durch objektive und damit „kollektive" Merkmale bestimmt wird. Diese Beobachtung machte schon Glen Elder als er Lebensverläufe zur Zeit der Wirtschaftskrise in den frühen 30er Jahren verglich (vgl. Elder 1974), aber auch heute gibt es immer wieder Versuche, Generationen durch bestimmte kollektive Merkmale zu beschreiben – ein prominentes Beispiel hierfür ist die „Generation Golf" (Illies 2000).

Die Habitusentwicklung gilt als lebenslanger Prozess, wobei die Primärsozialisation einen wichtigen Beitrag zur Strukturierung des Habitus leistet. Akteure entwickeln einen Habitus, in dem sich die frühen Erfahrungen des sozialen Orts, in den sie hineingeboren wurden, eingelagert haben; einen Habitus, der bestimmte Wünsche, Zeithorizonte, Aspirationen, Umgangsweisen mit der Welt eröffnet und andere ausschließt. Und indem die Vergangenheit des Individuums im Habitus fortwirkt, bringt er Orientierungen hervor, die die Individuen an den ihrer Klasse vorgegebenen sozialen Ort zurückführen – sie bleiben ihrer Klasse verhaftet und reproduzieren sie in ihren Praxen (vgl. Krais/ Gebauer 2008: 43). Damit werden bereits Eigenschaften des Habitus als strukturierende Struktur und reproduktives Element in der Verbindung von Raum und Feld bzw. Struktur und Handeln thematisiert. Diese Objektivierung von Geschichte ist aber nicht nur Teil des menschlichen Organismus, sondern auch von Institutionen (Bourdieu 1993: 97f.). „Die soziale Realität existiert sozusagen zweimal, in den Sachen und in den Köpfen, in den Feldern und in den Habitus, innerhalb und außerhalb der Akteure." (Bourdieu/ Wacquant 2006: 161).

Da sich der Habitus mittels Inkorporierung bzw. Einverleibung der Kultur, der Geschichte und des Sozialen bildet (Fröhlich 2007a), wirkt er erstens als generatives bzw. aktives Prinzip, indem er Praxisformen erzeugt, und zweitens als reproduktives bzw. passives Prinzip, indem die individuellen Praxisformen gemäß der strukturierten Ausgangsformen geformt werden. Der Habitus ist dabei durch zwei Leistungen definiert: zum einen durch die Hervorbringung klassifizierbarer Praxisformen und Werke, zum anderen durch die Unterscheidung und Bewertung der Formen und Produkte (Geschmack). Das systematische Produkt des Zusammenwirkens dieser Prinzipien sind die Lebensstile (Bourdieu 1987:

278): Der Habitus ist das in den Körper eingegangene Soziale. Damit verbunden ist die Logik all jener individuellen kollektiven Handlungen, „[…] die vernünftig sind, ohne deswegen das Produkt eines durchdachten Plans oder gar einer rationalen Berechnung zu sein […]." (Bourdieu 1993: 95). Anders ausgedrückt, kann er als Erzeugungsprinzip beschrieben werden, welches letztlich Praktiken hervorbringt, die teilweise unabhängig von bewusstem oder rationalem Kalkül erzeugt werden (Fröhlich 1994), weil sie dem Bewusstsein nicht vollkommen zugänglich sind (Steiner 2001: 24). Bourdieu wendet sich damit gegen die Erklärung von Handeln durch Rational-Choice-Ansätze. Das bedeutet aber nicht, dass Akteure durch den Habitus quasi ferngesteuerte und absolut unbewusste Entscheidungen treffen, denn es ist Individuen durchaus möglich strategisch und im Rahmen ihrer habituellen Grenzen nutzenmaximierend zu handeln. Strategie bezeichnet dabei keinen rational kalkulierten, planvollen Handlungsentwurf, sondern eine (implizite) Vernünftigkeit der Handlungspläne, wie sie sich aus dem Habitus des Akteurs und aus der jeweiligen Position im sozialen Raum ergibt: „Strategie ist vielmehr das Produkt des praktischen Sinns als eines Spiel-Sinns', […], (der) in frühester Kindheit durch Teilnahme an sozialen Aktivitäten, nicht zuletzt […] an Kinderspielen [d.h. in der vom Spiel-Sinn geleiteten Praxis] erworben wird." (Bourdieu 1992b: 83). Entsprechende Aneignungsprozesse der Strategien der sozialen Praxis laufen in diesem Kontext in der Regel über praktisches, körperlich-sinnliches Tun in Interaktion mit anderen im Rahmen der kulturellen Alltagspraxis ab. Interaktionen sind damit wichtig für die Herausbildung des Habitus, seine Modifikation, Verfestigung und Veränderung im Laufe eines Lebens.

Habitusentwicklung ist die Aneignung des Sozialen, das die handelnden Akteure aufgrund ihrer bisherigen Tätigkeiten in der Welt zu einem komplexen Erfahrungswissen und einem Netz von Dispositionen bündeln und ständig wieder modifizieren und transformieren. Dabei spielen bisheriger Verlauf des Habituserwerbs und damit auch bisherige Bildungsgeschichte sowie die jeweiligen Gelegenheitsstrukturen für die Aneignung von Bildung und Kultur eine wichtige Rolle, denn der Habitus kann nur Dinge aufnehmen und einbauen, für die er bereits eine Art „Ankoppelungsstelle" hat oder zumindest schaffen kann. Darin liegt seine Arbeitsweise als generative Grammatik (vgl. Krais/ Gebauer 2008). Es handelt sich bei dieser Grammatik um ein Wechselspiel von gesellschaftlicher Bestätigung und Korrektur. Gleich einer Spirale beschreibt die Grammatik einen dynamischen Vorgang der Erzeugung durch die Akteure, so dass sie durch die Aktivitäten der Subjekte immer wieder neu hervorgebracht wird. Dieser Prozess schließt gesellschaftlichen Wandel nicht aus, tendiert aber zur Reproduktion bestehender Strukturen. Unter Berücksichtigung des Kampfes um wertvolle Ressourcen und der Unterschiede in den Lebenslagen (Position im Raum) und in der Verteilung von Kapital stellt sich dann aber die Frage, warum die „Verlierer", die dem Klassendenken implizit sind, das Spiel mitspielen?

Der Habitus kann als System von Dispositionen, die im Alltagsleben als Denk-, Wahrnehmungs- und Beurteilungsschemata fungieren und deren Prinzipien sozialer Klassifikation als Klassenethos zum Ausdruck kommen, verstanden werden (Müller 1997). Da der Habitus nicht nur Handlungen erzeugt, sondern auch Ordnungsgrundlage für Wahrnehmung und Denken ist, setzen sich über ihn die Strukturen der Kapitalverhältnisse, also die soziale Ordnung, in den Köpfen der Akteure fest. Dadurch wird aus objektiven Grenzen, die sich durch die Soziallage ergeben, ein „Sinn für Grenzen" (Göhler/ Speth 1998). Die Spannung zwischen objektiv dominierter Soziallage und der Aspiration auf Teilnahme und Teilhabe an den dominanten Werten löst sich auf, wenn subjektive Ordnungsprinzipien mit der objektiven Ordnung zusammenfallen. Dadurch erscheint die Welt als natürlich vorgegeben. Diese unhinterfragte Erfahrung der Welt mit ihren sozialen Ungleichheiten als Überlieferungen bezeichnet Bourdieu als Doxa (u.a. Steiner 2001). Soziale Ungleichheiten werden insofern einverleibt (Fröhlich 1994) und über habituelle Schemata zur zweiten Natur des Individuums, indem sich klassenspezifische Grenzen der eigenen sozialen Lebenswelt in die natürlichen Grenzen der Lebenswelt verwandeln. Denk- und Wahrnehmungsschemata können so Objektivität nur produzieren, weil sie damit die Grenzen der Erkenntnis, die sie ermöglichen, unkenntlich machen und die Welt über den Modus der Doxa als natürlich und selbstverständlich vorgegeben erscheinen lassen. Der Habitus ist hier gleichermaßen Prinzip der Eröffnung von Möglichkeiten, wie auch Prinzip ihrer Begrenzung. Denn weil er „[...] eine unbegrenzte (kontrollierte) Freiheit [hat], Hervorbringungen – Gedanken, Wahrnehmungen, Äußerungen, Handlungen – zu erzeugen, die stets in den historischen und sozialen Grenzen seiner eigenen Erzeugung liegen, steht die konditionierte und bedingte Freiheit, die er bietet, der unvorhergesehenen Neuschöpfung ebenso fern wie der simplen mechanischen Reproduktion ursprünglicher Ordnungen." (Bourdieu 1993: 103). Mit Luhmann könnte man sagen, dass der Habitus die Entscheidungsauswahl einerseits erschafft, andererseits und gleichzeitig die Komplexität und damit die Entscheidungsmöglichkeiten reduziert, denn die bestehende Strukturierung des Habitus schließt aus, dass er alles verarbeitet, was in der Welt ist. Die Akzeptanz ihrer Stellung in Gesellschaften, in denen Soziallagen durch die ungleiche Verteilung von Kapital gekennzeichnet sind, erlangen Individuen unbewusst über den Modus der Doxa. Die mit der objektiven Soziallage verbundenen Habitus gleichen sich nach Bourdieu und machen es so möglich, dass sich verschiedene Klassenhabitus bilden, die sich unter anderem in jeweils ähnlicher Kleidung, Sprache und ähnlichem Geschmack widerspiegeln. Der Geschmack der oberen Klasse ist nach Bourdieu vom Gespür für soziale Distinktion geprägt, der Geschmack der Mittelklasse zeichnet sich durch Bildungsbeflissenheit und Aufstiegswillen aus, während der unteren Klasse lediglich der Notwendigkeitsgeschmack bleibt (Müller 1997). Selbst wenn wir beispielsweise unter Berücksichtigung der Bildungsexpansion einen Aufstieg der unteren Klasse annehmen, so wäre dieser eher als Fahrstuhleffekt (Beck 1986), denn als Durchbruch der von Bourdieu formulierten Klassenstruktur zu betrachten.

Ob man sich dem etwas obsolet wirkenden Klassendenken Bourdieus anschließt oder nicht: die Folge unterschiedlicher Soziallagen, die über Inkorporierung in den Habitus ufern und dadurch Wahrnehmungs- und Handlungsdispositionen bestimmen, ist Distinktion. Bourdieu verwendet den Distinktionsbegriff als strukturelle, bewusste und unbewusste Abgrenzung (vgl. Müller 1997). Die strukturelle Distinktion ergibt sich aus dem relationalen Denken Bourdieus und verdeutlicht, dass ein Geschmack allein nicht existiert, ebenso wenig wie eine Person allein im Raum verortet werden kann. Die bewusste und unbewusste Abgrenzung zielt auf die Janusköpfigkeit des Habituskonstruktes ab. Zum einen folgt sie unbewusst aus der Tatsache, dass der Habitus Praxisformen anleitet, die sich der bewussten Wahrnehmung teilweise entziehen, zum anderen bewusst aus der Möglichkeit innerhalb dieser Grenzen Strategien zur Abgrenzung entwickeln zu können. Unter dieser Perspektive kann man den Habitus durchaus als eine Identität betrachten, die es ermöglicht, Angehörige ähnlicher Soziallagen zu identifizieren und ihr Verhalten zu antizipieren. Das Erkennen erfolgt über „[...] gegenseitiges Abtasten und Taxieren, mit dessen Hilfe ein Habitus sich seiner Verwandtschaft mit anderen vergewissert." (Bourdieu 1987: 375) Die soziale Lage der Individuen, die sich im Klassenhabitus ausprägt, manifestiert sich in der äußeren Erscheinung, in den Moralvorstellungen, im ästhetischen Empfinden und im Umgang mit den Produkten der Kulturindustrie – kurz sie äußert sich in ihrem Geschmack (Krais/ Gebauer 2008: 37). Das daraus folgende distinguierende Verhalten ist dafür verantwortlich, dass habituelle Strukturen einen eher reproduktiven Effekt haben, indem sie über abermalige Bestätigung der sozialen Wirklichkeit diese immer wieder neu reproduzieren.

Eine Besonderheit des Habitus stellt in diesem Zusammenhang der Begriff der Hexis dar, der die Wahrnehmungs- und Handlungsdispositionen, die in der Regel unsichtbar sind, nach außen sichtbar macht. Moralvorstellungen, Sprache und Wahrnehmung von Akteuren sind für Außenstehende erst deutlich zu erkennen, wenn Individuen in Kommunikation treten. Über den Geschmack, der sich auch im Umgang mit Kulturprodukten, Speisenauswahl oder Freizeitbeschäftigungen abzeichnet, werden Soziallagen, die habituell verinnerlicht sind, nach außen und damit über größere Distanz sichtbar. Darüber hinausgehend sind Körpersprache, Körperhaltung und Gangart Merkmale, über die sich Angehörige ähnlicher Soziallagen erkennen, ohne je ein Wort miteinander gewechselt oder eine spezielle Information über den anderen erhalten zu haben. In Verbindung mit Distinktionsverhalten ist diese Eigenschaft des Habitus in der Praxis von Vorteil, weil aus der großen Anzahl der Kommunikations- und Interaktionsmöglichkeiten eine Vorauswahl stattfinden kann.

2.5 Habitus und Wandel

Hinter der Frage, wie flexibel der Habitus in der Konzeption Bourdieus ist, steht die eigentliche Frage nach den Möglichkeiten des sozialen und kulturellen Wandels. Dazu gibt es zwei generelle Standpunkte. Der erste bezieht sich auf die Starrheit und den Determinismus, der durch die Komplizenschaft von Habitus und Feld entsteht (Fröhlich 1994). Der andere Standpunkt würde von Rational-Choice-Vertretern eingenommen werden, die Individuen meist absolute Entscheidungsfreiheit einräumen und damit die Idee vom Habitus ablehnen müssten. Bourdieu folgt dem Strukturalismus dahingehend, dass durch inkorporierte Schemata bestimmte Verhaltensweisen ausgeschlossen werden, im Gegensatz zu Lévi-Strauss betont er aber die grundlegende historische Kontingenz habitueller Schemata (Erbrecht 2002: 229). Erbrecht führt dazu aus, dass die Klassifizierung von Konsumobjekten, Handlungssituationen und Praktiken von Akteuren in den konkreten Situationen des Alltags immer wieder neu geleistet werden muss. Wenn also Situationsinterpretationen ihren Routinecharakter verlieren, ist der Kreislauf der kulturellen Reproduktion zumindest durch eine grundsätzliche Instabilität gekennzeichnet. Habituelle Transformationsprozesse müssen deshalb als sukzessive Anpassung der inkorporierten Wissensordnung an eine extreme Umwelt verstanden werden. Die Durchmischung von Dispositionssystemen kann demnach auch zu neuen Habitusformen führen (vgl. Erbrecht 2002: 231 ff.), was für eine grundsätzliche Flexibilität des Habitus spricht.

Dieser Auffassung des Habitus als eher flexibles Dispositionssystem steht die Annahme des Hysteresiseffekts in den Praxisformen gegenüber. Danach reproduziert ein Agent tendenziell die Logik seiner ursprünglichen habituellen Strukturen, auch wenn die Umgebung von jener abweicht, an die sie objektiv angepasst wurde (Steiner 2001). Bourdieus Verständnis eines Klassenhabitus gibt für diese eher unflexible Interpretation des Habitus entsprechenden Spielraum, denn obwohl die objektive und subjektive Geschichte den Habitus mitbestimmt und mit ziemlicher Sicherheit davon ausgegangen werden kann, dass dieser bei Individuen nie exakt übereinstimmt, ist ebenso sicher, „[...] dass jedes Mitglied derselben Klasse sich mit einer größeren Wahrscheinlichkeit als Akteur oder Zeuge mit den für die Mitglieder dieser Klasse häufigen Situationen konfrontiert sieht." (Bourdieu 1976: 187). Krais und Gebauer interpretieren den Habitus als kohärentes Konstrukt. Im Zeitablauf ist diese Kohärenz als Stabilität des Habitus zu sehen: Man sieht mit vierzig Jahren zwar nicht mehr so aus wie mit zwanzig, man ist körperlich verändert, hat einen anderen Tagesablauf und zugleich umfassendere, differenziertere und enger eingegrenzte Handlungsmöglichkeiten, dennoch spricht man rückblickend von der/dem Zwanzigjährigen, die/der man einmal war, als „ich". Man erkennt sich darin wieder, begreift sich als eine Person mit einer Vergangenheit, die untrennbar zu einem gehört, und projiziert mit Plänen, Vorstellungen, wahrscheinlichen und gewünschten Entwicklungen diejenige Person, die man in der Gegenwart ist, in die Zukunft. Und nicht nur man selbst betrachtet sich als eine Person, denn auch andere erkennen einen am Aussehen, an charakteristischen Körperhaltungen und Gesten, aber vor allem am Handlungsstil wieder, beziehen sich auf gemeinsame Erfahrungen in der Vergangenheit und aktualisieren, beispielsweise beim Klassentreffen, eine lange nicht mehr gelebte Beziehung (vgl. Krais/ Gebauer 2008).

Je nach Perspektive gestaltet sich der Habitus als eher starres und reproduktives oder als kreatives, flexibles und den Wandel unterstützendes Element. Dies ist kein Widerspruch, denn die flexible Auslegung bezieht sich auf die strukturierte Eigenschaft des Habitus. Damit ist gemeint, dass sich in Gesellschaften durchaus neue Klassen bilden können, die selbstverständlich auch mit neuen Habitusformen verbunden sind. Die eher unflexible Auslegung des Habitus bezieht sich auf seine strukturierende Eigenschaft. Individuen, die erstmal über einen Habitus verfügen, können diesen nur sehr schwer verändern. Bourdieu hat immer wieder hervorgehoben, dass die Stabilität des Habitus von den sozialen Verhältnissen abhängig ist. Er kann mit diesem Konzept sowohl gesellschaftlichen Wandel als auch die Reproduktion sozialer Ungleichheit erklären.

Mit dem Begriffstrio Raum, Habitus und Feld ermöglicht Bourdieu einen relationalen Blick auf Gesellschaften. Diese Trias ist in sich eng verknüpft und bildet ein geschlossenes, aber nicht hermetisch abgeriegeltes Kreislaufsystem, denn „[...] der Habitus, dieses Produkt der Geschichte, erzeugt entsprechend den von der Geschichte hervorgebrachten Schemata individuelle und kollektive Praxisformen – folglich Geschichte." (Bourdieu 1979: 182).

Der Habitus bildet die Schnittstelle zwischen Makrostruktur bzw. der Kapitalstruktur und Mikrostruktur, d.h. Lebensstil, Praxisform und Geschmack. Dadurch, dass er die Makrostruktur, soziale Verhältnisse, objektive und subjektive Geschichte in Lebensstile übersetzt, wird durch ihn die Reproduktion sozialer Ungleichheit, aber auch sozialer Wandel erklärbar. Der Interaktion von Individuen wird dabei eine eher untergeordnete Rolle eingeräumt. Bourdieu verbleibt zwar insgesamt auf einer strukturellen Ebene, durch den Einbezug einer Zeitkomponente in Form von Erfahrungen bildet der Habitus aber einen besonders guten Ansatz, um Kontexteffekte und vor allem die Tiefenstruktur von Akteuren zur Erklärung ihres Handelns heranzuziehen. Die Konkurrenz um Kapital ist dabei nicht Teil der menschlichen Natur, sondern sozial eingeübt und im Habitus verankert, denn der Habitus ist nicht angeboren, er ist erworben und bildet sich von früher Kindheit an in der Auseinandersetzung mit der Welt und in der Interaktion mit anderen aus. Was den Akteuren dabei gemeinsam ist, so verschieden sie auch sein mögen, ist die „illusio", der praktische Glaube an das Spiel. Er bewirkt, dass der Mikrokosmos des Feldes als selbstverständlich erfahren werden kann und zur Identität der eigenen Person gehört (Krais/ Gebauer 2008: 59 ff.).

Letztlich sind es laut Bourdieu ähnliche Positionen im sozialen Raum (Soziallagen) in Verbindung mit den dort gesammelten Erfahrungen, die eine objektive Klassenzugehörigkeit definieren und damit auch die Wahrscheinlichkeit erhöhen, habitusbedingte Ähnlichkeiten in Lebensstil und Praxis vorzufinden.

2.6 Handeln

Der soziale Raum, so ist deutlich geworden, zeichnet sich durch Ungleichheiten aus, die sich als soziale Hierarchie bezüglich Kapitalvolumen und -zusammensetzung messen lassen. In ähnlicher Weise sind soziale Felder beschaffen, in denen sich gesellschaftlich relevante Interessen konzentrieren. Die Interessen unterscheiden sich je nach Feld, sie können sich auf Mode, Politik oder auch Sport beziehen, wobei es in jedem Feld eine feldspezifische Hierarchie gibt. Handeln ist auf Kampf, und damit immer auf eine Verbesserung in der Hierarchie und das Erreichen der bestmöglichen Position, ausgerichtet. Das Handeln von Akteuren ist aus dieser Perspektive also immer positionsbezogen. Gleichzeitig wendet sich Bourdieu jedoch gegen interaktionistische Ansätze, Normativismus und reine Rational-Choice-Theorien. Der Interaktionismus ignoriert die strukturellen Einflussfaktoren, die sich nach Bourdieu über den Habitus erheblich auf das Handeln von Akteuren auswirken. Normative Ansätze dagegen vernachlässigen die Fähigkeit von Akteuren zielbewusst und rational zu handeln, während sich Rational-Choice-Ansätze eben darauf konzentrieren, denn sie gehen vom Handeln als Resultat bewusster nutzenmaximierender Entscheidungen aus. Laut Bourdieu sind es aber auch unbewusste Wahrnehmungsschemata, die Akteurshandeln neben strategischen Erwägungen beeinflussen. Insofern will Bourdieu zeigen, dass es neben der ausdrücklichen Norm oder dem rationalen Kalkül noch andere Erzeugungsprinzipien von Praktiken gibt. Mit dem Habituskonzept grenzt sich Bourdieu ebenfalls von Rollenkonzepten ab, denn anders als bei der Vorstellung vom sozialen Akteur als dem Träger vieler verschiedener sozialer Rollen, kann eine Person nur einen Habitus haben, in dem sich ihre vielfältigen, sehr unterschiedlichen, über das ganze Leben erstreckenden Erfahrungen in der Welt und mit der Welt niedergeschlagen haben. Der Habitus ist kreativ, er variiert, geht mit neuen Situationen anders um als mit alten. Er kann also auf keinen Fall als ein abgeschlossenes „Handlungsprogramm" im Sinne verinnerlichter, fixierter Regeln oder Werte gedacht werden. Die vom Habitus hervorgebrachte soziale Praxis fasst nicht nur weit mehr als festgelegte Normen, Erwartungen und Handlungsweisen nach dem Modell rationalen Handelns, sondern erlaubt auch Gesellschaft und soziale Interaktion flüssiger, offener und innovativer zu denken (vgl. Krais/ Gebauer 2008).

Bourdieu geht von einem Verständnis sozialen Handelns aus, das „[…] eine Art objektiver Zweckbestimmtheit enthält, ohne dass es bewusst auf einen explizit formulierten Zweck bezogen wäre", das „verständlich und schlüssig ist, ohne einem festen Vorsatz und einem klaren Entschluß entsprungen zu sein" und das „auf Zukunft ausgerichtet ist, ohne doch Resultat eines Entwurfs oder Plans zu sein." (Bourdieu 1981:169).

Auf sozialstrukturellen Wandel beispielsweise reagieren Akteure mit Strategien der Umstellung, etwa von einer Kapitalsorte auf die andere, um ihre Position innerhalb der Sozialstruktur zu behaupten. Diese Strategien können Akteure aber nur in den Grenzen ihrer Wahrnehmungs- und Handlungsdispositionen entwickeln. Das kann auf unterschiedliche Art und Weise geschehen: Als vertikale Verlagerung innerhalb eines Feldes (vom technischen Zeichner zum Ingenieur) oder als horizontale Verlagerung von einem Feld in ein anderes (vom Kleinhändler zum Grundschullehrer). Soziale Mobilität kann aus dieser Perspektive auch als verzweifelter Versuch der Bestandswahrung und damit Reproduktion der Sozialstruktur angesehen werden – nämlich immer dann, wenn Akteure ihre Position innerhalb der sozialen Struktur und die daran gebundenen ordinalen Merkmale nur um den Preis einer Verlagerung, in Verbindung mit einer Veränderung der Soziallage, aufrechterhalten können (vgl. Bourdieu 1987: 219). Selbst bei sozialstrukturellem Wandel kann also die Konstanz der sozialen Rangordnung beispielsweise durch berufsstrukturellen Wandel aufrechterhalten werden. Die Reproduktion von Ungleichheitsstrukturen erfolgt in diesem Fall durch Umstellung und Mobilität. Diese Möglichkeiten bieten sich Akteuren je nach Position in unterschiedlichem Ausmaß. Ein weiteres Beispiel: Wenn die Mittelklasse von der Bildungsexpansion derart profitiert, dass sie zunehmend Arbeitsplätze besetzt, die vormals der oberen Klasse vorbehalten waren (z.B. Professuren), reagiert die Oberklasse schrittweise mit ihrer Ausbildung auf Eliteschulen. Solche Ausbildungen können dann zu außerordentlich hoch bezahlten Managerpositionen führen, die es früher in der Form noch gar nicht gab. Mit dieser Strategie kann sich die obere Klasse in ihrer Positionierung weiterhin von der mittleren distinguieren. Kurz: Bourdieus Handlungsbegriff ist positionsgebunden und zielt letztlich auf Distinktion.

2.7 Zusammenfassung Bourdieu

Die relationale Weltsicht bildet die Grundlage des bourdieuschen Denkens: „Sie behauptet nämlich, dass die ganze mit ihm bezeichnete „Realität" darauf beruht, dass die Elemente, aus denen sie besteht, einander wechselseitig äußerlich sind. Die von außen und direkt sichtbaren Lebewesen, ob Individuen oder Gruppen, leben und überleben nur im und durch den Unterschied, das heißt nur insofern, als sie relative Positionen in einem Raum von Relationen einnehmen, die obgleich unsichtbar und empirisch stets nur schwer nachzuweisen, die realste Realität (...) und das reale Prinzip des Verhaltens der Individuen und der Gruppen darstellen." (Bourdieu 1998: 48). In der Wechselseitigkeit von Gesellschaft und Individuum spielt die Trias Raum-Habitus-Feld eine essenzielle Bedeutung. Struktur ist dabei als System von Beziehungen und Unterschieden zu denken, wobei Subjekte ihre soziale Bedeutung aus ihrer Position im sozialen Raum erhalten, die durch den Habitus eng mit dem Handeln in sozialen Feldern verknüpft ist. Der Habitus ermöglicht es, als Verknüpfungsinstanz von Makro- und Mikroebene und Inkorporierung sozialer Verhältnisse durch kollektive und subjektive Erfahrungen, tiefenstrukturelle Phänomene für die Erklärung menschlichen Handelns heranzuziehen. Während im homo sociologicus von Dahrendorf Individuum und Gesellschaft einander als antagonistische Konzepte gegenübergestellt werden, erschließt sich über das Habitus-Konzept ein völlig anderes Verständnis des Verhältnisses von Individuum und Gesellschaft (Krais/ Gebauer 2008: 78).

In seinem deutlich strukturell geprägten Ansatz spielen intersubjektive gegenüber den objektiven Beziehungen lediglich eine untergeordnete Rolle. Sie werden als Produkt objektiver Beziehungen beschrieben, fallen aber für die Erklärung menschlichen Handelns nicht ins Gewicht, da die gesellschaftliche Prägung hier im Vordergrund steht. An diesem Schwachpunkt setzt die soziale Netzwerkanalyse an.

3 Die Netzwerkperspektive

Allgemein vereint die Netzwerkanalyse mehrere Annahmen: Erstens, dass sich jeder Akteur am sozialen System, in dem sich viele andere Akteure befinden, die als Referenzpunkte für Entscheidungen angesehen werden, beteiligt. Und zweitens die große Bedeutung der Aufklärung der verschiedenen Strukturebenen eines sozialen Systems, wobei Struktur aus „Regelmäßigkeiten in Relationsmustern unter konkreten Entitäten [...]" besteht (White et al. 1976 zitiert nach Knoke/ Kuklinski 1982: 10). Weiterhin sind Akteure und ihre Handlungen interdependent, wobei nicht die einzelnen Dyaden zwischen Ego und Alter, sondern deren Einbettung in ein Netz weiterer Beziehungen Gegenstand der Untersuchung sind. Der Netzwerkanalyse kann dabei eine duale Qualität zugeschrieben werden: zum einen die Möglichkeit komplette Sozialstrukturen (Netzwerke) zu beleuchten, zum anderen das Erfassen einzelner Elemente innerhalb dieser Strukturen (Knoke/ Kuklinski 1982: 10).

Der „Sozialen Netzwerkanalyse" (SNA) wird immer wieder vorgeworfen, dass sie vor allem als Methode entwickelt wurde, während die theoretischen Grundlagen demgegenüber vernachlässigt wurden (Schenk 1984; Trezzini 1998). In der Regel werden theoretische Annahmen nur ad hoc formuliert oder erfolgen implizit und bleiben unausgesprochen. Viele Fragen, beispielsweise warum sich bestimmte Typen von sozialen Beziehungen entwickeln, welcher Zusammenhang zwischen Relationen und Verhalten der Akteure besteht oder welche Eigendynamik soziale Beziehungen besitzen, bleiben ungeklärt. Dennoch ist die Netzwerkanalyse keine theorielose Methode, sondern sie nutzt verschiedene soziologische Theorien, die gewissermaßen als theoretische Basisbausteine fungieren (vgl. Bott 1971). Solche Bausteine finden sich in der Rollentheorie, den Annahmen der Handlungstheorie, der Theorie zum sozialen Austausch, der Balancetheorie und dem Strukturalismus.

3.1 Rollentheorie

Auch wenn noch nicht recht klar ist, wie die Rollentheorie zur Analyse sozialer Netzwerke herangezogen wird, bildet sie doch eine theoretische Basis dafür. Rollen entsprechen einer bestimmten sozialen Position und drücken die verschiedenen Beziehungen zu den Bezugspersonen aus. Diese Beziehungen werden durch die Rollenerwartungen fundiert, die seitens der Bezugspersonen an den Inhaber einer bestimmten sozialen Position gestellt werden. Diese so genannten Rollensets umfassen dabei nicht nur die Menge sozialer Beziehungen, die zu einer sozialen Positionen gehören. Durch die Überschneidungen der Rollensets der multiplen Rollenbeziehungen markieren sie auch die Struktur eines sozialen Systems (vgl. Burt 1982). Mit dem Prinzip der strukturellen Äquivalenz gelingt es, diese multiplen Rollenbeziehungen so zu aggregieren, dass die Anforderungen, die z.B. Nadel (1957) an eine Theorie sozialer Strukturen stellt, eingelöst werden können. Nadel führt dazu aus: „We arrive at the structure of a society through abstracting from the concrete population and its behaviour the pattern or network (or 'system') of relationships obtaining between actors in their capacity of playing roles relative to one another." (Nadel 1957: 12). Er orientiert sich an Talcott Parsons, wenn er annimmt, dass Rollen und Position Einheiten sind, zwischen denen Relationen existieren. Auch bei Parsons (1949) wird die Struktur eines sozialen Systems als Relationsgefüge (pattern systems) der sozialen Beziehungen von Akteuren, die die Einheit eines sozialen Systems bilden, definiert. Allerdings geht Parsons nicht auf die spezifischen (formalen und inhaltlichen) Eigenschaften dieses Gefüges ein. Seine Überlegungen konzentrieren sich stärker darauf, wie sich die Herausbildung institutionalisierter Verhaltensweisen bzw. sozialer Rollen aus den Bedingungen der interindividuellen Handlungszusammenhänge erklären lässt. „What roles are to be institutionalized in the social system? Who is to perform these roles?" (Parsons 1951: 198). Das soziale System entsteht bei Parsons durch die Interaktion von Individuen, indem jedes Mitglied Objekt der Orientierung für andere Handelnde ist. Von diesem eher analytischen Aspekt ausgehend abstrahiert er auf die Gesamtheit der Prozesse des Handelns der Teilnehmer. Da die Individuen auch Organismen, Persönlichkeiten und Teilnehmer kultureller Systeme sind, geht Parsons mit seinem Ansatz über eine Beziehungsanalyse hinaus, indem er die Durchdringung von drei weiteren Systemen des Handelns (Verhaltensorganismus, Persönlichkeit, Kultur) mit dem sozialen System annimmt. Während die Integration sozialer Systeme im Konzept des sozialen Netzwerkes aus dem bestehenden Relationsgefüge abgeleitet wird (d.h. ein Netzwerk ist in dem Maß integriert, wie es keine distinkten Cliquen aufweist), wird sie bei Parsons über die normative Kultur herbeigeführt, indem das kulturelle System das soziale System über eine Kontrollhierarchie steuert. Wichtig ist, dass Parsons den relationalen Eigenschaften eines Systems eine eigenständige, emergente Qualität zuspricht, denn durch die fundamentalen Interaktionen entsteht ein System neuer Ordnung, das nicht einfach auf die Persönlichkeit bzw. das Verhalten der Mitglieder zurückzuführen ist (vgl. Parsons 1968: 734-739). Das System neuer Ordnung wiederum kann beträchtliche Struktureffekte auf das Verhalten bzw. Handeln der Individuen haben.

Ein Ansatz wie die Netzwerkanalyse, der sich auf soziale Beziehungen konzentriert, ist mit einer Vielfalt sozialer Beziehungen konfrontiert, die von schwachen Kontakten (vgl. Granovetter 1973) bis hin zu romantischen Liebesbeziehungen reichen können. Die Rollentheorie liefert hierbei eine Hilfe zur Orientierung für die zahlreichen Kontexte und Rahmungen. Innerhalb des sozialen Netzwerkkonzeptes wird explizit drauf verwiesen, dass die sozialen Beziehungen die Analyseeinheit bilden und nicht deren Verhaltensweisen. Dazu werden soziale Beziehungen mit Hilfe von Rollen und Rollensystemen typisiert. Insofern können Verhaltensweisen auch nicht unmittelbar aus den jeweiligen Netzwerkkonstellationen abgeleitet, wohl aber vor dem Hintergrund des jeweiligen Beziehungsgefüges, das durch Rollen und Rollensysteme entsteht, interpretiert werden (vgl. Mitchell 1969: 2).

In der Rollentheorie richtet sich das theoretische Interesse vor allem auf die institutionalisierten Verhaltensmuster. Jedoch stellen Rollenbeziehungen nur einen von vielen Beziehungstypen – nämlich das Rollenset – dar. Gerade die spontanen, freiwilligen, relativ losen Kontakte können mit einer Theorie, die von „verfestigten" Verhaltens- und Handlungsweisen ausgeht, nicht erklärt werden.

3.2 Handlungstheorie

Das soziale Netzwerkkonzept bekommt auch seitens der Handlungstheorie einige Unterstützung. Nach Max Weber liegt der Schwerpunkt bei den sozialen Beziehungen in ihrem

Sinngehalt: „Soziale Beziehung soll ein seinem Sinngehalt nach aufeinander gegenseitig eingestelltes und dadurch orientiertes Sichverhalten mehrerer heißen. Die soziale Beziehung besteht also durchaus und ganz ausschließlich: in der Chance, dass in einer (sinnhaft) angebbaren Art sozial gehandelt wird, einerlei zunächst: worauf diese Chance beruht. Ein Mindestmaß von Beziehungen des beiderseitigen Handelns aufeinander soll also Begriffsmerkmal sein." (Weber 1922). Der Inhalt der Beziehung kann variieren, z.B. kann er Ausdruck von Freundschaft, Verwandtschaft, Marktaustausch, Konkurrenz, Kampf, Feindschaft etc. sein. Es wird aber nichts darüber gesagt, ob zwischen den Handelnden Solidarität besteht, oder die an einer Handlung Beteiligten den gleichen Sinngehalt mit der sozialen Beziehung teilen. Regelmäßigkeiten im Handeln (gleichartig gemeinter Sinn) können vereinbart werden oder sich durch Sitte, Brauch, aber auch durch das Interesse an gleichartigen Erwartungen einstellen (vgl. Weber 1922: 15).

Folgt man der Definition von Max Weber für soziale Beziehungen, kann man weder eine Einstellung noch ein Verhalten allein als soziale Beziehungen verstehen. Beziehungen sind alle Kommunikationen, Affekte, Bewertungen, Handlungen und Gelegenheiten, die eine Verbindung zwischen Ego und Alter herstellen (vgl. Pappi 1987). Dazu gehören neben den tatsächlich ablaufenden Interaktionen zwischen Ego und Alter auch Einstellungen, die sich auf andere beziehen und objektive Gelegenheiten der Interaktion, wie z.B. die Anwesenheit im selben Raum als potentielle Interaktionen oder als Voraussetzung zur Interaktion. Aufgrund bestimmter Einstellungen und Erwartungen und häufiger Interaktion können so dauerhafte soziale Beziehungen entstehen. Ein Beispiel dafür wären Freundschaftsbeziehungen oder Rollenstrukturen, die jedoch nicht aus einer momentanen Verhaltensbeobachtung erschlossen werden können.

Aus den handlungstheoretischen Überlegungen lässt sich die Formierung eines sozialen Netzwerkes ableiten. So schaffen Gelegenheitsstrukturen (z.B. Mitgliedschaft in einem Aufsichtsrat) und Einstellungen (z.B. soziometrische Wahlen, normative Erwartungen) potentielle Interaktionsmöglichkeiten, die zu einer tatsächlichen Interaktion (z.B. Tausch von Gütern und Diensten) führen und nach einer gewissen Zeit eine dauerhafte Beziehung (z.B. Freundschaftsbeziehungen) zur Folge haben können. Im Rahmen des Netzwerkkonzeptes wird bei Verwendung handlungstheoretischer Überlegungen vor allem das „zielgerichtete Handeln" von Akteuren innerhalb eines Netzwerkgefüges (vgl. Burt 1982) betont. Die Nutzung sozialer Beziehungen zum Zwecke der Zielerreichung (z.B. bei der Berufswahl, politischer Führung usw.) stellt einen Gegenentwurf zu den allzu kollektivistischen Orientierungen des Strukturfunktionalismus dar, der die Funktion verschiedener gesellschaftlicher Institutionen für das Gesamtsystem untersucht und so den individuellen Beziehungen zu wenig Spielraum einräumt. Zielgerichtetes Handeln ist auch innerhalb der Handlungstheorie in Bezug auf die Frage der Handlungsorientierung wesentlich. Durch die Berücksichtigung des Netzwerkgeflechts, in dem sich Handeln zum Zwecke der Zielerreichung vollzieht, wird der Blickwinkel durch den Netzwerkansatz jedoch erweitert. Dabei werden nicht nur gegenseitige, direkte, sondern vor allem auch indirekte Verbindungen mit eingeschlossen.

Die Handlungstheorie ist ein Ansatz, der erklärt, wie sich soziale Netzwerke formieren können. Durch die Berücksichtigung handlungstheoretischer Annahmen in der Netzwerkanalyse wird hervorgehoben, dass die Art der Beziehung für das Verständnis der einzelnen Netzwerke genauso wichtig ist, wie die Art der Einheiten. Das weitreichende und verflochtene Gefüge sozialer Verbindungen und die Möglichkeit der indirekten Interaktionen werden in ihrer Bedeutung für das soziale Handeln jedoch nur unzureichend berücksichtigt.

3.3 Austauschtheorie

Auch bei der Austauschtheorie steht der Formationsaspekt sozialer Netzwerke durch soziale Beziehungen im Vordergrund, denn sie erklärt, warum Personen überhaupt soziale Beziehungen eingehen bzw. sie zu erhalten versuchen. Die Grundannahme der Austauschtheorie besagt, dass Menschen neue soziale Beziehungen eingehen, weil sie erwarten, dass diese mit Belohnungen für sie verbunden sind. Beziehungen zu bereits vorhandenen Freunden oder Bekannten werden ausgedehnt, weil sie diese als tatsächlich belohnend empfinden (Blau 1964). Demnach kommt eine soziale Beziehung durch einen Austausch zustande bzw. wird verstärkt, wobei die beteiligten Personen in verschiedene, z.T. multiplexe Typen von Beziehungen eingebunden sein können. Damit liefert die Austauschtheorie eine grundlegende Idee für das soziale Netzwerkkonzept, nämlich dass die Verbindungen, die Individuen miteinander eingehen, dazu dienen, bestimmte Interessen und Bedürfnisse zu verwirklichen. Bereits Georg Simmel behauptet, dass die Vergesellschaftung, die in unzähligen verschiedenen Arten sich verwirklichende Form ist, „[...] in der die Individuen aufgrund jener – sinnlichen oder idealen, momentanen oder dauernden, bewußten oder unbewußten, kausal treibenden oder teleologisch ziehenden – Interessen zu einer Einheit zusammenwachsen und innerhalb dieser Interessen sich verwirklichen." (Simmel 1968: 5).

Sich mit anderen zusammentun kann intrinsisch belohnend sein, wie im Fall von Liebe und Geselligkeit, oder extrinsisch, wie bei der Ratsuche bei Kollegen, Hilfe bei der Arbeitsplatzsuche, Nachbarschaftshilfe usw. Es lassen sich jedoch nicht alle Bedürfnisse und Interessen durch soziale Interaktionen befriedigen und nicht jede Interaktion wird durch ein Interesse an Belohnungen geleitet, denn moralische Prinzipien wie Werte und Normen, aber auch irrationale Momente beeinflussen Interaktionen. Dennoch geht Peter Blau davon aus, dass viele Aspekte des sozialen Lebens ein Interesse an Belohnungen bzw. Profiten, die sich aus einer Interaktion ergeben, reflektieren (Blau 1968: 452).

Trotz der Nähe zur ökonomischen Theorie ist Austausch nicht auf Märkte oder ökonomische Gegebenheiten beschränkt, sondern findet auch als sozialer Austausch statt, indem sich Nachbarn gegenseitig helfen, Ideen in Diskussionsrunden ausgetauscht werden, Freunde sich gegenseitig unterstützen und dergleichen mehr. So zielt das Austauschkonzept nach Peter Blau auf alle „[...] freiwilligen sozialen Handlungen ab, die von den belohnenden Reaktionen anderer abhängig sind, und die eingestellt werden, wenn diese erwarteten Reaktionen nicht eintreffen." (Blau 2005: 129).

Blau geht in Anlehnung an Marcel Mauss (1989) vom Reziprozitätsprinzip als Grundlage für die Herausbildung sozialer Beziehungen aus. Er glaubt aber nicht an eine generalisierte Reziprozitätsnorm, an die sich alle Gesellschaftsmitglieder halten, sondern führt Reziprozität auf die Bedingungen des Austausches selbst zurück. So sei es notwendig, dass Personen aufgrund ihres Interesses an fortgesetztem Erhalt von Gratifikationen bzw. Diensten, die sie nur innerhalb der sozialen Interaktion bekommen können, ihren Verpflichtungen gegenüber der jeweils anderen Person nachkommen. Der soziale Austausch unterscheidet sich vom rein ökonomischen Austausch dahingehend, dass es keinen festen Preis gibt, sondern die Gegenleistung im Ermessen desjenigen verbleibt, der sie erbringt. Deshalb liegt die besondere Bedeutung des sozialen Austauschs in der Entwicklung vertrauensvoller und freundschaftlicher Beziehungen, die durch „[…] Mechanismen wie soziale Normen, […] das Aushandeln der Gegenleistung oder die übereilte Erfüllung der Verpflichtung untersagen" (Blau 2005: 132), geschützt werden. Typische Belohnungen, die beim sozialen Austausch auftreten und die keinen exakten Preis oder materiellen Wert haben, sind bei Blau gesellschaftliche Anerkennung und Respekt.

Der soziale Austausch ist deshalb ein paradoxes Phänomen, weil gleichermaßen soziale Integration wie soziale Statusdifferenzen erzeugt werden. Verdeutlicht wird dieses Paradoxon am Beispiel der Attraktivität, die Gruppenmitglieder füreinander besitzen. Ist die Attraktivität der Gruppenmitglieder untereinander gleich groß, kann von kohäsiven und integrierten Strukturen ausgegangen werden. Wenn aber einzelne Gruppenmitglieder oder Neulinge andere von ihren Qualitäten überzeugen möchten, kann die entstehende besondere Qualität einzelner Beziehungen zu einer Statusbedrohung für die restlichen Mitglieder werden (vgl. Blau 2005: 133).

Ähnlich verhält es sich bei der Differenzierung von Macht, die ebenfalls aus Face-to-Face Interaktionen erwachsen kann. Indem eine Person wiederholt Dienste anbieten kann, die andere benötigen, entsteht aus der sozialen Interaktion eine Machtrelation.

Blau betont, dass sich das Austauschkonzept auf die emergenten Eigenschaften sozialer Beziehungen bezieht, „[…] die sich nicht auf durch psychische Prozesse motiviertes individuelles Verhalten reduzieren lassen. […] Die Austauschtheorie behandelt die Interaktionsprozesse, die dann entstehen, wenn Individuen Vorteile aus sozialen Beziehungen zu ziehen trachten, ganz gleich, welche psychischen Einflüsse dazu geführt haben, bestimmte Vorteile erlangen zu wollen." (Blau 2005: 134f.).

Mit der Feststellung, dass aus einfachen sozialen Interaktionen zwischen Personen andere soziale Prozesse entstehen, die einen sekundären Austausch begründen, welche die primäre Austauschebene überlagern, richtet Blau sein Interesse auf die emergenten Eigenschaften zwischenmenschlicher Beziehungen. Durch den Rückgriff auf Werte und Normen als Medien sozialer Transaktionen, zur Erklärung indirekter Beziehungen, verlässt Blau das Terrain der individualistischen Austauschtheorie und versucht, in Anlehnung an Parsons, an komplexere Prozesse und Strukturen mit institutionalisierten Werten anzuknüpfen.

Kritisch ist anzumerken, dass die Austauschtheorie keine präzisen Bedingungen für das Entstehen unterschiedlicher Arten von Beziehungen (z.B. ökonomische, freundschaftliche usw.) bereithält, und der unterstellte „freiwillige" Charakter beim Aufbau sozialer Beziehungen die Grenzen (z.B. regionale, schichtspezifische usw.), die die Wahl der Interaktionspartner einschränken, nicht berücksichtigt.

Der Netzwerkansatz setzt an der Austauschtheorie an, indem Beziehungen als Transaktionen konzipiert werden, in denen Ressourcen ausgetauscht werden. Diese Ressourcen können symbolischer (Informationen, Ideen, Werte, Botschaften), materieller (physische Dinge, Geld) oder emotionaler (Wertschätzung, Sympathie, Respekt, Vergnügen, Lust) Art sein. Hierbei interessiert sich der Netzwerkansatz vor allem für die strukturelle Erklärung des Austausches. Soziale Struktur ist dabei das Muster der Verbindungen, welche Menschen mit- und zueinander unterhalten. Für die sich daraus ergebende Analyse werden die Position einzelner Akteure in einem Netzwerk und die Beziehungen zwischen Gruppen (z.B. Cliquen) innerhalb von Netzwerken betrachtet, denn in Abhängigkeit der Positionierung innerhalb von Netzwerken können sich Möglichkeiten der Einflussnahme ergeben, die unterschiedliche Verteilungen von Macht in sozialen Netzwerken aufzeigen können (vgl. Jansen 1999: 157).

3.4 Balancetheorie

Einen weiteren Baustein zur Erklärung und Entfaltung von Strukturen liefert eine Forschungstradition, die als Theorie des Gleichgewichtes kognitiver Strukturen begründet wurde, wobei insbesondere die von Fritz Heider (1958) formulierte Version der Balancetheorie von Bedeutung ist.

Heiders Balancetheorie basiert auf der grundlegenden Annahme, dass soziale Wahrnehmung gestaltähnlichen Strukturprinzipien folgt und ausgeglichene oder balancierte Zustände gegenüber unausgeglichenen oder unbalancierten Zuständen präferiert werden. Heider betrachtet dyadische bzw. triadische Konfigurationen, bestehend aus einer wahrnehmenden Person p, einer anderen Person o und einem impersonalen Objekt x mit jeweils positiven oder negativen Beziehungen zwischen den Einheiten. Jede einzelne Relation zwischen Teilen dieser Einheit ist interdependent mit jeder anderen Relation. Wenn beispielsweise p eine positive Einstellung zu o besitzt und o x zugeneigt ist, wird eine Tendenz dafür vorhanden sein, dass p auch zu x eine positive Einstellung entwickelt. Damit sind die Beziehungen tendenziell ausbalanciert. Allgemein existiert eine ausbalancierte Konfiguration, wenn die Einstellungen zu den Teilen einer kausalen Einheit ähnlich sind (vgl. Heider 1946). Netzwerkanalytisch wird die Sache x meist als dritte Person interpretiert (vgl. Newcomb 1953), so dass es sich bei dieser Konstellation um eine sogenannte Triade handelt. Wenn also eine Person p gegenüber der Person o positiv eingestellt ist, Person x die Person o aber nicht mag, herrscht ein unbalancierter Zustand. Dieser würde nach Heider jedoch zu Spannungen führen, so dass sich entweder die Vorzeichen der Bindeglieder ändern, oder die Relationen durch Handlungen geändert werden (vgl. Heider 1946). Dies würde bedeuten, dass sich Person x entweder bemüht, Person o zu mögen, oder ein Akteur in der Triade dazu neigen wird, die Beziehung aufzulösen.

Die dahinter liegende Transitivitätsannahme gilt jedoch nicht immer und hängt unter anderem von der jeweiligen Situation ab. Handelt es sich um eine konfliktgeladene Situation, wie sie z.B. gegeben ist, wenn zwei Freunde um die Hand eines gleichermaßen geschätzten Mädchens anhalten, dann ist die Konsequenz kaum nach der Transitivität vorherzusagen. Kritisch anzumerken ist, dass die Balancetheorie nur alternative Zustände berücksichtigt, so dass das Ausmaß der Balance unbestimmt und die Variation in der Intensität der Beziehungen unbeachtet bleibt.

Das einfache Grundmodell von Heider wurde im Laufe der Zeit theoretisch und empirisch verfeinert und generalisiert. Dabei wurde die Balancetheorie auf die Gruppenebene ausgeweitet. Dies geht vor allem auf Newcomb (1953), Cartwright und Harary (1956) zurück. Newcomb erweiterte die Balancetheorie um zwei Aspekte: Zum einen wendet er sie auf die Kommunikation von Menschen an, so dass das Objekt x auch eine andere Person oder Gruppe sein kann. Zum zweiten weist er auf die Möglichkeit hin, auch die Balance objektiver interpersonaler Beziehungen und damit sozialer Strukturen zu betrachten.

Cartwright und Harary (1956) bauten auf diesen Überlegungen auf. Dabei war es ihr Ziel zum einen die Beschränkung auf Dyaden und Triaden aufzuheben und zum anderen neben der intrasubjektiven Balance der Gedanken- und Gefühlswelt eines Individuums auch die intersubjektive Balance in sozialen Systemen wie Familie, Freundschaftskreisen, formellen und informellen Gruppen, Machtstrukturen u.a. zu beschreiben.

Cartwright und Harary formalisierten die Balancetheorie graphentheoretisch für beliebig viele Objekte. Sie wenden dabei die Theorie erstmals auf „objektiv beobachtbare" soziale Netze an und formulieren Zusammenhänge zwischen Mikro- und Makroebene. Mit dem Strukturtheorem werden Beziehungen zwischen der Mikroebene, der Anordnung von Relationen und der Makroebene aufgezeigt. Ist ein System auf der Mikroebene balanciert, so ist das Gesamtsystem auf der Makroebene notwendigerweise in zwei Gruppen polarisiert, die als Cliquen interpretiert werden können. In dem Modell der „strukturellen Balance" ist die Gleichgewichtstendenz mit einer Neigung zur Polarisierung einer Gruppenstruktur verknüpft. Die makrostrukturellen Folgen von Balance wurden von Davis (1967) weiter differenziert. Davis setzt bei der von Heider nicht eindeutig klassifizierten Triade mit drei negativen Relationen an. Er schwächt den Balancebegriff dahingehend ab, dass auch Triaden mit drei negativen Relationen (die empirisch häufig vorkommen) als gleichgewichtig betrachtet werden. In der Konsequenz zerfällt eine balancierte Struktur in mehrere Teilgruppen (Davis 1967), die ebenfalls als Cliquen gedeutet werden können. Im weiteren Verlauf führen Davis und Leinhardt (1972) zusätzlich zum Konzept der horizontalen Gruppierung die vertikale Hierarchisierung ein. Die Balancetendenz ist in diesem Modell einerseits mit einer Tendenz zur Aufspaltung in hierarchische Ebenen und andererseits mit dem Zerfall in multiple Gruppen auf jeder Ebene äquivalent.

Durch die Anwendung von Gleichgewichtstheorien ist es möglich, mit Hilfe des Triadenzensus ein Beziehungsnetz zu beschreiben. Voraussetzung dafür ist jedoch, dass ein eindeutiger Bezug zwischen der Häufigkeit einzelner Triadentypen und den verschiedenen strukturellen Eigenschaften des Netzes hergestellt werden kann, die allgemein als Aspekte der Vercliquung und/oder Hierarchisierung konzipiert werden.

Der Vorteil der Balancetheorie liegt in der Verbindung von Kognition und Struktur. Sie verweist auf den Umgang mit Einstellungen und Wahrnehmungen, die es uns erleichtert Analysen mit dem Habitus und seinen Elementen empirisch interpretierbar zu machen. Die Balancetheorie ist dabei aber so universell, dass nahezu alle Phänomene, die mit der Bewertung von Einstellungen und Verhalten zusammenhängen, mit Hilfe ihrer Termini „Elemente und Relationen" bzw. „Balanciertheit und Unbalanciertheit" dargestellt werden können. Eine Schwäche der Balancetheorie liegt darin, dass aus ihr keine Vorhersagen darüber abzuleiten sind, welche Strategien der Balancierung Menschen unter bestimmten Bedingungen nutzen.

3.5 Strukturalismus

Eine ganzheitliche, eigenständige Analyse von sozialen Netzwerken setzt an der strukturalistischen Konzeption an. Hierbei bildet nicht das Individuum an sich die Einheit der Analyse, sondern das Netzwerk aus dem bestimmte soziale Strukturen hervortreten. Die strukturalistische Perspektive zielt darauf ab, die Organisation von sozialen Netzwerken zu untersuchen.

Der Strukturalismus entstand in den fünfziger Jahren in Frankreich mit dem Ziel, eine Untersuchungsmethode zu entwickeln, die den empirischen Verfahrensweisen innerhalb der Naturwissenschaften ebenbürtig war.

Die Basisidee des Strukturalismus, wie sie in den Arbeiten von Lévi-Strauss verwendet wird geht auf die Einsichten und Methoden des Linguisten Ferdinand de Saussure zum Aufbau von Sprachen und anderen Bedeutungssystemen (zum Beispiel eines literarischen Werkes) zurück. De Saussure versuchte die Sprache weniger unter dem Aspekt ihrer geschichtlichen Entwicklung (Diachronie) zu untersuchen, sondern ihre inneren Gesetzmäßigkeiten (ihre Synchronie) aufzudecken. Der Ethnologe Claude Lévi-Strauss war einer der Ersten, der de Saussures Linguistik in Frankreich zur strukturalistischen Methode verfeinerte. An den elementaren Strukturen der Verwandtschaft zeigt Lévi-Strauss (1981), dass die Grundstruktur von Stammesgesellschaften durch die verwandtschaftlichen Bande gebildet wird, die im Wesentlichen auf Austauschbeziehungen beruhen. Weitergehend konzentriert er sich auf die Untersuchung einer tiefer gehenden und weiter reichenden Struktur, nämlich die Untersuchung des Codes der Mythologien. Dieser Schritt ist darauf zurückzuführen, dass die Regeln zur Heirat als Grundlage der elementaren Strukturen von Stammesgesellschaften für ihn konkrete Handlungsvorschriften darstellen. Sie verknüpfen Norm und Handlung und sie schreiben definitiv vor, welche konkreten Verpflichtungen seitens Alter aus welcher Handlung von Ego resultieren. Die Aufdeckung solcher Austauschregeln liefert ein Instrument, um zu verstehen und zu erklären was geschieht und auf dieser Grundlage was geschehen wird. Dies bleibt jedoch auf alle Handlungen begrenzt, die den Regeln des Austausches folgen. Aber es gibt auch andere Handlungen, die eine größere Vielfalt aufweisen und nicht durch Austauschregeln bestimmt werden.

Die strukturalistische Studie von Codes ermöglicht es, so Lévi-Strauss, aus vielen verschiedenen Handlungen eine gemeinsame Identität abzuleiten und Analysen auf der Ebene der Tiefenstrukturen durchzuführen. Denn sobald ein solcher Code erst einmal fest in der Gesellschaft etabliert ist, ermöglicht er Vorhersagen über spezielle Formen des Denkens, Sprechens und Handelns, die mit der allgemeinen Form des Codes vereinbar sind, nicht aber über die konkrete Substanz.

Die Grundidee des Strukturalismus ermöglicht es zum einen, in einfachen Kontexten zu verstehen, warum bestimmte Handlungen andere konkrete Handlungen auslösen. Zum anderen ermöglicht sie die Ableitung spezifischer Muster aus allgemeinen Mustern in komplexeren Zusammenhängen wie z.B. die Produktion von Konsistenz, Integration und Zurückweisung, die innerhalb des Codes auf der Ebene der Tiefenstruktur stattfindet. Der Strukturalismus scheitert jedoch immer dann, wenn Handlungen in komplexeren Zusammenhängen verstanden und erklärt werden sollen, die von konkreten Regeln, Macht oder Interessen geleitet werden.

Wir betrachten den strukturalistischen Ansatz als maßgebende Basis netzwerkanalytischer Forschung. Diese kommt zwar in einzelnen Konzepten in unterschiedlicher Weise zum Tragen, die Gemeinsamkeit besteht aber darin, dass soziale Prozesse durch zu Grunde liegende Strukturen und nicht auf Grundlage individueller Wesenszüge erklärt werden. Das bedeutet, dass die Besonderheit der Netzwerkanalyse auf Basis des Strukturalismus darin besteht, „konkrete", objektiv als Positionen und relationale Muster erkennbare soziale Beziehungen zwischen bestimmten sozialen Akteuren als die dem Handeln zu Grunde liegenden Strukturen zu untersuchen (Blau 1982: 273 f.; Wellman/ Berkowitz 1988: 5). Unter dem Einfluss des Strukturalismus liegt der Schwerpunkt der Netzwerkanalyse also nicht auf der Untersuchung des Verhaltens von Individuen oder des Einflusses der Strukturen auf das Individuum, sondern auf den Strukturen der sozialen Netzwerke selbst, d.h. auf sichtbaren Strukturen, die für die Erklärung menschlichen Handelns herangezogen werden.

Dabei stehen zwei Phänomene im Vordergrund. Dies sind zum einen die aggregierten Eigenschaften (z.B. Größe) und zum anderen die emergenten Eigenschaften des Netzwerkes (z.B. Konnektivität). Letztere sind ebenso wenig aus den Eigenschaften der einzelnen Elemente (Individuen) abzuleiten, wie Dichte, Hierarchie oder Kommunikationspfade von Netzwerken. Durch die Verbindung von Strukturalismus und Netzwerkkonzept wird aufgrund des „ahistorischen" Charakters des Strukturalismus die statische Betrachtung von sozialen Netzwerken verfestigt, denn das Netzwerkkonzept selbst bietet nicht viele Ansatzpunkte für eine dynamische Betrachtung sozialer Strukturen. Die substantialistische Fassung des Strukturbegriffs in der Netzwerkperspektive führt zu einem, gegenüber dem Strukturalismus von Lévi-Strauss, deutlich eingeschränkten Verständnis von Struktur, denn die Strukturen verschwinden notgedrungen mit den konkreten Elementen (Knoten) und ihren relationalen Mustern (vgl. Trezzini 1998: 520 ff.). Der Strukturbegriff von Lévi-Strauss zielt jedoch auf tiefliegende universelle Bedeutungssysteme, die den Menschen unbewusst sind und dennoch allen empirisch beobachtbaren Handlungen unterliegen. Diese Tiefenstruktur drückt sich in unterschiedlichen Verwandtschaftssystemen oder Mythologien aus. Sie ist jedoch nicht identisch mit ihren konkreten Manifestationen. Während Lévi-Strauss versucht, die den sichtbaren Strukturen zu Grunde liegende Tiefenstruktur abzuleiten, versucht die Netzwerkperspektive die emergenten Aggregationsphänomene zu erklären. Dies ist darauf zurückzuführen, dass die Struktur innerhalb der Netzwerkperspektive nicht als eine vom Individuum unabhängige Realität angesehen wird. Im Gegenteil: Struktur entsteht gerade durch die konkreten Interaktionsbeziehungen zwischen den Individuen und kann deshalb nicht losgelöst erfasst werden. Jedoch wird das ursprünglich zum Ausgangspunkt genommene eigenständige Individuum dann wieder ausgeblendet, wenn es in der Folge nur noch um die beschränkenden Auswirkungen sozialer Strukturen auf die Handlungsmöglichkeiten dieser Individuen geht (vgl. Wellman 1988: 20).

Trezzini fasst treffend zusammen, wenn er sagt: „Während es Lévi-Strauss um die verborgenen Prinzipien gesellschaftlicher Integration, z.B. durch (Frauen-)Tauschakte, Inzestverbot oder Verwandtschaftsbeziehungen, geht, zielt die Netzwerkanalyse auf die Bestimmung unterschiedlicher Positionen oder Rollen von Einheiten innerhalb eines Beziehungs- resp. Interaktionsnetzwerkes ab." (Trezzini 1998: 522).

3.6 Rollen, Positionen und rationales Handeln

Die Netzwerkanalyse beschreibt Gesellschaft in ähnlicher Weise wie Bourdieu als eine relationale und nach Positionen stratifizierte Sozialstruktur, die in arbeitsteiligen Gesellschaften entsteht (Burt 1982; White 1992). Innerhalb dieser Struktur nehmen Akteure Positionen ein, die sich durch ihr Verhältnis zu den Positionen anderer Akteure definieren. Diese Position ist gleichbedeutend mit dem Status eines Akteurs. Mit den Worten Bourdieus befindet sich also jeder Akteur in einer objektiven Relation zu jedem anderen Akteur. Der Begriff der Position bzw. des Status wird dabei mit dem Rollenbegriff verknüpft, der als Gesamtheit kultureller Muster (Einstellungen, Wertvorstellungen und Verhaltenserwartungen), die mit einem Status verbunden sind, definiert ist. Ein Schuldirektor beispielsweise hat unter anderem mit Verhaltenserwartungen zu tun, die von anderen Positionen im Erziehungssystem (Eltern, Lehrern, Schulrat) an ihn herangetragen werden. So werden die mit der Position des „Schuldirektors" über Rollenerwartungen verbundenen Positionen zu komplementären Positionen. Das Konzept der strukturalistischen Handlungstheorie wurde von Ronald Burt entwickelt und orientiert sich an Robert Mertons Idee des Rollensets. Die Idee des Rollensets bezeichnet die Menge der unterschiedlichen Rollenerwartungen von allen einer fokalen Position (Schuldirektor) zugeordneten komplementären Positionen (vgl. Merton 1957: 110). Soziale Struktur baut demnach nicht additiv auf dyadischen Beziehungen auf, sondern berücksichtigt komplexere Beziehungskonstellationen. Position und Rolle können nur in Bezug auf ein bestimmtes soziales System definiert werden, wobei soziale Unterschiede unter den in der Gesellschaft verschieden positionierten Akteuren unterschiedliche Interessen generieren. Ein System ist dabei eine Menge von Akteuren, die erstens von und zu den Akteuren außerhalb des Systems ähnliche Beziehungen haben (d.h. hinsichtlich ihrer Umgebung strukturell ähnlich platziert sind) und zweitens ihre Interessen relativ autonom gegenüber den Interessen von Akteuren außerhalb des Systems verfolgen können (vgl. Ziegler 1987). Der Begriff des Rollensets impliziert dabei eine Zerlegung des Systems in Positionen, zugleich aber werden Positionen gerade durch ihren Platz im System, d.h. durch ihr Rollenset definiert. Beide Begriffe sind daher logisch voneinander abhängig.

Die soziale Ordnung und die eigene Position darin strukturieren die Wahrnehmung der Handlungssituation und bestimmen die Interessen der Handelnden. Akteure in gleichen strukturellen Positionen haben gleichgerichtete Interessen, weil sie homologe Positionen innerhalb der Struktur einnehmen. Das gilt auch, wenn sie keine gemeinsame Referenzgruppe haben. Die Akteure erkennen ihre eigene Position, indem sie symbolisch in Rollenspielen die Positionen der anderen und ihre Nutzenevaluation durchspielen, so Burts Annahme.

Burts Überlegungen zu Rollen und Positionen sind geprägt von der Rational-Choice-Theorie wie sie James Coleman (1990) vorgeschlagen hat. Bei den meisten RC-Anhängern findet man das von ihm entwickelte „Badewannenmodell" wieder, das im Wesentlichen auf der Makroebene sozialer Beziehungen ansetzt und mit Hilfe von Brückenhypothesen kollektive Effekte über die Mikroebene zu erklären versucht. Dabei unterstellt das RC-Programm auf der Mikroebene anreizgeleitetes und zielgerichtetes Handeln der Akteure (Raub 2010). Burt geht in seinem positionsorientierten Ansatz zur Analyse sozialer Strukturen von einer solchen Konzeption rationaler Akteure aus, die ihre Interessen in einer arbeitsteiligen sozialen Struktur verfolgen. Die Basis für den rationalen Akteur und dessen Handlungen bilden vier Grundelemente:

1. Individuen oder Kollektive sind als Akteure in der Lage, selbstständig (wenn auch nicht unbeeinflusst) Entscheidungen zu treffen,
2. sie verfügen über Ressourcen in Form von Gütern, Informationen und Arbeitskraft als legitimes Eigentum,
3. die Ressourcen werden eingesetzt um den Nutzen zu erhöhen,
4. der Nutzen von Handlungsalternativen wird abgeschätzt und diejenige Alternative ausgewählt, die den größtmöglichen Nutzen verspricht.

Die von Burt vertretene strukturelle Position folgt dem Postulat der Nutzenmaximierung. Dazu übernimmt er in seiner Handlungstheorie die Grundlagen der ökonomischen Theorie sowie der Rational-Choice-Soziologie. Interessen und Ressourcenverteilung werden aus seiner Sicht durch die jeweilige Positionierung des Akteurs innerhalb eines Netzwerks, die wiederum mit Status und Rollenset eines Akteurs zusammenhängt, determiniert. Dies ist für ihn eine logische Implikation aus der ökonomischen Theorie, da die auf Arbeitsteilung basierende Stratifikation selbst Resultat nutzenmaximierenden Handelns unter Wettbewerbsbedingungen ist. Normen, die als gleichgerichtete subjektive Bewertungen gelten, und auf strukturell äquivalente Positionen im Netzwerk zurückgeführt werden können, sind nur in vermittelter Weise ursächlich für Handeln, da sie selbst Resultat von Akteurspositionen im Netzwerk sind.

Die These des strukturellen Handelns geht davon aus, dass ein Akteur sein Verhalten immer auch in Bezug auf andere in ähnlicher Lage beurteilt, d.h. dass er positionsgebunden handelt. Je ähnlicher eine Position der eigenen ist, desto größeres Gewicht besitzt sie als Bezugspunkt für das Handeln. Ähnlichkeit wird dabei als kontinuierlich variierende Distanz zwischen den Positionen definiert. Die Bewertung des Nutzens eigener Handlungsalternativen wird in Abhängigkeit von der Statusposition anderer relevanter Akteure bestimmt. Denn durch die strukturelle Position und das Rollenset eines Akteurs werden seine Interessen geformt, welche die Handlungsmöglichkeiten sowie die Bewertung der Situation und damit auch die spezifischen Handlungen der Akteure beeinflussen. Die Handlungen selbst können dann wiederum auf die relationalen Muster zurückwirken und diese modifizieren. Wie das geschieht, wird von Burt allerdings nicht erläutert.

Insofern können Veränderungen im Netzwerk mit diesem Ansatz nicht erklärt werden, denn Handlungsautonomie ist bei Burt nur eine Funktion der Position der Akteure im Netzwerk, was der Begriff der strukturellen Autonomie ausdrückt. Handlungsfreiheit im ontologischen Sinne spielt bei Burt keine Rolle. So räumt er zwar ein, dass die Handlungen der Akteure die Sozialstruktur verändern können, gibt dafür aber, außer dem Verweis auf die Position des Akteurs in einem bestimmten relationalen Muster, keine weitere kausale Erklärung.

3.7 Netzwerke und Kognitionen

Ein Schwachpunkt, der sich aus dem strukturalistischen Ansatz der Netzwerkperspektive ergibt, besteht im Bezug auf eine Annahme Simmels (1908). Die Annahme, dass Formen und Strukturen sozialer Beziehungen zu Ähnlichkeiten im Verhalten führen, und die Annahme der Netzwerkforschung (z.B. Kappelhoff 1987), dass man diese Formen und Strukturen sozialer Beziehungen interpretieren kann, führen nur zu einer lückenhaften Erklärung (vgl. Schweizer 1996) für soziales Handeln. Harrison White (1992) hat in Anbetracht dieser Kritik die rein strukturelle Perspektive der Netzwerkforschung durch die Einbeziehung der Kognitionen der Akteure erweitert. Zunächst einmal sieht auch White die soziale Ordnung als eine Art „Hackordnung" an, in der die Akteure um ihre soziale Positionierung ringen. Der Wettbewerb zwischen Akteuren um ihren sozialen Status ist das Grundprinzip sozialer Ordnungsprozesse und ihrer Dynamik. Die Statusordnung konstituiert sich dabei aus sozialen Molekülen (z.B. Verwandtschaftssystem, Unternehmensgruppen) in die Akteure eingebettet sind. Diese Moleküle funktionieren als sich selbst reproduzierende Einheiten und die Akteure können nur als Teil dieser Konfiguration eine Identität erlangen und aufrechterhalten. Für Harrison White sind daher Personen nicht der Ursprung, sondern das Produkt von Netzwerken, weshalb er den Begriff der Identität einführt. Dieser Begriff hat bei ihm unterschiedliche Bedeutungen:

1. Identität als grundlegendes Verhaltensmuster in einem sozialen Kontext (vgl. White 1992: 312).
2. Die zweite Form der Identität ist das Gesicht in einer sozialen Gruppe zu wahren. Die Form der Identität wird durch soziale Disziplinierung erreicht (vgl. White 1992: 313).
3. Dadurch, dass ein Akteur verschiedenen sozialen Kontexten angehört, kann er Fehler machen und es können Spannungen entstehen. Dabei entsteht die dritte Identität, die auf den ersten zwei Identitäten aufbaut, und die White als die typische menschliche Wahrnehmung ansieht. White sieht diese Form der Identität als vordringlich an, denn durch die Konfrontation mit Problemen und Widersprüchen der sozialen Welt wird der Selbsterkennungsprozess gefördert (vgl. ebenda).
4. Die vierte Form der Identität ist die erzählte Biographie oder Lebensgeschichte, die in einer sozialen Organisation verbreitet wird. Die biographischen Erzählungen, die innerhalb einer Gemeinschaft erzeugt und verbreitet werden, führen zu einer Abgrenzung der Mitglieder der Gemeinschaft nach Außen und zur Herausbildung von Gemeinsamkeiten bei den Gemeinschaftsmitgliedern (vgl. ebenda).

An den Begriff der Identität gekoppelt ist der Begriff der Kontrolle, da Identitäten beim Eintritt in einen neuen sozialen Kontext um soziale Kontrolle bemüht sind. Sie suchen dabei nach einem Rahmen, der ihnen Erwartungssicherheit gibt, um die eigene Position zu bestimmen (vgl. Holzer 2006). White bringt Identität und Kontrolle also in eine unvermeidliche Dualität (vgl. Mützel 2002: 52). Identitäten brauchen und reproduzieren Kontrolle im Prozess der Sinngebung des chaotischen und unberechenbaren sozialen Lebens, dessen Teil sie sind. Kontrolle schafft, definiert und interpretiert Identität. Wenn sie in einen umstrittenen Prozess mit anderen Kontrollsituationen involviert ist, hilft sie sich selbst zu reproduzieren, andere zu reproduzieren und die Struktur von Wechselbeziehungen insgesamt zu verändern (vgl. Mützel 2002: 53). Der Versuch, diese flüchtigen Prozesse von Identitäts-, Kontroll- und Wechselbeziehungen sowie Kreuzverbindungen zu erfassen, erfordert es, die Kontrollsituationen in ihrem tatsächlichen Kontext vom Standpunkt der Prozesse aus und „[…] how they unfold together over time." (White 1992: 78) zu studieren (vgl. Mützel 2002: 53). Anstelle von objektiven Verbindungen unter festen Entitäten zu sprechen, wie es ältere Versionen sozialer Netzwerktheorien getan haben, behauptet White, dass Geschichten oder Schilderungen diejenigen Beziehungen sind, welche Kontrollsituationen miteinander verbinden (vgl. Mützel 2002: 53). Geschichten begleiten das Entstehen von Identitäten, von Kontrolle und Gegenwirkung „generated by control efforts" (White 1992: 12) and „are able to account for physical and social uncertain ties." (White 1992: 87). „Stories come from and become a medium for control efforts." (White 1992: 68).

White betrachtet Netzwerke als „[…] phänomenologische Wirklichkeiten, deren Konstruktion soziologisch zu entschlüsseln sei" (Holzer 2006: 86). So schreibt er in seinem Werk zum Zusammenhalt von sozialen Beziehungen und den sinnstiftenden Erzählungen: „Ties are held together to constitute a network through the vehicle of stories, singly and in story-sets." (White 1992: 17). Später erweitert er: „As such reports accumulate, with invocations of other ties, they fall into patterns perceived as stories. A tie becomes constituted with story which defines a social time by its narrative of ties. A social network is a network of meanings […]." (White 1992: 67). Die Einbeziehung der interpretativen Leistungen der Akteure, die für White konstitutiv bei der Entstehung und Reproduktion der Sozialstruktur sind, stellt eine Weiterentwicklung der Netzwerkanalyse dar. Verbindungen und Netzwerkstrukturen werden damit nicht als etwas objektiv Bestehendes verstanden, sondern als phänomenologische Konstrukte, die aus Narrativen entstehen (vgl. Mützel 2002). Die Akteure wissen nur aufgrund der Darstellung ihrer Handlungen und der berichteten Handlungen der anderen von Ereignissen. Diese Narrative fügen sich als Sets von Geschichten, „stories", zusammen, die den Identitäten nicht einfach die Struktur ihrer sozialen Beziehungen widerspiegeln, sondern selbst erst die Muster schaffen, die als Netzwerke relationale Positionen festlegen.

Dass Geschichten die einzigen Indikatoren für Netzwerke sind (White 1992: 68), hängt mit der Frage der Komplexität sozialer Ordnungen zusammen. So illustriert White anhand der Austauschbeziehungen innerhalb einer Industrie, dass deren wechselseitige Verknüpfungen durch Verträge und Kooperationsbeziehungen so komplex sind, dass es eine Vielzahl möglicher Wahrnehmungen der Struktur eines Netzwerks gibt. Erst durch die spezifische Darstellung der Verbindungen in Geschichten wird die angestrebte Kontrolle erreicht.

Mit Hilfe einer Story werden Beziehungen definiert, die unterschiedliche Perspektiven und Interessen der Beteiligten einbeziehen. Indem die Story im Netzwerk zirkuliert, werden zum einen Erwartungen der Beteiligten koordiniert, zum anderen aber auch die Erwartungen Dritter. Relationale Muster werden dabei als Prozesse aufgefasst, die ihre soziale Realität erst durch ihre Reproduktion in Narrativen erlangen. Denn für alle Akteure stellt sich immer wieder die Frage, wie bestehende Verbindungen zu interpretieren sind und welche Verbindungen ein Netzwerk tatsächlich ermöglicht. Die Geschichten selbst können dabei kulturell typisiert sein und werden so zu Rahmungen (frames) im Sinne Erving Goffmans (White 1992: 215), was die Einbeziehung von Kultur in die Netzwerkanalyse ermöglicht. White erklärt in seinem Konzept leider nicht, wo die Geschichten und unterschiedlichen Interpretationen herkommen, die als kulturelle Elemente das Wechselspiel von Identität und Kontrolle ermöglichen.

In der jüngeren Zeit werden die Ideen von White unter dem Label der relationalen Soziologie weiterentwickelt und mit unterschiedlichen theoretischen Annahmen (z.B. Luhmanns Systemtheorie) unterfüttert (vgl. Mützel und Fuhse 2010). Diese Strömung bezieht zwar kulturelle Elemente auf verschiedene Arten ein, konzentriert sich in ihrer Forschung aber vorrangig auf die Mesoebene. Unser Interesse ist jedoch auf das Wechselspiel von Makro- und Mikroebene gerichtet.

3.8 Subjektive und objektive Beziehungen

Mit dem narrativen Identitätskonzept geht White über die engen Grenzen des strukturalistischen Denkens hinaus, der Zusammenhang zwischen objektiven Beziehungen und intersubjektiven sozialen Beziehungen wird damit jedoch nicht hinreichend erklärt.

Die Netzwerkanalyse setzt bei der Erklärung von Handeln bei den beobachtbaren Strukturen in Form von Netzwerkstrukturen an. Daher bilden subjektive Beziehungen als sichtbare bzw. emergente Struktur den zentralen Untersuchungsgegenstand. Die Stärke der Netzwerkanalyse besteht vor allem darin, die relationale Perspektive im Bereich der intersubjektiven Beziehungen zu verankern, indem davon ausgegangen wird, dass sich Akteursbeziehungen in Netzwerken auf das Handeln von Individuen auswirken: „The structure of relations among actors and the location of individual actors in the network have important behavioral, perceptual and attitudinal consequences both for the individual units and for the system as a whole." (Knoke 1982: 13). Diese Stärke stellt aus der Perspektive Bourdieus auch gleichzeitig einen Schwachpunkt dar, weil strukturelle Einflussfaktoren als objektive Beziehungen außer Acht gelassen werden. Dies führt nach Bourdieu dazu, dass Konsequenz und Ursache subjektiver Beziehungen verwechselt werden, soziale Beziehungen häufig nur einen statischen Ausschnitt widerspiegeln und die Entwicklung und Veränderung in den Netzwerkstrukturen dadurch nicht berücksichtigt wird. Soziale Entwicklung, ob nun Reproduktion oder Wandel, wird von den Netzwerkforschern nur ungenügend betrachtet, da sie sich lediglich auf aktuelle Interaktionsbeziehungen konzentrieren (De Nooy 2003: 319). Außerdem werden intersubjektive Beziehungen in der Netzwerkanalyse im Vergleich zu objektiven Beziehungen deutlich in den Vordergrund gestellt. Ein gleichberechtigter Bezug auf Mikro- und Makroebene erfolgt nicht.

4 Verknüpfung der Netzwerkperspektive mit der Habitus- und Feldtheorie Bourdieus

Vergleicht man die Netzwerkperspektive mit dem Ansatz von Bourdieu finden sich eine Reihe von Ähnlichkeiten. So basieren beide Ansätze auf dem Grundsatz einer relationalen Soziologie, der positionsgebundenes Handeln immanent ist. Jedoch vertritt Bourdieu durch die strikte Differenzierung von Struktur und Interaktion, eine sich wechselseitig ausschließende methodologische Unterscheidung: Einerseits die Analyse unter der Perspektive von Feldbegriffen, die sich permanenten und unsichtbar wirkenden Strukturen widmet. Auf der anderen Seite die Analyse in einem bestimmten Feld mit aktualisierten und sichtbar vollzogenen Relationen in Form sozialer Interaktionsbeziehungen der Akteure. Bourdieu vertritt einen Strukturbegriff, der an einen Raum objektivierbarer Relationen gebunden ist (Bourdieu/ Wacquant 2006: 290), während sich die Netzwerkanalyse auf die Manifestationen direkt beobachtbarer Interaktionen in Form von direkten sozialen Beziehungen und persönlichen Kontakten bezieht. Damit wird nach Bourdieu die Berücksichtigung der objektiven Beziehungen zwischen sozialen Positionen innerhalb eines gesellschaftlichen Feldes von der Netzwerkanalyse zugunsten der Betrachtung der „[...] besonderen Beziehungen und des Informations-, Ressourcen,- Dienstleistungs- usw. –Flusses geopfert." (Bourdieu/ Wacquant 2006: 146). Bourdieu unterschätzt dabei jedoch die eigenständigen strukturellen Dimensionen sozialer Netzwerke, die sich nicht auf reine Interaktionszusammenhänge reduzieren lassen. Außerdem vernachlässigt er den Unterschied zwischen relationalen und positionalen Ansätzen der Netzwerkanalyse (siehe dazu Burt 1980: 80).

Die Begriffe Struktur und Beziehungen sind zentral in den Ansätzen Bourdieus und der Netzwerkanalyse. Zunächst wollen wir uns die wichtigsten Punkte für die Verknüpfung bezüglich Struktur und Beziehungen noch einmal vergegenwärtigen. Bourdieus Strukturbegriff basiert auf der Begriffstrias von Raum, Feld und Habitus. Während sich der Raumbegriff auf die Sozialstruktur im Makrobereich und damit im Wesentlichen auf die relationale Verteilung von Geld und Bildung bezieht, umfasst der Feldbegriff aus einer Mikroperspektive individuelle Bereiche wie Geschmack und Lebensstil. Der Habitus als Verbindungselement zwischen Raum und Feld ist gleichsam strukturierte und strukturierende Struktur. Struktur entsteht bei Bourdieu aus objektiven Beziehungen heraus, die sich in der Positionierung von Individuen im sozialen Raum von arbeitsteiligen Gesellschaften widerspiegelt. Objektive Beziehungen sind dabei Relationen, die auf der ungleichen Verteilung von Geld und Bildung beruhen und nicht auf Interaktion angewiesen sind. Diese Struktur beeinflusst Wahrnehmungs- und Handlungsschemata von Individuen, die sich wiederum auf Handlungspraxis und damit auch auf subjektive Beziehungen auswirken. Durch die Berücksichtigung einer historischen Komponente im Habitus, die Erfahrungen und kulturellen Kontext von Akteuren einbezieht, kann man den Habitus als ein Element bezeichnen, das eine Tiefenstruktur (Erfahrung und kultureller Kontext) bei der Erklärung von Handeln einschließt. Der Schwerpunkt des bourdieuschen Strukturbegriffs liegt neben dem Habitus aber auf dem sozialen Raum mit seinen objektiven Beziehungen.

Wenn Bourdieu von Beziehungen spricht, dann handelt es sich zwar um Beziehungen zwischen sozialen Akteuren, die sich nach ihren Merkmalen voneinander unterscheiden, es sind aber keine sozialen Beziehungen, die er beschreibt, sondern Distinktionsbeziehungen. „Relational heißt bei Bourdieu: Unterscheidung, Distinktion, Klassifikation." (Gulas 2007: 70). Nach Bourdieu strukturieren Machtbeziehungen die Gesellschaft oder, um genauer zu sein, sie strukturieren jedes Feld innerhalb der Gesellschaft und die Beziehungen zwischen Feldern. Machtbeziehungen sind verbunden mit dem Besitz von Kapital: Personen oder Einrichtungen mit mehr Kapital – ökonomisches, soziales, kulturelles oder symbolisches Kapital – haben mehr Macht (vgl. Bourdieu 1983). Dabei ist die relative Summe des Kapitals wichtiger als der absolute Betrag. Der unterschiedliche Besitz des Kapitals wird eine objektive Beziehung genannt, weil sie außerhalb der Intentionen und Wahrnehmungen der Individuen existiert. Im Gegensatz dazu sind die intersubjektiven Beziehungen – wie sie die soziale Netzwerkperspektive betrachtet – manifeste Beziehungen. Für Bourdieu ergeben sie sich aus den grundlegenden Machtbeziehungen oder objektiven Beziehungen. Sie sind die Folge aber nicht die Quelle und Ursache der sozialen Struktur. Bourdieu (2006) kritisierte die soziale Netzwerkanalyse, weil sie Struktur mit Interaktion verwechselt. Damit verkennt Bourdieu leider das Potenzial der Netzwerkperspektive, denn es lässt sich nicht leugnen, dass Personen, die in ein Feld involviert sind, Machtbeziehungen durch Attribute und intersubjektiven Beziehungen erkennen. Damit können Informationen über intersubjektive Beziehungen verwendet werden, um den Betrag und die Verteilung jeglicher Art von Kapital zu bewerten. Wenn Bourdieu behauptet, dass Interaktionen durch die Verteilung der Kapitaltypen gesteuert werden, kann Ersteres verwendet werden, um Letzteres zu messen. Während ökonomisches und kulturelles Kapital meist über Attribute, wie finanziellen Besitz, Typ der Ausbildung oder sozialen Hintergrund der Eltern gemessen wird, wird soziales Kapital meist mittels derjenigen Beziehungen bestimmt, in die Individuen oder Organisationen involviert sind. Bourdieu liefert die Grundlage für einen solchen Ansatz, wenn er definiert, dass soziales Kapital „die Gesamtheit der aktuellen und potentiellen Ressourcen ist, die mit dem Besitz eines dauerhaften Netzes von mehr oder weniger institutionalisierten Beziehungen des gegenseitigen Kennens und Anerkennung verbunden sind [...]." (Bourdieu 1992a: 63). Hier scheint Bourdieu wirklich die Art von intersubjektiven Beziehungen, wie sie in der sozialen Netzwerkanalyse analysiert werden, im Sinn zu haben. Obwohl die Beziehungen aus der Vergangenheit stammen können, ist es ziemlich wahrscheinlich, dass sie in der Gegenwart überleben müssen, um als Ressource zu fungieren.

Im Rahmen seiner Feldtheorie betont Bourdieu die Bedeutung der Vergangenheit und konzentriert sich auf objektive Beziehungen innerhalb eines breiteren sozialen Feldes. Bedeutet das, dass gegenwärtige intersubjektive Beziehungen innerhalb eines einzelnen Feldes keinen Einfluss oder theoretische Relevanz haben, außer, dass sie die Verteilung der Kapitaltypen anzeigen? Intersubjektive Beziehungen sind für die Entwicklung und Verteilung des sozialen und des symbolischen Kapitals, wie Bourdieu in seiner Theorie der Praxis (1979) betont, zwar instrumentell. In der Verbindung der Feldtheorie mit der Praxistheorie wird die Feldstruktur jedoch nicht bloß über objektive Beziehungen reflektiert, sondern es bestehen Wechselwirkungen. Das bedeutet, dass intersubjektive Beziehungen eine Eigendynamik besitzen, auf objektive Beziehungen einwirken und zu Veränderungen führen können. Dies ist aber mit dem Ansatz von Bourdieu nicht zu erklären.

Denn Akteure kommunizieren und interagieren, sie üben Macht aufeinander aus, produzieren materielle sowie immaterielle (symbolische) Güter und tauschen diese (vgl. Gulas

2007). Hier setzt die Netzwerkperspektive an, denn sie stellt die auf Interaktionen beruhenden Beziehungen ins Zentrum der Analyse. Dabei befinden sich soziale Akteure an den Knoten einer Vielfalt von Beziehungen. Aus der Perspektive der Netzwerkanalyse bedeutet relational dann, solchen sozialen Beziehungen und nicht nur den Distinktionsbeziehungen eine Priorität einzuräumen. „‚Primat der Relationen' heißt dabei, dass – anders als der Begriff des ‚Knotens' vielleicht suggeriert – die Akteure selbst als ein Geflecht von Beziehungen aufgefasst werden müssen" (Gulas 2007: 71). Von der Struktur dieses Beziehungsgeflechtes hängt es dann ab, was ihnen möglich ist und was nicht. Es handelt sich hierbei sowohl um symmetrische, als auch asymmetrische Beziehungen, die gesellschaftliche Hierarchien erzeugen und reproduzieren. Daher gilt das, was Bourdieu über den sozialen Raum sagt, ebenso für die Netzwerke: „[...] daß man nicht jeden mit jedem zusammenbringen kann – unter Mißachtung der grundlegenden, zumal ökonomischen und kulturellen Unterschiede." (Bourdieu 1985: 14). Unterschiede in der Struktur sozialer Beziehungen werden dabei allerdings nicht berücksichtigt. Deshalb muss die Bedeutung der Distinktionsbeziehungen bei Bourdieu um die Bedeutung der sozialen Beziehungen als Ergebnis des relationalen Ansatzes in der Netzwerkanalyse erweitert werden.

Ein wesentliches Mittel Bourdieus für die Beschreibung sozialer Beziehungen ist das symbolische Kapital, mit dem er sich an einigen Stellen ausführlich auseinandersetzt (Bourdieu 1997, 1998). Das symbolische Kapital steht in einem Wechselverhältnis zwischen Gruppen und deren Merkmalen, wie physischer Stärke oder Reichtum, und der Wahrnehmung der Akteure, die den symbolischen Wert dieser Merkmale durch ihre Anerkennung erzeugen. Während ihrer Sozialisation erwerben die Akteure so Schemata bzw. Kategorien der Wahrnehmung als Teil ihres Habitus, die sie als quasi-natürlich annehmen. Bourdieu betont, dass die Kategorien der Wahrnehmung auf den unterschiedlichen Besitz von Kapitaltypen zurückzuführen sind und die objektiven Beziehungen im sozialen Feld dazu dienen, die vorhandenen Machtbeziehungen und damit die soziale Ungleichheit zu legitimieren. Er beschreibt die Doppelnatur symbolischen Kapitals einerseits als Eigenschaften und Kategorien der Wahrnehmung. Gleichzeitig betont er die Rolle der intersubjektiven Beziehungen, wie Austausch und Verbundenheit im Kampf um das symbolische Kapital (Bourdieu 1998: 103f.). Weil symbolisches Kapital mit Gruppen oder mit den Namen von Gruppen verbunden wird, sind die Verbindungen der Gruppen über soziale Beziehungen effektive Waffen in diesem Kampf. Die Regeln für diesen Kampf, oder die Strategien die dabei verwendet werden, sind die Grundlage für Bourdieus Logik der Praxis.

Um die Praxis- und Feldtheorie mit der Netzwerkperspektive zu verbinden, muss man die Idee akzeptieren, dass die Praxis innerhalb eines Feldes zumindest teilweise für die Feldstruktur verantwortlich ist, anderenfalls ist sie irrelevant (De Nooy 2003). Denn Praxis wird nur wichtig, wenn Interaktion, Aktivitäten und Äußerungen in einem aktuellen Feld in der Lage sind, objektive Machtbeziehungen zu vermitteln und Kategorien der Wahrnehmung zu modifizieren. Mit anderen Worten: Man muss berücksichtigen, dass die Struktur eines Feldes nicht ausschließlich von externen Machtbeziehungen und den historisch festgelegten Kategorien der Wahrnehmung abhängt, sondern die Interaktion in einem Feld auch durch die Kategorien der Wahrnehmung und der Praxis innerhalb des Feldes selbst hervorgebracht wird. Die Kategorien dienen dabei der Inklusion und Exklusion und beeinflussen, wer zu wem eine Beziehung hat, wer sozial eingebunden, und wer isoliert ist. Sie symbolisieren und konsolidieren Muster der Inklusion und Exklusion, denn sie verändern sich in den Identitäten, die später als selbstverständlich betrachtet werden. In einer solchen

Perspektive stehen Klassifikationen und Beziehungsmuster in einem sich wechselseitig verstärkenden, prozesshaften Verhältnis. Objektive Beziehungen, als Machtbeziehungen im sozialen Raum, beeinflussen die Interaktion innerhalb von Feldern und gestalten so deren Struktur. Durch die Interaktionen verfestigen sich dann Klassifikationen, Vorurteile und Identitäten, auf die andere Gruppen reagieren. Objektive Beziehungen sind allerdings keine autonomen Kräfte die direkt und kontinuierlich jedes Feld bestimmen, sondern sie werden wirksam, wenn Menschen oder Gruppen an Interaktionen innerhalb eines Feldes beteiligt sind. Sie bringen Eigenschaften hervor und entwickeln Eigenschaften eines Feldes, wodurch ein Gruppenprozess ausgelöst wird, der Sieger und Verlierer bei den Mitgliedern des Feldes (Mikroeffekt) und eine Umpositionierung im Feld unter Berücksichtigung der Herausforderungen des Feldes (Makroeffekt) mit sich bringt. Dabei werden neue symbolische Distinktionen und Werte geschaffen, oder bestehende wieder bestätigt oder verworfen. Dieser Prozess ist bisher nicht empirisch untersucht worden.

Deshalb ist es wichtig, zu analysieren, wie objektive Beziehungen und die Bedeutung von Kategorien in einer betrachteten Periode die Interaktion und Struktur eines Feldes beeinflussen. Die Korrespondenzanalyse kann diese Aufgabe nicht leisten, weil sie von der wirklichen Interaktion unter Personen und Organisationen abstrahiert. Deswegen ist die Netzwerkanalyse unentbehrlich. Es gibt eine lange Tradition in den Techniken der Netzwerkanalyse, die sich auf individuelle Strategien im Entwickeln, Aufrechterhalten oder Abbrechen intersubjektiver Beziehungen konzentrieren. Diese Techniken analysieren nicht das gesamte Muster eines Netzes, wie in Blockmodellanalysen, sondern konzentrieren sich auf die unmittelbare Nachbarschaft (Beziehungen) eines Knotens (Akteur) im Netz. So ist die Reziprozität von Beziehungen eine der ältesten Struktureigenschaften, die beschreibt, inwieweit Akteure vorherige Wahlen, Geschenke oder Bewertungen erwidern. Außerdem werden Bedingungen von Interaktionen analysiert, wie z.B. Attribute von Sender und Empfänger in einer Beziehung. Damit ist es möglich zu prüfen, ob Interaktionen vorrangig zwischen Akteuren stattfinden, die aus dem gleichen sozialen Milieu stammen, oder eine ähnliche soziale Position einnehmen. Mit anderen Worten haben wir durch die Verknüpfung der Praxistheorie mit der Netzwerkanalyse die Möglichkeit, individuelle Strategien als eine Kombination aus individuellen Eigenschaften sowie Interaktionen zu analysieren. Wir können damit überprüfen, ob und inwieweit der Habitus und die darin inkorporierten Denk- und Handlungsschemata Interaktionen mit ähnlichen und unterschiedlichen Alteri befördern oder verhindern.

Wenn diese Faktoren die Interaktionen von Akteuren systematisch beeinflussen, erscheinen sie als Muster von Beziehungen auf dem Level des Feldes oder Subfeldes und sind Voraussetzung, um substantielle Klassifikationen auszulösen. Blockmodelltechniken bilden dann eine Möglichkeit, diese Muster sichtbar zu machen und miteinander zu vergleichen.

Durch die Verknüpfung der Netzwerkanalyse mit der Habitus- und Feldtheorie von Bourdieu werden aber auch die Defizite, die vor allem aus dem strukturalistischen Fundament der Netzwerkperspektive stammen, behoben. Durch den Habitus werden die Möglichkeiten der Interaktion – unter anderem durch die erworbene Fülle der einzelnen Erfahrungen, die Menschen aufgrund ihrer Tätigkeit in der Welt machen, die zu einem komplexen Erfahrungswissen verarbeitet und immer wieder transformiert werden – selektiert. Der Habitus, der durch die Verinnerlichung materieller, kultureller und sozialer Existenzbedingungen entsteht und ein gleichsam dauerhaftes wie flexibles System gruppenspezifischer Wahrnehmungs-, Denk- und Handlungsschemata darstellt, konstituiert die Praxisformen der Akteure und die damit verbundenen alltäglichen Wahrnehmungen. Die unterschiedlichen Ausprägungen des Habitus sind dabei sowohl von den Erfahrungen als auch der sozialen Position, die der Einzelne im sozialen Raum einnimmt, abhängig.

Der Habitus als Bindeglied zwischen objektiven und subjektiven Beziehungen ist also zum einen Ausdruck der gesellschaftlichen Sozialstruktur und zum anderen notwendige Bedingung der Reproduktion der Praxis in den Netzwerkstrukturen. Denn als Modus Operandi begrenzt er nicht nur die Praxisformen des sozialen Akteurs, sondern erzeugt gleichsam einen Raum der Möglichkeiten für ihn. Der Habitus ist dabei jedoch keine Kopie der objektivierten Geschichte, da er ständig in Praxi umgesetzt werden muss, welche wiederum erst durch das Handeln von Akteuren in Feldern zustande kommt. Durch die Verknüpfung der Netzwerkperspektive mit dem Habituskonzept können die Netzwerkstrukturen als Muster sozialer Praktiken aufgefasst werden, denen eine Tiefenstruktur zu Grunde liegt. Diese Tiefenstruktur leitet sich aus dem Habitus ab, der als Ursache für Formen des Denkens und Handelns aber auch der Interaktionsbeziehungen angesehen werden kann. Damit wird es möglich zu verstehen, warum bestimmte Handlungen andere konkrete Handlungen auslösen und ebenso, wie Konsistenz, Integration und Zurückweisung in intersubjektiven sozialen Beziehungen entstehen.

Wir wollen dies an einem Beispiel verdeutlichen. Ein Gymnasiallehrer nimmt aufgrund seines Berufes eine Position in der gesellschaftlichen Hierarchie ein. Diese Position nehmen alle anderen Gymnasiallehrer ebenfalls ein und sind dadurch strukturell äquivalent. Die Netzwerkanalyse geht nun davon aus, dass diese Lehrer aufgrund dieser Position auch eine strukturell äquivalente Position in dem Netzwerk einnehmen, da mit gleichen Positionen Rollensets zusammenhängen, die gleiche ein- und ausgehende soziale Beziehungen aufweisen. Daher unterstellt die Netzwerkanalyse, dass Akteure in strukturell äquivalenten Netzwerkpositionen auch in ähnlicher Weise handeln. Erweitert man jetzt das Konzept um den Habitus, dann wird damit berücksichtigt, dass jeder Gymnasiallehrer unter bestimmten sozialstrukturellen Bedingungen aufgewachsen ist, die über die Inkorporierung dieser in den Habitus ufern und dadurch ihre Wahrnehmungs- und Handlungsdispositionen bestimmen. So stammt der eine z.B. aus dem Bildungsbürgertum, ein anderer wiederum aus dem Arbeitermilieu. Damit haben die Lehrer in Folge der unterschiedlichen Soziallagen ihres Aufwachsens einen unterschiedlichen Erfahrungs- und Wahrnehmungshorizont entwickelt, der sich in einem unterschiedlichen Habitus spiegelt. Dieser Habitus beeinflusst auch das Eingehen und die Ausgestaltung sozialer Beziehungen, denn soziale Akteure reproduzieren ihre sozialen Beziehungen und damit ihren Habitus durch den ständigen sichtbaren Gebrauch und Austausch von materiellen und/oder symbolischen Gütern. Es ist also durchaus denkbar, dass Erfahrungen und Habitus zweier Akteure mit gleicher Position unterschiedlich sind, und damit auch ihre Netzwerke und ihr Verhalten. Dazu gehören auch die Geschichten (White et al. 1976), die durch die Mitglieder einer sozialen Gemeinschaft erzeugt und verbreitet werden und einen Mechanismus der Distinktion darstellen. Das bedeutet, dass zwar alle Gymnasiallehrer aufgrund ihrer Rollensets innerhalb eines Feldes ähnliche Positionen in ihren Netzwerken einnehmen, es heißt aber nicht, dass sie tatsächlich die gleichen Beziehungen haben oder in gleicher Weise handeln. Hinzukommt, dass die sozialen Beziehungen der Lehrer nicht nur auf das berufliche Feld beschränkt sind, sondern sie als Individuen auch noch in anderen Feldern wie z.B. der Familie oder im Sportverein interagieren, aus denen ebenfalls soziale Beziehungen resultieren. Denn sie stellen als Akteure, wie wir ja herausgearbeitet haben, selbst ein Geflecht von Beziehungen dar. Mit anderen

Worten ist jeder Akteur in eine Vielzahl von Beziehungen eingebunden, die von der Kernfamilie und der engeren Verwandtschaft über Freunde, Arbeitskollegen bis hin zu flüchtigen Bekanntschaften und Begegnungen reichen. Da der Habitus und die daran gebundenen Schemata aber ein flexibles Element beinhalten und sich unterschiedliche Habitus dadurch gegenseitig annähern können, ist es wahrscheinlich, dass sich ein Lehrer mit deutlich anderen Erfahrungen und Wahrnehmungen als der Großteil anderer Lehrer über die Zeit hinweg annähern wird. Anderenfalls würden Spannungen entstehen, die ausgehalten werden können/müssen, aber auch zu feldspezifischer Isolation führen können.

Jenseits der einzelnen Akteursperspektive bilden alle möglichen Beziehungen, die aus den vielfältigen Formen des symbolischen und materiellen Austausches entstehen, das Soziale, welches als ein Netz erscheint (vgl. Gulas 2007). Der Austausch bezieht sich dabei aber nicht nur auf gleich verteilte, symmetrische und reziproke Beziehungen. Er impliziert zum einen die äußerst unterschiedliche Ausstattung von materiellen und symbolischen Gütern der Akteure für die Partizipation am gesellschaftlichen Leben und zum anderen die Unterschiede sozialer Beziehungen respektive der Infrastruktur für den Tausch. Damit soll ausgedrückt werden, dass sich das soziale Leben in Netzen von Beziehungen abspielt, wobei die Distinktion nur ein, wenn auch wichtiger Aspekt des materiellen und symbolischen Tausches in den sozialen Netzwerken ist. Distinktion ist also nicht mehr allein Ziel symbolischen, materiellen und sozialen Kapitals, sondern muss um den Beziehungsaspekt erweitert werden.

So entstehen soziale Netzwerke in Abhängigkeit von sozialen Positionen, die die Mitglieder in der Sozialstruktur und in den einzelnen Feldern einnehmen. Der Habitus drückt bei den Mitgliedern von Netzwerken, ohne es bewusst zu wollen und zu bemerken, grundlegende Überzeugungen und tiefer liegende Werte aus, die als Erkennungs- und Distinktionsmerkmale für Nichtmitglieder dienen. Folglich wirkt die Verortung in Sozial- und Beziehungsstruktur über den Habitus wechselseitig vermittelt auf Handeln bzw. Praxis der Akteure ein, wobei die Sozialstruktur über den Habitus Interessen, Handlungsdispositionen und Identitäten von Akteuren beeinflusst. Gleichzeitig werden diese aber vom Netzwerk eines jeden Akteurs mitbestimmt, so dass soziales Handeln aus der Makro- wie Mikrostruktur gleichermaßen abgeleitet werden kann.

Diese Überlegungen haben auch Auswirkungen auf den Begriff des sozialen Kapitals, wie ihn Bourdieu definiert. Für ihn ist soziales Kapital „die Gesamtheit der aktuellen und potentiellen Ressourcen, die mit dem Besitz eines dauerhaften Netzes von mehr oder weniger institutionalisierten Beziehungen gegenseitigen Kennens und Anerkennens verbunden sind; oder anders ausgedrückt, es handelt sich dabei um Ressourcen, die auf der Zugehörigkeit zu einer Gruppe beruhen." (Bourdieu 1992a: 63). Damit ist Sozialkapital eine Ressource, die durch soziale Beziehungen erlangt wird, welche dem Akteur aufgrund seiner Einbindung in eine soziale Gruppe zur Verfügung stehen. Soziales Kapital ist Produkt und Resultat der Beziehung zwischen mindestens zwei Menschen, die in ein größeres Netzwerk eingebunden sind. Erst dieses Beziehungsgeflecht macht aus der dyadischen sozialen Beziehung eine Ressource, die zu Kapital werden kann. Der Einsatz von sozialen Beziehungen als soziales Kapital ist wiederum auf einen interaktiven Prozess zurückzuführen, der jedoch bei Bourdieu nicht weitergehend betrachtet bzw. ausgeführt wird.

Soziales Kapital ist an Beziehungsarbeit gebunden, die dessen Prozess des Aufbaus, der Pflege und des Einsatzes beschreibt. Das aus dem Beziehungsnetz resultierende Sozialkapital ist dabei „das Produkt individueller oder kollektiver Investitionsstrategien, die bewusst oder unbewusst auf die Schaffung von Sozialbeziehungen gerichtet sind, die früher oder später einen Nutzen versprechen. Dabei werden Zufallsbeziehungen, z.B. in der Nachbarschaft, bei der Arbeit oder sogar unter Verwandten, in besonders ausgewählte und notwendige Beziehungen umgewandelt, die dauerhafte Verpflichtungen nach sich ziehen." (Bourdieu 1992a: 65). Um Verpflichtungen zu erzeugen ist eine „besondere Kompetenz – nämlich die Kenntnis genealogischer Zusammenhänge und reeller Beziehungen sowie die Kunst sie zu nutzen" (ebenda: 67) von Nöten.

Eng mit dem Sozialkapital verknüpft sind die Dynamik des Beziehungskapitals und der Beziehungserfolg. Beziehungserfolg ist das Resultat der Beziehungsarbeit in Form einer Beziehung in einer sachlichen, zeitlichen und sozialen Dimension. Um Beziehungserfolg zu haben, benötigen die Akteure das Wissen um den passenden Einsatz von persönlichen, emotionalen, sozialen und materiellen Ressourcen sowie auch eine Kompetenz im Umgang mit situativen Interaktionsordnungen. Der Akteur muss also Beziehungen nach ihrem möglichen Einsatz selektieren und die Ressourcen dementsprechend einsetzen, denn die Interaktionsordnung wird auch durch die Ressourcenausstattung der Akteure aufgebaut. Die so markierte soziale Position der Tauschpartner gibt die Beziehungsziele vor, denn soziales Kapital dient nicht nur zur Absicherung der Tauschakte, sondern auch der Verbesserung der eigenen sozialen Position bzw. Akkumulation von Kapitalsorten. Beziehungen kommen demnach durch den Austausch beziehungsrelevanter Güter zustande, die dem sozialen Kapital erst seinen Wert verleihen. Diese Güter machen die Beziehungspartner gleichwertig, sind aber relativ exklusiv und nicht bei allen Akteuren gleich verteilt.

Der Austausch, der mit sozialem Kapital verbunden ist, kann mit dem Gabentausch (Mauss 1989) verglichen werden. Durch die Unmöglichkeit einer exakten Rückzahlung, und damit der Entlastung von einer Schuld, werden soziale Beziehungen auf Dauer gestellt und es wird ermöglicht, dass soziales Kapital akkumuliert werden kann. „Der scheinbar gewöhnlichste, ja routinemäßigste Gebrauch des Alltags nach dem Motto: Kleine Geschenke erhalten die Freundschaft, setzt Improvisation und folglich permanente Ungewissheit voraus, worin, wie es heißt, sein ganzer Reiz und damit seine soziale Wirksamkeit besteht." (Bourdieu 1993: 181). Mit dem Austausch werden latente Verpflichtungen erzeugt, die weder durch eine Zeitdauer noch ihren Wert festgelegt sind. Denn der Austausch in einer Beziehung erfolgt situationsspezifisch, was dazu führt, dass die existierende „Norm der Reziprozität" verschleiert wird. Damit ist es genauso unmöglich, den Wert der aus dem Austausch entstehenden Verpflichtung anzugeben, wie den zeitlichen Rahmen für die Rückgabe festzulegen, da die zurückgegebenen Güter, anders als beim ökonomischen Tausch, nicht den gleichen Wert haben müssen. Die Faktoren Zeit und Wert bestimmen die Qualität der Beziehung. Durch die Verhaltensweise der Akteure im Wechselspiel des sozialen Austausches bildet sich eine soziale Praxis aus, die weitere Praktiken strukturiert.

Das Kapital der Beziehungen liegt in deren zeitlicher und optionaler Verwertbarkeit. Durch den potentiellen Einsatz der Beziehungen kann der Multiplikatoreneffekt des sozialen Kapitals ausgespielt werden und die Einsätze im sozialen Leben werden mit der Verflechtung in mächtige Beziehungsnetze potenziert. Dieser Multiplikatoreneffekt setzt aber nicht in allen sozialen Gruppen zum selben Zeitpunkt ein, da Menschen im Lebensverlauf bezüglich ihrer sozialen Ressourcen schon früh unterschiedlich ausgestattet sind.

Ein weiterer Aspekt bei Bourdieu ist die Partizipation am Netzwerk anderer. Dies sind die losen Kontakte, die über die Eltern geknüpft werden. Diese Beziehungen sind Brücken zu Unbekannten oder entfernten Bekannten und werden meist über eine dritte, nahe Person vermittelt. Die Funktion einer gewachsenen Kompetenz in der Beziehungsarbeit und des großen intergenerationell vererbten Netzes erschließt sich über das gesamte Spektrum privater und beruflicher Anforderungen. Ob es sich um eine Wohnung in einer fremden Stadt handelt oder ein Vorstellungsgespräch: stabile Netzwerke sind zeitlich-optionale Beziehungen, die bei Bedarf als reziprozitätsverpflichtende Freundschaftsdienste eingesetzt werden können.

Bourdieu verankert das soziale Kapital ausschließlich in der Konvertierungslogik des ökonomischen Kapitals, denn „bei der Beziehungsarbeit wird Zeit und Geld und damit, direkt und indirekt, auch ökonomisches Kapital verausgabt." (Bourdieu 1992a: 67). Er unterscheidet bei den Beziehungen implizit zwischen starken, aber ökonomisch unverwertbaren, und schwachen Beziehungen. Jedoch macht er die schwachen Beziehungen nicht an veränderten Gruppenmerkmalen fest, sondern erklärt sie durch eine intergenerationelle Übertragung der klassenspezifischen Ausstattung mit Kapitalsorten.

Soziales Kapital ist aus seiner Sicht Ergebnis eines Prozesses, in dem Individuen der herrschenden Klasse durch wechselseitige Anerkennung verschiedenes Kapital (ökonomisches, kulturelles und symbolisches) privilegierter Gruppen aufrechterhalten und reproduzieren. Adel und Titel sind für solche Gruppen und ihre Mitglieder charakteristisch. Soziales Kapital ist also neben der Akkumulation von kulturellem und ökonomischem Kapital ein anderer Weg, um die herrschende Klasse zu erhalten und zu reproduzieren. In der Konzeption von Bourdieu ist der Zusammenhang zwischen Sozialkapital und Netzwerkstrukturen nur wenig ausgearbeitet. Mit Hilfe der Netzwerkperspektive kann die Praxistheorie in Bezug auf die Analyse des Sozialkapitals aber stärker akzentuiert werden.

In der Netzwerkperspektive finden sich zwei zentrale Positionen zum Sozialkapital. Eine Position wird vor allem von Nan Lin (2001a) vertreten. Er definiert Sozialkapital „[...] as resources embedded in a social structure which are accessed and/or mobilized in purposive actions. By this definition the notion of social capital contains three ingredients: resources embedded in a social structure; accessibility to such social resources by individuals; and use or mobilization of such social resources by individuals in purposive actions. Thus conceived, social capital contains three elements intersecting structure and action: the structural (embeddedness), opportunity (accessibility) and action-oriented (use) aspects." (Lin 2001a: 12). In dieser Definition verbergen sich drei wichtige Aspekte: 1. Ressourcen, die in soziale Strukturen eingebettet sind, 2. Die Zugänglichkeit zu solchen Ressourcen durch die Individuen und 3. Die Nutzung oder Mobilisierung solcher Ressourcen durch die Individuen in zielorientierten Handlungen. Damit vereint der Begriff des Sozialkapitals drei Elemente in der Wechselwirkung von Struktur und Handeln: die Struktur (embeddedness), Gelegenheiten (accessibility) und die Handlungsorientierung (use).

Die andere Position vertritt Ronald Burt (1992). Bei Burt ist Sozialkapital „[...] at once the resources contacts hold and the structure of contacts in a network." (Burt 1992: 12). Das heißt zum einen „the player has social capital: relationships with other players." (ebenda: 8) und gleichzeitig gilt: „Time and energy invested to reach a player with more resources generates more social capital." (ebenda: 44).

Beide Positionen unterscheiden sich dahingehend, dass Lin, die aus den sozialen Beziehungen resultierenden Ressourcen und deren Zugänglichkeit in den Mittelpunkt seiner Definition stellt, während für Burt Beziehungsstruktur und Beziehungen selbst soziales Kapital ausmachen. Diese zwei Perspektiven auf das soziale Kapital bestimmen auch den Blickwinkel auf die sozialen Beziehungen und die Netzwerkstruktur. So sehen die Anhänger der Burtschen Position die Platzierung der Individuen in einem Netzwerk als Kernelement des Sozialkapitals an. Burt selbst vertritt die Auffassung (1992), dass es von einer strategischen Position im Netzwerk abhängt, wie[4] und woher der Nutzer den Wettbewerbsvorteil hat, der ihm möglicherweise den Zugang zu vielen unterschiedlichen und wertvollen Informationen verschafft. Zu dieser Perspektive gehört auch die „Stärke schwacher Bindungen" von Granovetter (1973, 1995), der annimmt, dass besonders Brücken als Form der Netzwerkplatzierung nützlich sind. Für Lin dagegen sind die in das Netzwerk eingebetteten Ressourcen zentral. Mit der von ihm entwickelten sozialen Ressourcentheorie geht er davon aus, dass in den meisten Gesellschaften Besitz, Macht und Status besonders wertvolle Ressourcen repräsentieren (Lin et al. 1981). Daher werden bei der Analyse sozialen Kapitals Menge oder Variation solcher Merkmale bei den direkten oder indirekten Beziehungen, die ein Individuum zu Anderen hat, berücksichtigt.

Zu beiden Positionen gibt es eine Reihe von Debatten darüber, ob z.B. die eingebetteten Ressourcen ein valides Maß für Sozialkapital sind bzw. ob die Platzierung im Netzwerk tatsächlich soziales Kapital misst oder eher ein Vorbote für soziales Kapital ist.

Sozialkapital stellt in der Netzwerkperspektive den Versuch dar, Ressourcen in sozialen Beziehungen zu erfassen. Die Lokalisierung im Netzwerk kann dabei unterstützend wirken, jedoch determiniert sie nicht notwendigerweise den Zugang zu besser eingebetteten Ressourcen. Welcher Typ der Platzierung im Netzwerk Ressourcen für die erwartete Leistung bzw. Unterstützung ermöglicht, hängt vom Typ der erwarteten Gegenleistung ab. Wenn beispielsweise angenommen wird, dass Brücken unterschiedliche Informationen verbinden, wird der Nutzen dieser Informationen als eine wertvolle Ressource von dem Individuum bestimmt und nicht davon, wie sie erlangt wird. Ist die Information für das Individuum wertvoll, ist auch die Brücke hilfreich, ansonsten hat sie nur einen geringen Nutzen. Damit soll unterstrichen werden, dass die Platzierung im Netzwerk eher als exogene und weniger als endogene Variable von Sozialkapital angesehen werden muss.

Nach Lin hängt die Entstehung und der Zugriff auf Sozialkapital eng mit der sozialen Struktur zusammen, die er als „set of social units (positions) that posses differential amounts of one or more types of valued resources." (Lin 2001b: 33) beschreibt. Die Sozialstruktur einer Gesellschaft besteht dabei aus einem Netzwerk von Personen, die sich als Inhaber von jeweils unterschiedlichen hierarchischen Positionen gegenüberstehen und dabei ihre persönlichen materiellen und immateriellen Ressourcen in die Beziehungen einbringen. Durch die unterschiedliche Struktur der Beziehungen, die aus der unterschiedlichen Stellung der Akteure in den sozialen Netzwerken resultiert, kommt es auch zu unterschiedlichen Zugängen und Kontrollmöglichkeiten über die vorhandenen bzw. zur Verfügung gestellten Ressourcen in sozialen Netzwerke. Die Normen und Werte, die über die bloßen Kontakte hinausgehen, bilden dabei Elemente für gemeinsame Regeln zur Verwendung der Ressourcen, die von den Mitgliedern festgelegt werden. Die soziale Struktur vergleicht er mit einer Pyramide, in der die Menge der sozialen Kontakte nach oben hin abnimmt, aber die Kontakte immer wertvollere Ressourcen bzw. Positionen mit den jeweiligen Ressourcen (wie Macht, Wohlstand und Reputation) darstellen. Der Austausch bzw. Zugang zu den Ressourcen erfolgt immer über mindestens zwei interagierende Positionen in der Hierarchie der sozialen Struktur. Lin unterscheidet dabei zwischen homophil (gleiche Ressourcen) und heterophil (unterschiedliche Ressourcen) ausgestatteten Positionen (vgl.

---

[4] Z.B. wie weit ein Akteur von einer Brücke, entfernt ist

Lin 2001b: 38f.). Des Weiteren unterscheidet er zwischen persönlichen und sozialen Ressourcen. Persönliche Ressourcen sind im Besitz einzelner Positionen, können unabhängig von anderen Akteuren verwendet werden und gehen in das Eigentum der Personen über. Soziale Ressourcen können von den einzelnen Akteuren nur gemeinsam, d.h. in Abhängigkeit von anderen Akteuren genutzt werden. Die Gewinne aus der Nutzung sozialer Ressourcen kommen dabei der Gemeinschaft zu Gute und sind nicht personenbezogen. Daraus leitet Lin zwei Handlungsmotive ab (vgl. Lin 2001b: 48):

1. Expressives Handlungsmotiv: Der Akteur ist hierbei bestrebt eine bestehende Ressourcenausstattung zu erhalten und seine jeweilige Position in einer sozialen Einheit zu festigen.
2. Instrumentelles Handlungsmotiv: Dabei dienen die Handlungen eines Akteurs der Verbesserung einer bestehenden Position in einer gegebenen Menge von Kontakten.

Grundsätzlich geht Lin davon aus, dass Akteure, um ihre Ressourcenausstattung zu erhalten oder zu verbessern, auf intermediäre Positionen zugreifen. Das heißt, sie nutzen die Kontakte zu anderen Akteuren in sozialen Netzwerken. Dabei steht nach Lin der Erfolg der Handlungen einzelner Personen in einem positiven Zusammenhang zum Sozialkapitalbestand.

Abbildung 1:   Zusammenhang von Voraussetzungen und Ergebnissen von Sozialkapital nach Lin

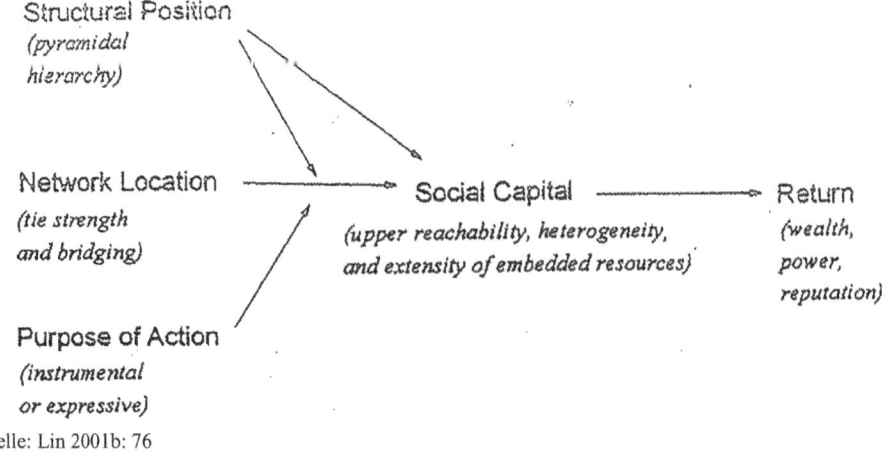

Quelle: Lin 2001b: 76

Lin nimmt an, dass die strukturelle Position sowohl einen direkten Effekt auf die Produktion von Sozialkapital ausübt, als auch indirekt über die Lokalisierung der Akteure in einer konkreten Netzwerkstruktur wirkt. Die unterschiedlichen Handlungsmotive wirken ebenfalls indirekt auf die Herausbildung von Sozialkapital ein. Über die strukturelle Position, die Netzwerklokalisierung und die Handlungsmotive wird der Bestand an Sozialkapital im Netzwerk beeinflusst, der wiederum den Ertrag des Sozialkapitals (Macht und Einfluss, Wohlstand und Reputation) bestimmt (siehe Abbildung 1).

Ronald Burts Überlegungen setzen beim Wettbewerb von Unternehmen an. Hierbei umfasst das soziale Kapital vor allem die geschäftlichen Kontakte, aber auch alle übrigen sozialen Beziehungen, welche die Angehörigen der Unternehmen zur Außenwelt unterhalten und die ihnen ökonomische Vorteile bringen. Burt versucht nun herauszufinden, welche Bedingungen die Schöpfung und den Einsatz des sozialen Kapitals begünstigen. Bei seinen Überlegungen geht er davon aus, dass die „Players" (Akteure) in ein soziales Netz eingebettet sind und dieses soziale Netz die eigentliche Ressource im Sinne des sozialen Kapitals darstellt (Burt 1992: 13). Das Ausmaß der sozialen Beziehungen als Ressource wird jedoch nicht allein aus den direkten (primären), sondern auch aus den indirekten (sekundären) Beziehungen bestimmt, die unmittelbar von kontaktierenden Dritten ausgehen. Die wichtigste Ressource, die den Geschäftserfolg bestimmt, ist die Information, d.h. der Zugang zur Information, die Schnelligkeit des Informationsflusses und die Vertrauenswürdigkeit (Referenz) der Information. Dafür sind große, weniger dichte sowie heterogene Netzwerke vorteilhafter als kleine, dichte und homogene Netzwerke, in denen dieselbe Information nur multipliziert wird, da kaum neue Informationen hinzukommen (vgl. Burt 1992: 17).

Entscheidend ist nicht nur die Menge, sondern auch die Unterschiedlichkeit der Beziehungen, die Akteure aufbauen. Die Kontakte, vor allem die direkten Beziehungen, sollten daher nicht-redundant sein. Den zentralen Begriff in Burts Theorie der „strukturellen Löcher" (structural holes) definiert er als die Lücken in einem Gesamtnetz, die durch nicht-redundante Beziehungen geschlossen werden. Unter dem Aspekt der Informationsgewinnung sollten nach Burt die Akteure ihre Netzwerke so aufbauen, dass die Zahl der nicht-redundanten Kontakte möglichst hoch ist, um damit ganz unterschiedliche Bereiche des Gesamtnetzwerkes zu erreichen. Dadurch werden viele strukturelle Löcher überbrückt und unterschiedliche Informationsquellen erschlossen. Das heißt, dass sein Schwerpunkt auf dem Akteur und seiner Position im Netz liegt. Im nächsten Schritt analysiert Burt, wie es von der Informationsbeschaffung zur Handlung kommt, d.h. der Kontrolle von Ereignissen durch die Akteure, die aufgrund der effizienten Netzwerke Informationsvorteile genießen und diese Gelegenheiten benutzen wollen. Dadurch, dass Akteure strukturelle Löcher überbrücken und unterschiedliche soziale Welten in Zusammenhang bringen, können sie oft die Rolle des „lachenden Dritten"[5] einnehmen, denn durch ihre Positionen am Schnittpunkt sonst unverbundener sozialer Kreise können sie reichhaltige unternehmerische Gelegenheiten erkennen und zum Geschäftserfolg ummünzen.

In Burts Theorie werden also nicht nur Informationen betrachtet, sondern auch die sich aus der Kontrolle ergebenden Profite. Außer den primären Kontakten, die ein rational handelnder Akteur im Sinne von Burt als nicht-redundant organisiert, können auch die indirekten Beziehungen strukturelle Löcher aufweisen, sogenannte „secondary holes". Daher ist es für den lachenden Dritten von Vorteil, wenn auch seine primären Beziehungen in strukturelle Löcher zweiter Ordnung involviert sind, da er dann auch die primären Kontakte gegeneinander ausspielen kann (vgl. Schweizer 1996: 127). Wären die primären Kontakte Bestandteil eines Clusters starker Beziehungen, sind sie schlechter gegeneinander ausspielbar. Das bedeutet, dass die primären Kontakte des lachenden Dritten in strukturelle Löcher eingebettet, mit anderen Worten ersetzbar sein sollten, während er selbst von keinem strukturellen Loch, sondern von starken Beziehungen umgeben sein müsste, damit er möglichst schwer ersetzbar ist. Damit wird die Widersprüchlichkeit deutlich, die dazu führt, dass im

---

[5] Die Idee des „lachenden Dritten" oder tertius gaudens entwickelt Burt in Anlehnung an die Überlegungen von G. Simmel (1908: 82 ff.).

realen Leben die Netzwerke der meisten Akteure sowohl starke als auch schwache Beziehungen aufweisen. Beide Beziehungstypen besitzen einen gewissen Vorteil, den der andere Beziehungstyp nicht aufweist. Die starken Beziehungen führen zur „Vertrauensbildung im intimen Kreis", bilden also einen direkten Schutz, während die schwachen Beziehungen den Kontakt zur Außenwelt mit ihren Informationen, „die im intimen Kreis nicht bekannt sind", schaffen (Schweizer 1996: 127). Damit führt Burt noch den Begriff der strukturellen Autonomie ein, „der die Unabhängigkeit des Akteurs von der Kontrolle anderer." (Schweizer 1996: 127) verkörpert. Ein Akteur ist autonom, wenn er über viele Kontakte in primären und sekundären strukturellen Löchern verfügt, selbst jedoch in „ein Cluster ohne strukturelle Löcher eingebettet ist" (Schweizer 1996: 128). Mit dem Grad der strukturellen Autonomie eines Akteurs ist ein Anstieg seines sozialen Kapitals verbunden (vgl. Burt 1992: 49).

Aus Sicht der Netzwerkperspektive erleichtert Sozialkapital den Informationsfluss und reduziert damit Transaktionskosten, eröffnet Einflussnahme auf andere, indiziert soziale Referenzen und verstärkt die persönliche Identität, im Sinne von emotionaler Unterstützung wie auch öffentlicher Anerkennung (vgl. Lin 2001a: 7).

Das Netzwerkkonzept zum Sozialkapital ist dabei stark am Rational-Choice-Ansatz orientiert, indem es dem Postulat der Nutzenmaximierung folgt. Denn die Akteure nutzen bzw. aktivieren die in soziale Beziehungen eingebetteten Ressourcen, um ihre soziale Position zu verbessern, auf andere Einfluss nehmen zu können usw. Sozialkapital umfasst aus Sicht der Netzwerkanalytiker neben sozialen Beziehungen und Netzwerken auch die eingebetteten Ressourcen und den Zugang zu diesen. Dabei ist die Platzierung im Netzwerk eine notwendige Bedingung für die eingebetteten Ressourcen. Daher wird beides betont, die Platzierung im Netzwerk und die darin enthaltenen Ressourcen.

Problematisch an der Definition des Sozialkapitals von Bourdieu aber auch der Netzwerkperspektive ist die unscharfe Verwendung, denn es wird nicht klar zwischen dem Substrat des Begriffs und dem instrumentellen Charakter des Sozialkapitals, d.h. dem, was man mit Sozialkapital machen kann, unterschieden (vgl. Windolf 2007). Bourdieu nennt keinen Zweck, der mit dem Sozialkapital erreicht werden kann, sondern beschränkt sich auf eine spezifische Form der Sozialbeziehung, den Gruppenaspekt. Bei ihm erfordert Aufbau und Erhalt von Sozialbeziehungen Beziehungsarbeit, die als Sozialkapital vererbt werden kann und Marktchancen nachfolgender Generationen verbessert.

Sozialkapital ist aber ähnlich wie Geld ein generelles und abstraktes Mittel, das selbst unbestimmt ist (vgl. Windolf 2007). Es kann in unterschiedlichen sozialen Kontexten für unterschiedliche Zwecke eingesetzt werden. „Es kann die soziale Kohäsion stärken, es schafft Vertrauen, es kann genutzt werden, um Informationen zu beschaffen oder die Ressourcen anderer Personen für eigene Zwecke zu nutzen. Häufig kann man mit Sozialkapital etwas erreichen, was man mit Geld gerade nicht kaufen kann." (Windolf 2007: 198).

Daher erscheint es sinnvoll, zwischen dem Instrument und den Zwecken, die damit erreicht werden können, zu differenzieren. Schaut man sich die Literatur zum Sozialkapital (vgl. Lin 2001a, 2001b; Kadushin 2004) an, werden jedoch überwiegend die Zwecke, die mit dieser Ressource verfolgt werden, als Sozialkapital definiert. Das heißt, dass der Begriff des Sozialkapitals mit dem Ertrag gleichgesetzt wird. Kapital ist zunächst aber erst einmal eine Investition. Ob diese einen Ertrag erbringt, ist unsicher. Wenn jemand beispielsweise in Aktien investiert, hofft er darauf, dass diese einen Ertrag erbringen, ob das aber tatsächlich eintritt, zeigt sich oft erst nach Jahren. Auch in eine Intimbeziehung kann man viel Zeit, Geld und Emotionen investieren, ohne sicher zu sein, dass die andere Seite, das Interesse an einer Beziehung erwidert. Es kann auch sein, dass „außer Spesen nichts gewesen" ist, wie ein deutsches Sprichwort sagt. Das heißt, Sozialkapital ist eine Investition, z.B. die Investition in Zeit, als vergegenständlichte Arbeit in Netzwerken unter Unsicherheit und bezeichnet keinesfalls irgendwelche Erträge von sozialem Kapital. Wenn dies nicht getrennt wird, ist am Ende alles Sozialkapital (siehe dazu das Beispiel bei Kadushin 2004: 75f).

Das Netzwerk ist demnach eine Gelegenheitsstruktur, das durch die Investition in soziale Beziehungen entsteht. Die Investition in Sozialbeziehungen eröffnet diese Gelegenheitsstruktur und erst im zweiten Schritt lässt sich nach einiger Zeit feststellen, ob die Investition Erträge erbracht hat. Sozialkapital ist, wie Bourdieu betont, die Investition in Sozialbeziehungen. Sie erfolgt unter Unsicherheit, kann aber gleichzeitig Gelegenheitsstrukturen schaffen oder erweitern. Dabei ist es gleichsam banal wie wichtig festzuhalten, dass man nicht investieren kann, wenn man nirgends dazugehört. Das heißt, dass es für die Möglichkeit der Investition einer „Zulassung" bedarf. Diese Bedingung unterscheidet das Sozialkapital von ökonomischem Kapital. Letzteres kann in den meisten Fällen von jedem Akteur, der es besitzt, in beliebiger Weise investiert werden. Gemeinsamkeiten gibt es vor allem zwischen sozialem und kulturellem Kapital, dessen Erwerbs- und Investitionsbedingungen ebenfalls eher durch Schließungsprozesse bestimmt werden. In Frankreich gilt es beispielsweise als Privileg, an der Sorbonne studieren zu dürfen, welches aber an bestimmte Voraussetzungen geknüpft ist. Genauso kann es auch ein Privileg sein, in bestimmten Netzwerken investieren zu dürfen und so Gelegenheitsstrukturen zu schaffen und aufrechtzuerhalten; auch wenn die Ertragslage unklar ist.

Fassen wir die bisherigen Überlegungen zusammen, dann ist Sozialkapital eine Investition in soziale Beziehungen unter unsicheren Bedingungen und kann Gelegenheitsstrukturen eröffnen. Wichtig ist es bei dem Begriff zwischen Investition und Ertrag zu unterscheiden. Die Ressourcen, über die die Netzwerkmitglieder verfügen und die für eigene Zwecke mobilisiert werden können, zählen zu den möglichen Erträgen aus dem sozialem Kapital. Sozialkapital ist in Netzwerken inkorporiert und beschreibt vergegenständlichte Beziehungsarbeit, die aufgewendet werden muss. Denn verlässt man ein Netzwerk, sind die getätigten Investitionen leicht verloren und es kommt zu einem Verlust an Sozialkapital.

Indem Bourdieu Sozialkapital mit dem Gruppenaspekt gleichsetzt, vernachlässigt er den Beziehungsaspekt, denn soziale Beziehungen sind nicht ausschließlich mit der Zugehörigkeit zu Gruppen gleichzusetzen. Sie können ebenso zu individuellen Akteuren oder gesellschaftlichen Institutionen führen, denn jeder Akteur ist in eine Vielzahl gesellschaftlicher Relationen eingebettet. Aus der Sicht der Netzwerkperspektive ist die Gruppenzugehörigkeit daher nur eine von vielen möglichen sozialen Beziehungen, in die eine gesellschaftliche Entität eingebunden ist. Damit wird der Beziehungsaspekt des sozialen Kapitals betont, denn das Soziale besteht aus Sicht der Netzwerkperspektive aus einer Vielzahl von Netzwerken, die die Strukturen für den materiellen und symbolischen Tausch in Form von sozialen Beziehungen schaffen (vgl. Gulas 2007).

Das Soziale Kapital steht hier als Metapher für die Beziehungen, von deren Besitz es abhängt, was im Sozialen möglich und was nicht möglich ist. Es weist den Akteuren ihre Positionen in der gesellschaftlichen Hierarchie zu und schafft damit eine soziale Infrastrukturkomponente für die Investition in soziale Beziehungen.

Die Netzwerkperspektive geht davon aus, dass sich an den Schnittpunkten der Beziehungen des sozialen Tausches die sozialen Akteure konstituieren. Dies bedeutet in der Konsequenz, dass auch die Ausbildung des Habitus ohne soziale Beziehungen nicht denkbar ist.

Andererseits erfordert die Herausbildung und Reproduktion sozialer Beziehungen bestimmte Habitusformen. Damit fungiert der Begriff der „strukturierten Struktur" als strukturierende Struktur, denn die Art zu Denken, Wahrzunehmen und zu Handeln hängt sowohl von den Individuen ab, mit denen man durch soziale Beziehungen verbunden ist, als auch von den sozialen Netzwerken, die einen Akteur umgeben, und den Menschen, mit denen man in Kontakt kommt. Die Implementierung des Habitus im Akteur ist genauso unbewusst, wie die Fähigkeit bzw. das Unvermögen, soziale Beziehungen einzugehen und aufrechtzuerhalten. Damit können Vorstellungen vom Akteur als reinem Nutzenmaximierer nicht mehr aufrecht erhalten werden, weil Interessen nicht nur durch objektive und subjektive Beziehungen beeinflusst werden, sondern durch den Habitus letztlich Praktiken im Handeln der Akteure hervorgebracht werden, die teilweise unabhängig vom bewussten und rationalen Kalkül erzeugt werden, da sie dem Bewusstsein nicht vollkommen zugänglich sind.

Mit dem hier vorgestellten integrativen Modell wird die Schwäche der Netzwerkanalyse, individuelles Handeln von Akteuren ohne ihre Einbeziehung als Subjekte mit Erfahrungen und Vergangenheit zu erklären, mit Hilfe von Bourdieus Habituskonzept überwunden. Das Individuum verschwindet nicht mehr bei der Erklärung von Struktur, sondern wird mit seinen subjektiven und objektiven Erfahrungen und Beziehungen in einem relationalen Forschungskonzept in den Mittelpunkt gerückt. Das Modell gewinnt durch mehrere Wirkungszirkel (z.B. Sozialstruktur-Habitus-Handeln, Beziehungsstruktur-Habitus-Handeln) eine Dynamik, mit der sowohl die Reproduktion als auch der Wandel von Struktur und Handeln erklärbar wird.

5 Hypothesen

Um soziale Vorgänge zu verstehen, genügt es nicht nur die Akteure nach ihren demographischen oder sozialstrukturellen Merkmalen zu klassifizieren und von den so entstehenden Gruppen auf Wahrnehmungs- und Denkschemata oder Handlungsweisen zu schließen. Man muss auch soziale Beziehungen heranziehen, um zu zeigen, wie Unterschiede in der Struktur mit klassifikatorischen Unterschieden zusammenhängen. Gesellschaftliche Prozesse finden dabei in den sozialen Netzwerken statt. Die sozialen Netzwerke stellen komplexe Systeme dar, in denen gesellschaftliche Prozesse häufig unbewusst und nicht von einem Zentrum aus gesteuert werden, sondern eine „Vielzahl von Zentren existiert, wo Selbstorganisation und -regulation herrschen und Nichtlinearität zwischen Ursachen und Wirkungen besteht." (Gulas 2007: 77). Mit der Hilfe der sozialen Netzwerkanalyse können diese komplexen Systeme operationalisiert und der empirischen Analyse zugänglich gemacht werden.

Ein Netzwerk ist dabei ganz allgemein als eine Menge von Knoten (Akteuren) definiert, zwischen denen eine Menge von Kanten (Beziehungen) besteht. Diese sehr allgemeine Definition ermöglicht es, das Modell auf verschiedenste Akteure und Beziehungen anzuwenden.

Die Akteure und ihre sozialen Beziehungen geben uns dabei Auskunft über die Struktur des sozialen Netzwerks. Beobachten wir z.B. ein Netzwerk, in dem alle Akteure miteinander über soziale Beziehungen verbunden sind, kann man aufgrund des Homophilie-Prinzips[6] davon ausgehen, dass die Akteure eine relativ homogene Gruppe bilden und ähnliche Denkformen, Wahrnehmungen und Handlungsweisen aufweisen. Ein Netzwerk, das aus verschiedenen unverbundenen Gruppen besteht, wird mit großer Wahrscheinlichkeit sozial heterogen sein. Die erste Hypothese lautet demnach: Je unverbundener Egos Netzwerk ist, desto heterogener ist es auch. Dies ist der Fall, wenn ein Akteur soziale Beziehungen hat, die aus unterschiedlichen Handlungsfeldern stammen. Wenn zwischen diesen Netzwerkbereichen keine Verbindungen bestehen, weil die Bereiche voneinander verschieden sind, setzt dies bei Ego eine genaue Kenntnis der unterschiedlichen Welten, Anpassungsfähigkeit und die Bereitschaft zu Rollenwechseln voraus. Dies erfordert andere Habitusstrukturen, als in einem homogenen Netzwerk, in dem man nur Beziehungen zu seines gleichen unterhält. Je nach Höhe der sozialen Position eines Akteurs nimmt die Wahrscheinlichkeit von Netzwerkstrukturen mit mehreren unverbundenen heterogenen Gruppen zu. Daraus kann die zweite Hypothese abgeleitet werden: Je höher die (Berufs-)position von Ego ist, desto heterogener sind auch Egos Netzwerke. Umgekehrt sind die Netzwerke sozial marginalisierter Akteure tendenziell homogen. Je heterogener ein Netzwerk ist, desto besser ist der Zugang zu unterschiedlichen Ressourcen, die eine wesentliche Voraussetzungen für die Akkumulation und Reproduktion von Kapital in allen seinen Formen sind. Die dritte Hypothese lautet also: Je höher die (Berufs-)position von Ego ist, desto unverbundener sind Egos Netzwerke. Das bedeutet, desto weniger dicht sind sie. Für jene, die diesen

---

[6] Homophilie geht davon aus, dass zwischen Akteuren, die sich in ihren sozialen Merkmalen oder Einstellungen ähneln, mit größerer Wahrscheinlichkeit eine Beziehung besteht.

Zugang aufgrund ihrer homogenen Netzwerkstrukturen zu anderen sozialen Welten nicht erlangen, wird es umso schwerer ihre marginalisierte Position zu verlassen.

Durch die Verbindung von Habitus und Feld mit der Netzwerkperspektive konstituieren sich aus dieser Sicht die sozialen Netzwerke und deren Ausprägung in Abhängigkeit der Position der Akteure in der Sozialstruktur und der damit zusammenhängenden Handlungsdispositionen (Habitus). Dadurch, dass die Sozialstruktur durch soziale Ungleichheit charakterisierbar ist, welche durch die symbolische Dimension der Praxis reproduziert wird, manifestieren sich soziokulturelle Praktiken in Distinktionen, die den Wert von Kapitalsorten und Lebensweisen bestimmen. Damit kann soziale Ungleichheit in der Verteilung von ökonomischem und kulturellem Kapital auf Möglichkeitsstrukturen in Netzwerken wirken und sich reproduzieren, denn über die Netzwerke erfolgt die Integration bzw. Segregation von Personen innerhalb der Sozialstruktur. Soziale Ungleichheit in Netzwerken tritt in Form von Schließungsmechanismen auf und verursacht ungleiche Zugänge und Investitionsmöglichkeiten zu bzw. in Interaktionsbeziehungen und damit unterschiedliche Chancen bei der Akkumulation sozialen Kapitals. Dabei ist soziales Kapital eine Investition in soziale Beziehungen, die sich quantifizieren lässt. Der Umfang des Sozialkapitals hängt nach Bourdieu zum einen von der Ausdehnung des Beziehungsnetzes, zu dem man Zugang hat, zum anderen vom Umfang des Kapitals (kulturelles, ökonomisches und symbolisches), das die Netzwerkmitglieder aufweisen, ab. Das heißt, dass mit der Ausdehnung des Netzwerkes und der Kapitalausstattung der Netzwerkpersonen das soziale Kapital einer Person wächst. Die erste Hypothese zum Sozialkapital, die sich daraus ergibt, lautet: Je größer das Netzwerk, desto mehr Alteri hat Ego, die Unterstützungsleistungen erbringen.

Für Lin (2001a) stellt sich dieser Zusammenhang allerdings etwas komplexer dar. Demnach gilt es zu berücksichtigen, zu welchen Zwecken soziale Beziehungen genutzt werden sollen. Lin trennt dabei zwischen zwei Formen des Nutzens, dem instrumentellen und dem expressiven. Sozialkapital ist ein „[…] investment in social relations by individuals through which they gain to embedded resources to enhance expected returns on instrumental or expressive actions." (Lin 2001a: 17ff.). Bei instrumentellen Zielen geht es vor allem um ökonomische, politische oder soziale Zugewinne, während es bei expressiven Zielen um die Absicherung der physischen und mentalen Gesundheit sowie der Lebenszufriedenheit geht (vgl. Lin 2001a: 19). Für die Erlangung instrumenteller Zwecke sind ausgedehnte Netzwerke mit einem hohen Anteil an Beziehungspersonen mit hoher Kapitalausstattung von Vorteil, während zur Realisierung expressiver Ziele enge, dichte Netzwerke von Personen mit ähnlichem Erfahrungshintergrund eher geeignet sind (vgl. Lin 2001a: 20). Folgende (zweite) Sozialkapitalhypothese leitet sich daraus ab: Eine hohe Zahl instrumenteller Beziehungen geht mit ausgedehnten Netzwerken einher, während expressive Beziehungen mit kleineren, engeren Netzen verbunden sind.

Damit können wir zwei grundlegende Ertragsformen aus sozialen Beziehungen unterscheiden, instrumentelle und expressive. So kann ein Akteur ein Netzwerk besitzen, das durch eine hohe Anzahl von Beziehungen gekennzeichnet ist, die sowohl mit expressiven als auch mit instrumentellen Erträgen verbunden sind. Es ist aber möglich, dass eine der Formen dominant ist oder beide nur in geringem Maße vorhanden sind. Beide Ertragsformen (expressiv/instrumentell) sind jedoch nicht unabhängig voneinander, denn zum Aufbau und zur Pflege eines Netzwerks müssen Akteure Zeit, Geld und Emotionen investieren, die nur in begrenztem Maße zur Verfügung stehen. Zeit ist dabei in besonderem Maße begrenzt, denn es geht beim Aufbau und der Pflege eines sozialen Netzwerkes immer um die

Allokation von Zeit auf die einzelnen Beziehungen. Das heißt, dass die Zeit, die Akteure in den Aufbau und die Pflege einer neuen Beziehung investieren, zur Vernachlässigung einer anderen Beziehung führen kann. Wird z.B. sehr viel Gewicht auf Beziehungen mit expressiven Erträgen gelegt, bleibt weniger Zeit für die Investition in Beziehungen mit instrumentellen Erträgen und umgekehrt. Das bedeutet in Form einer dritten Hypothese zum Sozialkapital: Je mehr expressive Unterstützung Ego erhält, desto weniger instrumentelle Unterstützungsbeziehungen hat Ego und umgekehrt. Welche Investitionsstrategien Akteure bevorzugen, hängt sowohl von Höhe als auch Art der Gewinnerwartungen bzw. Zwecke ab. Beide sind wiederum eng mit dem Habitus verwoben, denn strategisches Handeln kann, wie wir oben ausführlich dargelegt haben, wegen unterbewusster Handlungselemente, nicht allein auf rationalen Entscheidungen beruhen. Der Habitus eines Akteurs ist demnach immer mitverantwortlich für Sozialkapital (Investition und Investitionsstrategien), Gewinnerwartungen (Zwecke) und dadurch letztlich auch Netzwerkstrukturen. Die vierte und letzte Hypothese bezüglich des Sozialkapitals lautet also: Egos Habitus hat Einfluss auf Art und Zusammensetzung der Unterstützungsleistungen.

In den folgenden Analysen wollen wir nun dem Einfluss des Habitus auf Netzwerkstrukturen nachgehen. Dabei soll untersucht werden, welche Habitus in Berlin existieren und welche Personengruppen welche Art von sozialen Beziehungen aufweisen. Die Annahme dieses Einflusses bildet die theoretische Grundlage unserer empirischen Forschung und wurde hier nicht separat in einer Hypothese formuliert.

6 Daten und Operationalisierung

Ziel der Erhebung war es, den Einfluss des Habitus auf die Zusammensetzung und Struktur der sozialen Netzwerke zu untersuchen. Dazu benötigten wir Personen mit unterschiedlichen Habitus, was wiederum unterschiedliche sozialstrukturelle Hintergrundinformationen erforderte. Da wir uns bei der Befragung auf den Großraum Berlin beschränken wollten, nutzten wir den Sozialindex II aus dem Sozialstrukturatlas von Berlin von 2008 als Kriterium für die Auswahl der Befragungsorte. Zur Überprüfung des Zusammenhangs von Habitus und Netzwerksstruktur wurde eine „face to face" Befragung im Februar/März 2010 in Berlin durchgeführt. Dazu wurden in ausgewählten Straßenzügen, die sich aus dem Sozialindex II ergaben, mit Hilfe des Random-Route-Verfahrens, das durch eine Quotierung begrenzt wurde, 50 Probanden ausgewählt. Ziel der Quotierung war es, möglichst gleich viele Befragte an sechs vorgegebenen Points zu befragen. Zusätzlich sollte eine normale Verteilung von Altersgruppen und Geschlecht erreicht werden. Die Straßenzüge wurden zum einen nach dem Schichtindex, zum anderen nach der Lage im Raum in Berlin ausgewählt. Die Befragungsorte unterschieden sich durch die Lage im oberen, im mittleren und im unteren sozialen Schichtbereich. Die geografische Lage wurde so gewählt, dass jeder Schichtbereich sowohl im Ost- als auch im Westteil Berlins vertreten war.

Tabelle 1: Verteilung von Geschlecht und Alter nach Befragungsort

Befragungsort	Männer	Frauen	30-39 Jahre	40-49 Jahre	50-61 Jahre
Steglitz-Zehlendorf	4	4	1	0	7
Treptow-Köpenick	4	5	3	3	3
Steglitz-Thermometersiedlung	4	4	2	3	3
Mitte	5	4	5	2	2
Biesdorf	4	5	6	1	2
Spandau	5	5	5	1	4
Summe	26	27	22	10	21

Angaben in N

Das Geschlecht der befragten Personen ist über die Befragungsorte weitestgehend gleich verteilt. Die Altersgruppen weisen eine Dominanz der jüngeren und der älteren Gruppen auf, denn die Altersgruppe der 40-49-Jährigen ist mit der Hälfte der beiden anderen etwas unterrepräsentiert.

Tabelle 2: Verteilung von Lebensform und Schulabschluss nach Befragungsort

Befragungsort	Zusam-men-lebend	Allein-leben	Partner woanders	Ohne Abschluss bzw. Haupt-schule	Mittlere Reife	Abitur
Steglitz-Zehlendorf	6	1	1	1	4	3
Treptow-Köpenick	4	4	1	2	3	4
Steglitz-Thermometersiedlung	8	0	0	2	5	1
Mitte	6	3	0	1	7	1
Biesdorf	5	4	0	0	8	1
Spandau	4	3	3	0	4	6
Summe	33	15	5	6	31	16

Angaben in N

Von den 53 befragten Personen leben 33 in einer Partnerschaft, 15 sind Singles und 5 Personen leben mit ihren Partnern/innen in getrennten Haushalten. Der größte Teil der Befragten (31) hat die mittlere Reife erworben, 16 Personen haben das Abitur abgeschlossen bzw. die Fachhochschulreife erlangt und lediglich 6 Personen haben einen Hauptschulabschluss bzw. die Schule ohne Abschluss verlassen. Die Verteilung der Stellung im Beruf im Aggregat nach Featherman zeigt eine sehr unausgewogene Verteilung (siehe Abbildung 2).

Abbildung 2: Verteilung der Stellung der Befragten im Beruf nach Featherman

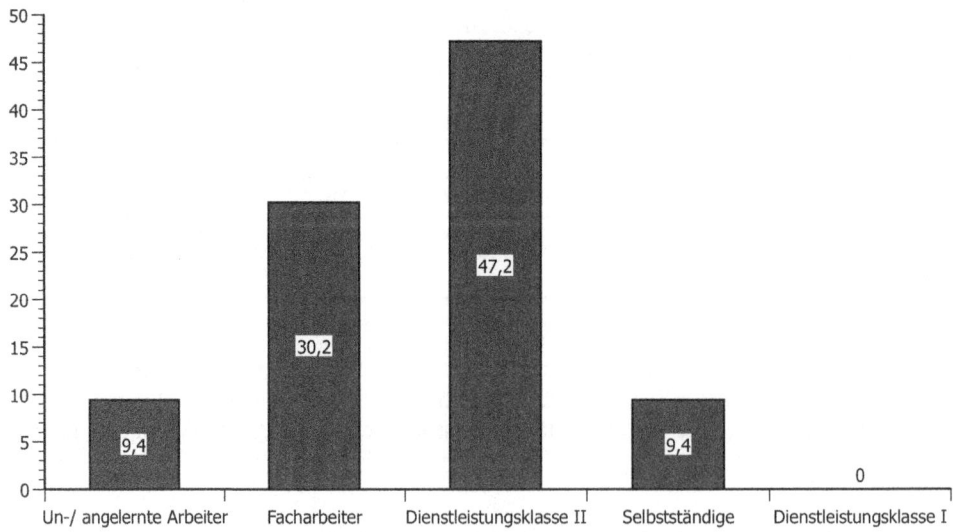

Über 80 Prozent der Befragten sind Facharbeiter oder ließen sich in die Dienstleistungs-klasse II einordnen. Je knapp 10 Prozent entfallen auf un- bzw. angelernte Arbeiter und Selbstständige, während wir keine befragte Person zur Dienstleistungsklasse I zuordnen konnten[7].

6.1 Operationalisierung des Habitus

Bourdieu geht davon aus, dass die soziale Ordnung dem Einzelnen nicht äußerlich ist. Vielmehr sind die Individuen soziale Subjekte, die von Beginn an lernen, mit und in den gesellschaftlichen Strukturen und Hierarchien zu denken und zu handeln. Mit diesen Tei-lungen (Strukturen, Hierarchien) stellt die Gesellschaft Sichtweisen und Bewertungen be-reit, wie die soziale Welt gesehen, erkannt und anerkannt werden kann. Aus gesellschaftli-chen Teilungen hervorgehende äußere Positionen, die die Akteure einnehmen, stehen dann in engem Zusammenhang mit ihren Handlungsdispositionen. Damit wird die hier angelegte Typenbildung zentral, weil wir damit die Wahrnehmungs-, Denk- und Handlungsschemata der Individuen, die aus ihrer sozialen Praxis resultieren, als überindividuelle Schemata zu entschlüsseln versuchen. Wir folgen dabei dem Milieukonzept, das den Gedanken der Kor-respondenz von sozialen und mentalen Strukturen aufnimmt (vgl. Bremer/ Teiwes-Kügler 2010). Dabei repräsentiert ein soziales Milieu zugleich auch einen bestimmten Habitusty-pus, denn nach Durkheim (1988) und Bourdieu (1987) entstehen Milieus durch eine be-stimmte soziale Lage und Stellung im gesellschaftlichen Gefüge und sind durch eine be-stimmte Lebensweise gekennzeichnet, in der sich eine allgemeine Grundhaltung gegenüber der Welt ausdrückt.

Das Konzept des Habitus setzt dabei eine Mehrdimensionalität voraus, die aber den-noch etwas Vereinheitlichendes hat. Das heißt, verschiedene Dinge bilden im Habitus einen Zusammenhang, eine spezifische Konfiguration; „[...] wie einer spricht, tanzt, lacht, liest, was er liest, was er mag, welche Bekannte und Freunde er hat, all das ist eng miteinander verknüpft." (Bourdieu 1992a: 32). Der Habitus umfasst daher „Dimensionen des Ge-schmacks, des Lebensstils, der körperlichen und emotionalen Haltungen, der Muster sozia-ler Praxis und Beziehungen sowie Mentalitäten und ideologische Weltsichten." (Bremer/ Teiwes-Kügler 2010). Da Bourdieu selbst nur Ansätze dazu liefert, wie sich der Habitus empirisch fassen lässt, haben wir uns an dem Syndromkonzept von Adorno (1973) orien-tiert, welches im Rahmen der Studien zum autoritären Charakter entwickelt wurde. Dieses Konzept versucht verschiedene Züge und Dispositionen zu einem sinnvollen Ganzen zu-sammenzufügen, und nicht einfach Merkmale zu gruppieren. Ziel dabei ist es, die Vielfalt der Erscheinungen von ihrer Struktur her erkennbar zu machen, also nicht statistisch zu klassifizieren, sondern den in den Fakten und Phänomenen liegenden Sinn zu erschließen (vgl. Adorno 1973: 307f.). Davon ausgehend, setzt sich der Habitus als Syndrom aus ein-zelnen Zügen und Dispositionen zusammen. Bei der Typenbildung haben wir uns auf den Prozess der Klassifizierung und Bewertung der sozialen Welt durch die Individuen kon-zentriert, da nach Bourdieu jeder Akt des Klassifizierens zugleich ein Akt des Wahrneh-mens und der Erkenntnis ist, bei dem sich ein Sinn konstituiert.

---

[7] Zur Dienstleistungsklasse II zählen beispielsweise: Meister, Poliere, Industrie-/ Werkmeister im Angestelltenver-hältnis, Leitende Angestellte, Qualifizierte Angestellte, Beamte im einfachen bis gehobenen Dienst. Zur Dienst-leistungsklasse I zählen Leitende Angestellte mit umfassenden Führungsaufgaben und Beamte im höheren Dienst.

In Anlehnung an Max Webers Idealtypen wurden abstrahierende und zugleich idealty-pische Kategorien als Hilfswerkzeuge gebildet, um einzelne Habituszüge begrifflich fassen und benennen zu können. Bei der Benennung haben wir uns an den Beschreibungen der Sinus Milieus (2010) sowie den Elementarkategorien der Habitushermeneutik von Bremer und Teiwes-Kügler (2010) orientiert.

Zunächst wurden Fragen zu den Meinungen über Gesellschaft, Beruf und Privatleben (V007), zu den Lebenszielen (V12) und Verhaltensweisen (V13), den verschiedenen As-pekten der Politik (V024) sowie Meinungen zu Autorität und Unterordnung (V61) (siehe Anhang B) einer Faktorenanalyse unterzogen. Mit der Faktorenanalyse wurden die korrela-tiven Beziehungen zwischen einer Vielzahl von Variablen, in unserem Fall zwischen den jeweiligen Statements zu den einzelnen Themen untersucht. Ziel der Analyse war es, die miteinander zusammenhängenden Variablen (Statements) auf komplexe Erklärungsvariab-len (Grundorientierungen) zurückzuführen und damit den Untersuchungsgegenstand auf wenige, wichtige Dimensionen zu reduzieren. Dabei sind wir davon ausgegangen, dass die feststellbaren Wirkungszusammenhänge zwischen Einzelaussagen von bestimmten, vonei-nander unabhängigen Aussagen beeinflusst werden, die hinter den abgegebenen Meinungen zu den einzelnen Statements stehen. Die Analysen bilden diese hypothetischen Faktoren ab, indem sie die in ihrer Aussage ähnlichen Statements bündeln. Die Statements, die einen Faktor bestimmen, sind dabei unterschiedlich gewichtet. Für die Faktorenmodelle haben wir eine Hauptkomponentenanalyse mit Varimax-Rotation gewählt. Weiterhin wurde fest-gelegt, dass möglichst wenige unabhängige Faktoren möglichst viel Varianz der Statements erklären und dass die einzelnen Faktoren nur durch einen Teil der Statements (mit hohen Ladungen ab .40) beschrieben werden.

Das gleiche Verfahren wurde für die Fragen zu den Gesellungsstilen (V11) ange-wandt.

Die Gesellungsstile stehen für die Haltungen der Befragten im Umgang mit Freunden, Fremden und Verwandten und drücken damit implizit auch die Präferenzen der Befragten für die Zusammensetzung der sozialen Netzwerke aus. In Anlehnung an Vester et al. (1993) sehen wir die Gesellungsstile ebenfalls als Teil des Habitus an.

Ergebnisse der Faktoranalyse zu den Lebensvorstellungen
(eingeflossene Variablen V_007, V_012, V_013, V_024, V_061)

Varianz Gesamtmodell: 66,36 %

Faktor 1: „Hedonistische Lebensvorstellung"
13,3 % erklärte Varianz

Statements	Faktorladung
Auf Sicherheit pfeife ich. Ich möchte vor allem ein aufregendes Leben führen.	,693
Arbeitstugenden wie Disziplin und Pflichtbewusstsein sind mir ein Gräuel.	,670
Ich habe großes Verständnis für Leute, die nur tun wozu sie gerade Lust haben.	,653
Ich träume davon, einmal nicht mehr für andere die Dreckarbeit machen zu müssen.	,608
Für mich gibt es wichtigere Dinge zu tun, als mich um Politik zu kümmern.	,526
Der Sinn des Lebens besteht für mich darin, Spaß zu haben.	,488
Ich kümmere mich nicht um gesellschaftliche Normen und Zwänge.	,485
Am liebsten würde ich alles hinschmeißen und abhauen.	,471
Arbeit ist etwas, womit ich mein Geld verdiene, mehr ist es eigentlich nicht.	,447
Heutzutage brauchen wir in der Politik harte Männer.	,447
Ich bin unzufrieden, weil ich mir finanziell zu wenig leisten kann.	,410
Ich lebe ganz für meine Familie.	-,414
Lebenserfüllung ist nur durch Pflichterfüllung möglich.	-,472
Wichtigkeit: Nach Sicherheit und Geborgenheit streben.	-,740
Wenn ich es mir richtig überlege, haben Werte wie Sparsamkeit, Sauberkeit und Ordnung für mein Leben eine ziemlich große Bedeutung.	-,746

Faktor 2: „Politikverdrossenheit"
10,4 % erklärte Varianz

Statements	Faktorladung
Moralische Grundsätze gelten heute in der Politik nichts mehr.	,887
Es ist egal, welche Partei man wählt, ändern wird sich doch nichts.	,849
Politiker können versprechen, was sie wollen, ich glaub ihnen nichts mehr.	,809
In der Politik geschieht selten etwas, dass dem kleinen Mann nützt.	,720
Politiker verkomplizieren viele Probleme unnötig.	,711
Von der Politik erwarte ich in erster Linie, dass sie den Lebensstandard sichert.	,561
Es ist Aufgabe der Politik, den Bürgern ein Gefühl der Geborgenheit zu geben.	,525
Die Menschen kann man in 2 Klassen einteilen: Die Schwachen und die Starken.	,524

Faktor 3: „Kleinbürgerliche Lebensvorstellung"
8,9 % erklärte Varianz

Statements	Faktorladung
Erfolg im Beruf ist nicht so wichtig.	,723
Autorität sollte man sich unterordnen.	,674
Ich fühle mich überfordert, in der großen Politik mitzureden.	,568
Eine Frau findet ihre Erfüllung in erster Linie in der Familie.	,562
Wichtigkeit: Sparsam sein.	,530
In Deutschland lebende Ausländer sollten Wahlrecht bekommen.	,520
Ein eigenes Haus zu haben, ist sicherlich sehr schön, aber ich habe keine Lust, mich dafür jahrelang einzuschränken.	,480
Ich lebe ganz für meine Familie.	,463
Obwohl mir meine Arbeit Spaß macht, ist mir mein Privatleben wichtiger.	,455
Nach meiner Auffassung belastet materieller Besitz und schränkt die persönliche Freiheit ein.	,450
Früher lebten die Menschen glücklicher, weil es noch nicht so viele Probleme gab.	,413
Politik ist Männersache.	,404

Faktor 4: „Alternative, sozial engagierte Lebensvorstellung"
6,14 % erklärte Varianz

Statements	Faktorladung
In einer Bürgerinitiative geht es menschlicher zu als sonst in der Politik.	,712
Es ist Aufgabe des Staates, die sozial Schwachen unbedingt abzusichern.	,708
Das Mitspracherecht der Gewerkschaften in der Wirtschaft muss erheblich höher werden.	,688
Ich setze mich aktiv für Hilfsbedürftige ein.	,682
Ich lasse mich durch andere leicht von meinen Zielen abbringen.	,484
Ich führe ein einfaches, bescheidenes Leben.	,459
Ich finde es gut, wenn Leute für ihre politischen Ziele auf die Straße gehen.	,402
Heutzutage brauchen wir in der Politik harte Männer.	-,453

Faktor 5: „Anomisch, resignierte Lebensvorstellung"
5,34 % erklärte Varianz

Statements	Faktorladung
Für unsereins gibt es wenige Chancen, es zu etwas zu bringen.	,823
Früher lebten die Menschen glücklicher, weil es noch nicht so viele Probleme gab.	,618
Durch Weiterbildung kann man seine berufliche Zukunft heute auch nicht mehr sichern.	,613
Ich bin unzufrieden, weil ich mir finanziell zu wenig leisten kann.	,590
Ich fürchte, dass der technische Fortschritt unser Leben zerstört.	,512
Ich fürchte, dass ich meinen Lebensstandard in den nächsten Jahren nicht aufrechterhalten kann.	,436
Ich sehe nicht ein, dass wir unseren hart erarbeiteten Wohlstand mit anderen teilen.	,414
Die Menschen kann man in 2 Klassen einteilen: Die Schwachen und die Starken.	,411
Man sollte sich politisch engagieren, um Unterdrückung und Ausbeutung in unserer Gesellschaft zu bekämpfen.	,402
Der technische Fortschritt macht für mich das Leben lebenswert.	-,458

Faktor 6: „Tolerante, auf Ausgleich orientierte Lebensvorstellung"
4,45 % erklärte Varianz

Statements	Faktorladung
Gerade wir Deutschen sollten politisch verfolgten Menschen Asyl gewähren.	,594
Jedes Problem kann verbal gelöst werden.	,559
Bei der Arbeit ist mir vor allem wichtig, mir nichts zuschulden kommen zu lassen.	,528
Ich kann mich gut durchsetzen.	,522
Ich finde es gut, wenn Angehörige vieler Nationen in einem Land zusammenleben.	,469
Wirklich fähige Leute gehen nicht in die Politik, weil man dort nicht genug verdient.	-,615
Politiker sollten regieren und den Bürger in Ruhe lassen.	-,669

Faktor 7: „Erlebnisorientierte, hedonistische Lebensvorstellung"
4,21 % erklärte Varianz

Statements	Faktorladung
Meine Devise ist: Genießen und möglichst angenehm leben.	,684
Ich möchte nicht an später denken, ich lebe hier und jetzt.	,664
Der Sinn des Lebens besteht für mich darin, Spaß zu haben.	,603
Im Grunde ist das Leben ganz einfach, man kann sich immer irgendwie arrangieren.	,497
Gewerkschaften behindern mit ihren überzogenen Forderungen den wirtschaftlichen Aufschwung.	,476
Geld braucht man zum Leben, zu mehr nicht.	,452
Eine Frau findet ihre Erfüllung in erster Linie in der Familie.	,448
Arbeit ist etwas, womit ich mein Geld verdiene, mehr ist es eigentlich nicht.	,428
Wichtigkeit: Phantasievoll, schöpferisch sein.	,427
Politiker, die immer höflich und beherrscht sind, kann ich nicht leiden.	,408
Zu einem vertrauensvollen Politiker gehört seriöses Auftreten.	-,430

Faktor 8: „Leistungsorientierte, autoritäre Lebensvorstellung"
3,85 % erklärte Varianz

Statements	Faktorladung
Wenn jemand genug leistet, braucht er sich keine Sorgen um seinen Arbeitsplatz zu machen.	,753
Wir sind ein reiches Land, weil wir fleißiger und tüchtiger sind als andere.	,731
Soziale Gerechtigkeit bedeutet, dass jeder den Platz in der Gesellschaft erhält, den er durch seine Leistungen verdient.	,564
Politische Probleme sind mit kühlem Sachverstand zu lösen.	,558
Ob ich gesellschaftliches Ansehen genieße oder nicht, ist mir gleichgültig.	,469
Ich sehe nicht ein, dass wir unseren hart erarbeiteten Wohlstand mit anderen teilen.	,456
Lebenserfüllung ist nur durch Pflichterfüllung möglich.	,408

Faktor 9: „Moderne, konsumorientierte Lebensvorstellung"
3,6 % erklärte Varianz

Statements	Faktorladung
Es ist mir wichtig, andere Menschen von meiner Meinung zu überzeugen.	,694
Ich kaufe mir oft Dinge, ohne lange darüber nachzudenken, ob ich mir das überhaupt leisten kann.	,635
Heutzutage muss sich jeder alleine durchsetzen und sollte nicht auf die Hilfe anderer zählen.	,571
Ich fürchte, dass ich meinen Lebensstandard in den nächsten Jahren nicht aufrecht erhalten kann.	,522
Der technische Fortschritt macht für mich das Leben lebenswert.	,426
Wichtigkeit: Sparsam sein.	-,418

Faktor 10: „Ökologisch bewusste, Lifestyle orientierte Lebensvorstellung"
3,25 % erklärte Varianz

Statements	Faktorladung
Wichtigkeit: Eine naturverbundene Lebensweise.	,800
Ich verhalte mich besonders umweltbewusst.	,652
Ich arbeite gern mehr, um mir einiges leisten zu können.	,506
Ich finde es gut, wenn Leute für ihre politischen Ziele auf die Straße gehen.	,471
Obwohl mir meine Arbeit Spaß macht, ist mir mein Privatleben wichtiger.	,428
Gewerkschaften behindern mit ihren überzogenen Forderungen den wirtschaftlichen Aufschwung.	-,441
Bei gemeinsamen Unternehmungen übernehme ich gern die Führung.	-,447

Faktor 11: „Postmaterialistische Lebensvorstellung"
2,89 % erklärte Varianz

Statements	Faktorladung
Ideal ist ein Beruf, in dem man politisches und soziales Engagement verwirklichen kann.	,668
Wer sich alles leistet, was er für sein Geld haben kann, handelt unmoralisch.	,578
Auf Autorität reagiere ich meist abwehrend.	,530
Ich finde es gut, wenn Angehörige vieler Nationen in einem Land zusammenleben.	,476
Wichtigkeit: Phantasievoll, schöpferisch sein.	,452
Viel Geld zu haben, bedeutet unabhängig zu sein.	,434
Man sollte sich politisch engagieren, um Unterdrückung und Ausbeutung in unserer Gesellschaft zu bekämpfen.	,430

Ergebnisse der Faktoranalyse zur Gesellung
(eingeflossene Variablen V_011)

Varianz Gesamtmodell: 72,34 %

Faktor 1: „Gesellige Erlebnisorientierung"
24,73% erklärte Varianz

Statements	Faktorladung
Ich kenne unheimlich viele interessante Leute.	,828
Im Freundeskreis verabreden wir uns oft spontan.	,778
Ich unternehme viel gemeinsam mit meinen Freunden.	,724
Ich kann immer auf die Hilfe meiner Freunde zählen.	,718
Mit meinen Freunden mache ich gern etwas Verrücktes.	,705
Mit meinen Freunden muss ich all meine Sorgen und Problem besprechen können.	,635
Ich habe Freunde aus allen Kreisen.	,629
Viele Freunde zu haben ist für mich sehr wichtig.	,623
Wichtig ist, dass ich mich mit Freunden über politische und soziale Fragen auseinandersetzen kann.	,508
Meine Freunde sind für mich wie eine große Familie.	,440
Ich mag es nicht, wenn man mich unangekündigt besucht.	-,692
Es fällt mir schwer Freundschaften zu schließen.	-,754
Ich habe außerhalb meiner Familie kaum Freunde und Bekannte.	-,823

Faktor 2: „Funktionale Rigidität"
10,56 % erklärte Varianz

Statements	Faktorladung
Im Freundeskreis haben wir öfter Probleme einen gemeinsamen Termin zu finden.	,816
Für die Pflege von Freundschaften habe ich leider zu wenig Zeit.	,772
Wenn ich mich mit Freunden treffen will, muss ich das richtig planen.	,684
Ich lege Wert auf gute Manieren.	,513
Wenn ich kurzfristig eingeladen werde, sage ich meistens ab.	,499
Manchmal habe ich gar keine Lust mich mit meinen Freunden zu treffen.	,495

Faktor 3: „Gesinnungsgemeinschaft"
8,29 % erklärte Varianz

Statements	Faktorladung
Meine Freunde und ich haben in etwa die gleichen Interessen.	,787
Meine Freunde und ich haben in vielen Dingen die gleichen Ansichten.	,683
Ich nehme meine Freunde auch gerne mal in den Arm.	,445
Die Menschen, denen ich nahestehe, haben im Großen und Ganzen dieselben sozialen und politischen Vorstellungen wie ich.	,425
Manchmal habe ich gar keine Lust mich mit meinen Freunden zu treffen.	-,491
Wenn ich kurzfristig eingeladen werde, sage ich meistens ab.	-,498

Faktor 4: „Konventionelle Geselligkeit"
6,69 % erklärte Varianz

Statements	Faktorladung
Ich feiere meinen Geburtstag gern mit vielen Leuten.	,721
Meine Freunde sind für mich wie eine große Familie.	,675
Ich bin gern mit meinen Verwandten zusammen.	,494
Ich unternehme viel gemeinsam mit meinen Freunden.	,425
Ich nehme meine Freunde auch gerne mal in den Arm.	,408

Faktor 5: „Ich-Zentrierung"
5,7 % erklärte Varianz

Statements	Faktorladung
Ich erwarte von meinen Freunden, dass sie sich in meine Probleme einfühlen können.	,860
Ich stehe gern im Mittelpunkt.	,563
Ich flirte gern.	,460
Ich nehme meine Freunde auch gerne mal in den Arm.	-,412

Faktor 6: „Konventionelle Familienzentrierung"
4,9 % erklärte Varianz

Statements	Faktorladung
Ich finde es wichtig, dass die Familie auf jeden Fall zusammenhält.	,786
Ich bin gern mit meinen Verwandten zusammen.	,636
Ich gehe Streit lieber aus dem Weg.	,605
Ich lege Wert auf gute Manieren.	,463

Faktor 7: „Trotzige Isolierung"
4,35 % erklärte Varianz

Statements	Faktorladung
Es interessiert mich überhaupt nicht, was die Leute über mich denken.	,794
Durch enge Freunde fühle ich mich zu sehr gebunden.	,567
Die Menschen, denen ich nahestehe, haben im Großen und Ganzen dieselben sozialen und politischen Vorstellungen wie ich.	,549
Manchmal habe ich gar keine Lust mich mit meinen Freunden zu treffen.	,469

Faktor 8: „Anspruchsvolle Kommunikation"
3,94 % erklärte Varianz

Statements	Faktorladung
Im Freundeskreis unterhalten wir uns oft über Kunst und Kultur.	,728
Ich treffe mich öfter mit meinen Freunden, um zu kochen.	,696
Im Freundeskreis philosophieren wir öfter über den Sinn des Lebens.	,550
Ich habe Freunde aus allen Kreisen.	,415

Faktor 9: „Zurückhaltende Unsicherheit"
3,2 % erklärte Varianz

Statements	Faktorladung
Ich fürchte, dass andere Leute mich nicht leiden können.	,806
Manchmal traue ich mich nicht etwas zu sagen, weil ich einen Fehler machen könnte.	,583

Die Faktoren allein bilden zwar noch keine Typologie, gruppieren aber zunächst die Variablen. Die Individuen und sozialen Gruppen definieren sich prinzipiell in Bezug auf alle Dimensionen und unterscheiden sich danach, welches Gewicht und welche Bedeutung sie den einzelnen Dimensionen beimessen. Nach dem Prinzip des dominanten Faktors haben wir dann mehrere Typologien gebildet. Die erste umfasst die Vorstellungen zu Familie, Beruf und Privatleben, Autoritätseinstellungen, Lebenszielen und Lebensvorstellungen der Individuen (Milieutypologie). Eine zweite Typologie erfasst die Vorstellungen zu Familie, Freunden und Bekannten (Gesellungsstile), eine dritte umfasst Kleidungs- und Einrichtungsstil der Befragten.

Die Milieuzuordnung wurde auf der Basis der Lebensvorstellungen der Befragten unter Berücksichtigung der beruflichen Stellung, des Schulabschlusses und des persönlichen Nettoeinkommens vorgenommen. Die Typusbildung selbst erfolgte durch den kontrastierenden Fallvergleich nach Ähnlichkeiten und Unterschieden der zu berücksichtigenden Variablen auf Grundlage der Lebensvorstellungen der Befragten. Die Fälle wurden miteinander verglichen, zueinander in Relation gesetzt und in den sozialen Raum der Milieus eingeordnet. Es wurden diejenigen Fälle zu einem Typus zusammengefasst, deren Merkmale und Einstellungen auf ähnliche Muster der sozialen Praxis hinwiesen und die sich gleichzeitig in dieser Praxis von anderen Fällen und Typen des Samples deutlich unterschieden. Dabei wurden eine möglichst große Homogenität innerhalb eines Typus und eine möglichst große Heterogenität in Bezug auf die anderen Typen angestrebt. So ergab sich das Charakteristische oder Typische, das einen Typus ausmacht, aus dem empirischen Material und war nicht vorab festgelegt. Die Konstruktion der Typen erfolgte demnach nicht durch Gruppierungen nach zwei- oder mehrdimensionalen theoretisch definierten Merkmalen, sondern aus dem empirischen Material wurde zunächst für jeden Einzelfall ein zusammenhängendes Syndrom erarbeitet, danach erst für den Typus. Damit ist das Syndrom der Fälle, die einem Typus zugeordnet wurden, dem des Typs zwar sehr ähnlich, der einzelne Fall entspricht aber nie vollständig dem Typus. Schließlich ist der Typus ein eigenes Konstrukt, „bei dem von den Besonderheiten der einzelnen Fälle abstrahiert wird und deren Gemeinsamkeiten durch einseitige Steigerung besonders hervorgehoben werden." (Bremer/ Teiwes-Kügler 2010: 262). Daher sind die Grenzen eines Typus nicht immer genau zu bestimmen, so dass die Übergänge fließend sind und es zu Überschneidungen kommen kann (vgl. Bremer/ Teiwes-Kügler 2010). Der zweite Faktor „Politikverdrossenheit" wurde bei der Typenbildung nicht berücksichtigt, da hier alle politischen Einstellungen luden und damit keine allgemeinen Lebensvorstellungen ausgedrückt werden. Das gleiche Verfahren wurde für die Typisierung der Gesellungsstile eingesetzt, jedoch beschränkte sich die Typenbildung nur auf die Vorstellungen zur Gesellung und berücksichtigte nicht die berufliche Stellung der Befragten, ihren Schulabschluss oder ihr persönliches Nettoeinkommen.

Aus dem empirischen Material der Befragung von 53 Personen wurden neun Milieutypen erarbeitet und neun Gesellungsstile. Insbesondere die Milieutypen unterscheiden sich nicht nur in ihren Einstellungen erheblich voneinander, sondern auch in ihrem Sozialstatus sowie ihrem Kleidungs- und Einrichtungsstil. Im Folgenden werden die wesentlichen Unterscheidungsmerkmale der neun Milieu und Gesellungsstile beschrieben. Die Zahlen in den Klammern geben die jeweilige Summe der Befragten wieder, die dem entsprechenden Milieu bzw. Gesellungsstil zugeordnet wurden.

6.2 Beschreibung der Milieu-Typen

Der Typus der Postmaterialisten (7)
Für Postmaterialisten wäre es ideal, wenn sich im Beruf politisches und soziales Engagement verwirklichen ließe. Wichtig ist es ihnen weiterhin phantasievoll und schöpferisch zu sein. Geld zu haben, bedeutet unabhängig zu sein, aber wer sich alles leistet, was er für sein Geld haben kann, handelt in ihren Augen unmoralisch. Vielmehr sollte man sich nach ihrer Auffassung politisch engagieren, um Unterdrückung und Ausbeutung zu bekämpfen. Autorität wird abgelehnt und es wird das Zusammenleben vieler verschiedener Nationen in einem Land befürwortet. 57 Prozent der Postmaterialisten haben Abitur und 43 Prozent die mittlere Reife.

Zu diesem Typus gehören viele Angestellte, aber auch Facharbeiter, Beamte im mittleren Dienst sowie zwei Selbstständige. Das Durchschnittsalter beträgt 54 Jahre. Der Anteil von Männern (43 Prozent) und Frauen (57 Prozent) ist ungefähr gleich. Die Einkommen variieren je nach Beschäftigung. Ein Drittel der Personen ist Vollzeit beschäftigt. Hier liegt die Einkommenspanne des Nettoeinkommens zwischen 1200,- und 2500,- Euro. Ein Drittel ist Teilzeit beschäftigt und verdient monatlich zwischen 600,- bis unter 900,- Euro und ein Drittel ist bereits verrentet und hat monatlich zwischen 1200,- und 1700,- Euro zur Verfügung. Alle haben mindestens ein Kind.

In der Regel kleiden sich die Postmaterialisten bequem und praktisch oder sportlich. Wir finden aber auch modisch qualitätsbewusste, die sich eher jugendlich und sexy kleiden oder qualitätsbewusst und zeitlos. Bei der Einrichtung halten sich Behaglichkeit und ein günstiger Preis die Waage, aber auch der Anspruch an hohe Qualität, modernes Design und eigener Stil spielen für den einen oder anderen eine Rolle.

Der Typus der alternativ-sozial Engagierten (7)
Der aktive Einsatz für Hilfsbedürftige und ein einfaches, bescheidenes Leben sind kennzeichnend für diesen Typus. Nach Auffassung der Personen dieses Typus geht es in Bürgerinitiativen menschlicher zu, als sonst in der Politik, und man unterstützt es, wenn die Leute für ihre politischen Ziele auf die Straße gehen. Auch muss nach Meinung der alternativ-sozial Engagierten das Mitspracherecht der Gewerkschaften erhöht werden. Der Staat hat vor allem die Aufgabe die sozial Schwachen abzusichern, wobei keine Notwendigkeit nach politischen Hardlinern besteht. 29 Prozent der Personen haben keinen Schulabschluss, 57 Prozent mittlere Reife und 14 Prozent haben Abitur. 42 Prozent der Personen sind un- und angelernte Arbeiter oder Facharbeiter und 57 Prozent sind qualifizierte Angestellte. Der größte Teil der Personen ist arbeitslos, nur eine Person ist Vollzeit berufstätig. Das Durchschnittsalter beträgt 47 Jahre und die durchschnittlichen Einkommen liegen zwischen 600,- und 900,- Euro. In diesem Typus dominieren die Frauen mit 86 Prozent. Beim Großteil (71 Prozent) ist ein Kind vorhanden.

Personen dieses Typus kleiden sich bequem, praktisch, unauffällig oder zeitlos. Bei der Wohnungseinrichtung steht an erster Stelle ein günstiger Preis. Aber auch Behaglichkeit und Funktionalität sind für einige Personen wichtig.

Sozial - ökologischer Typus (7)
Personen dieses Typus bevorzugen eine naturverbundene Lebensweise und sind besonderes umweltbewusst. Man findet es gut, wenn die Leute für ihre politischen Ziele auf die Straße gehen. Um sich etwas leisten zu können, wird auch schon mal etwas mehr gearbeitet, obwohl das Privatleben wichtiger ist als die Arbeit. 43 Prozent der Personen haben Abitur und 43 Prozent mittlere Reife, eine Person hat keinen Schulabschluss. 85 Prozent sind Angestellte, davon 71 Prozent in leitender bzw. qualifizierter Position. Der Rest sind Facharbeiter bzw. ausführende Angestellte. Zu diesem Typus gehören vor allem jüngere Menschen, denn das Durchschnittsalter beträgt 37 Jahre. Die Nettoeinkommen sind vergleichsweise hoch und beginnen bei den Vollzeiterwerbstätigen bei 1200,- Euro und können bis zu 2500,- Euro betragen. Eine Person ist arbeitslos und eine ist noch Studentin. Der Anteil von Männern (57 Prozent) und Frauen (43 Prozent) ist hier relativ gleich verteilt. Etwas über die Hälfte (57 Prozent) hat mindestens ein Kind.

Die bevorzugte Kleidung ist in jedem Fall bequem, meistens praktisch oder sportlich, teilweise modisch und zeitlos. Beim Einrichtungsstil dominiert die Behaglichkeit, die in unterschiedlicher Weise mit Ansprüchen an Funktionalität, eigenem Stil, günstigem Preis und hoher Qualität kombiniert wird.

Konsumorientierter Typus (3)

Dieser Typus lehnt Sparsamkeit ab, obwohl die Frauen (100 Prozent) hier nur geringe eigene Einkünfte haben. Es werden oft Dinge gekauft, ohne nachzudenken, ob man sie sich überhaupt leisten kann. Man ist der Meinung, dass sich jeder allein durchsetzen muss. Den Frauen ist es wichtig andere von ihrer eigenen Meinung zu überzeugen. Sie stehen dem technischen Fortschritt aufgeschlossen gegenüber, da er für sie das Leben lebenswert macht. Die Frauen sind im Durchschnitt 54 Jahre alt. Zwei von Ihnen haben Abitur und eine mittlere Reife. Alle drei sind nicht mehr berufstätig, waren aber vor ihrem Berufsausstieg als Beamte im mittleren Dienst oder als Angestellte auf der mittleren Ebene tätig. Ihr persönliches Nettoeinkommen liegt heute zwischen 900,- und 1200,- Euro. Alle drei Befragten haben mindestens ein Kind.

Der Kleidungsstil der Frauen variiert von praktisch bequem, über bequem elegant bis hin zu modisch, sportlich, jugendlich. Zwei der Frauen finden Behaglichkeit bei der Einrichtung wichtig, die Dritte legt viel Wert auf hohe Qualität, natürliche Materialien und modernes Design.

Hedonistischer Typus (9)

In diesem Typus finden wir Personen, denen es wichtig ist das Leben so angenehm wie möglich zu gestalten. Dazu gehören viele Erlebnisse, Spaß zu haben und ein aufregendes Leben zu führen. Man hat Verständnis für Leute, die tun wozu sie Lust haben und kümmert sich nicht um gesellschaftliche Normen oder Politik. Arbeit dient lediglich zum Geldverdienst. Werte wie Pflichterfüllung, Sauberkeit und Ordnung sowie Streben nach Sicherheit und Geborgenheit werden abgelehnt. 90 Prozent haben die mittlere Reife erlangt, eine Person hat Abitur. Das Durchschnittsalter beträgt 37 Jahre. Zwei Drittel der Hedonisten sind Männer. 67 Prozent der Befragten sind ausführende oder qualifizierte Angestellte. Elf Prozent sind jeweils Beamte im gehobenen Dienst, Berufssoldaten oder Selbstständige mit weniger als zwei Mitarbeitern. Fast alle sind Vollzeit berufstätig und leben oft in Doppelverdienerpartnerschaften: Ihr durchschnittliches Nettoeinkommen liegt im Bereich zwischen 1500,- und 1799,- Euro. Lediglich ein Drittel der Personen im hedonistischen Typus hat mindestens ein Kind.

Der Kleidungsstil der Hedonisten ist meist modisch-sportlich-jugendlich, aber auch bequem und praktisch. Im Einrichtungsstil gibt es eine breite Vielfalt von Geschmackskombinationen, d.h. keine der Geschmackskombinationen doppelt sich. Am wichtigsten ist die Umsetzung eines ganz persönlichen Stils. Aber auch ein modernes Design, ein hohe Qualität, Behaglichkeit sowie ein günstiger Preis werden betont.

Kleinbürgerlicher Typus (6)

Personen dieses Typus betonen Werte wie Sparsamkeit und Pflichterfüllung. Es herrscht eine klare Leistungsorientierung vor. Soziale Gerechtigkeit bedeutet dabei, dass man den Platz in der Gesellschaft bekommt, den man durch seine Leistung verdient. Und wer genug leistet, muss sich dann auch um seinen Arbeitsplatz keine Sorgen machen. Die Einstellungen zu Frauen sind konservativ, denn nach Meinung von Personen dieses Typus findet die Frau ihre Erfüllung in erster Linie in der Familie. Politik hingegen ist Männersache. Man ist bereit sich Autoritäten unterzuordnen. Der Reichtum in unserem Land resultiert nach ihrer Auffassung aus dem Fleiß und der Tüchtigkeit der Bevölkerung und dieser Reichtum soll nicht mit anderen geteilt werden. Der Kleinbürger sorgt sich darum, dass er seinen Lebensstandard in Zukunft nicht mehr aufrechterhalten kann. Man lebt ganz für die Familie und das Privatleben ist wichtiger als die Arbeit. 84 Prozent der Personen in diesem Typus haben die mittlere Reife und 16 Prozent sind ohne Schulabschluss. 16 Prozent sind un- und angelernt, 50 Prozent sind Facharbeiter und 34 Prozent sind ausführende bzw. qualifizierte Angestellte. Das durchschnittliche Alter liegt bei 38 Jahren und der Männeranteil bei 83 Prozent. Die Einkommenshöhe ist niedrig bis mittel und variiert zwischen 500,- und 1300.-Euro. Die meisten (85 Prozent) sind Voll- oder Teilzeit beschäftigt. Die Hälfte der Personen hat mindestens ein Kind.

Die Kleinbürger kleiden sich in erster Linie bequem und praktisch. Einige legen neben der Bequemlichkeit allerdings auch Wert auf Sportlichkeit oder Mode. Die Einrichtung wird zunächst von einem günstigen Preis bestimmt. Weiter wichtig sind Behaglichkeit, hohe Qualität, natürliche Materialen und modernes Design.

Konservativer Typus (4)

Beim konservativen Typus dominieren ebenso wie beim kleinbürgerlichen Typus Werte wie Sparsamkeit und Pflichterfüllung. Lebenserfüllung ist nur durch Pflichterfüllung möglich. Es herrscht eine deutliche Leistungsorientierung vor. Soziale Gerechtigkeit bedeutet hier, dass man den Platz in der Gesellschaft bekommt, den man durch seine Leistung verdient. Und wer genug leistet, muss sich auch um seinen Arbeitsplatz keine Sorgen machen. Der Reichtum in unserem Land wurde durch den Fleiß und die Tüchtigkeit der Bürger geschaffen und dieser Reichtum soll auch nicht mit anderen geteilt werden. Dieser Typus unterscheidet sich von dem kleinbürgerlichen Typus dadurch, dass die Personen hier in Durchschnitt älter sind (47 Jahre) und zur Hälfte Abitur haben. Die andere Hälfte hat die mittlere Reife erworben. Drei Viertel sind leitende bzw. qualifizierte Angestellte und 25 Prozent sind Selbstständige mit mehr als zwei Mitarbeitern. Ein Viertel in diesem Milieu sind Männer und 75 Prozent Frauen. Drei Viertel haben mindestens ein Kind.

Die Personen des konservativen Typus kleiden sich gern qualitätsbewusst und zeitlos, aber auch praktisch bequem und unauffällig. Bei der Einrichtung werden Behaglichkeit und/oder eigener Stil betont. Hohe Qualität, modernes Design und Funktionalität spielen vereinzelt eine Rolle.

Traditionsverwurzelter Typus (5)

Auch der Traditionsverwurzelte weist in seinen Einstellungen Ähnlichkeiten mit dem kleinbürgerlichen Typus auf. Es dominieren Werte wie Sparsamkeit und Pflichterfüllung ebenso wie die Leistungsorientierung. Lebenserfüllung ist nur durch Pflichterfüllung möglich. Soziale Gerechtigkeit bedeutet auch hier, dass man den Platz in der Gesellschaft bekommt, den man durch seine Leistung verdient. Und wer genug leistet, muss sich auch um seinen Arbeitsplatz keine Sorgen machen. Der Reichtum in unserem Land ist das Ergebnis des Fleißes und der Tüchtigkeit seiner Bürger und dieser Reichtum soll auch nicht mit anderen geteilt werden. Politik ist nach Ansicht der Personen dieses Typus Männersache und Autoritäten sollte man sich unterordnen. Dieser Typus unterscheidet sich von dem kleinbürgerlichen und dem konservativen Typus dadurch, dass die Personen hier in Durchschnitt am ältesten sind (55 Jahre) und eher niedrige Bildungsabschlüsse aufweisen. 40 Prozent haben gar keinen Schulabschluss oder die Hauptschule absolviert, die restlichen 60 Prozent haben mittlere Reife. 40 Prozent sind angelernte Arbeiter, 40 Prozent Facharbeiter und 20 Prozent kleine Selbstständige. 80 Prozent sind Männer und 20 Prozent Frauen, von denen

80 Prozent mindestens ein Kind haben. Die Einkommen liegen im niedrigen (600 - 900,-
Euro) bis mittleren Bereich (900 -1200,- Euro). Lediglich der kleine Selbstständige verdient
zwischen 1500,- und 1800,- Euro monatlich.

Die Traditionsverwurzelten kleiden sich fast ausschließlich bequem, praktisch und/
oder zeitlos. Die Wohnungseinrichtung soll vor allem behaglich und preisgünstig sein, wobei aber ein eigener Stil bei der Mehrzahl eine wichtige Rolle spielt.

Bürgerlich-humanistischer Typus (5)
Personen dieses Typus fordern, dass gerade die Deutschen politisch verfolgten Menschen
Asyl gewähren sollten. Nach Meinung der bürgerlichen Humanisten sollten Angehörige
vieler Nationen in einen Land zusammenleben. Es ist wichtig, dass man sich gut durchsetzen kann und sich alle Probleme verbal lösen lassen. Gleichzeitig sollte man sich nichts auf
der Arbeit zuschulden kommen lassen. Die Behauptung, dass fähige Leute der Politik fern
bleiben, weil man dort zu wenig verdient, wird abgelehnt. Politik sollte die Bürger einbinden. Die Personen dieses Typus haben zu 60 Prozent Abitur und 40 Prozent haben mittlere
Reife. 75 Prozent der Personen sind in der Position von qualifizierten Angestellten und eine
Person ist Studentin. Das Durchschnittsalter beträgt 41 Jahre. 60 Prozent der Personen sind
Frauen und 40 Prozent Männer. Die Nettoeinkommen liegen bei den Teilzeitbeschäftigten
(3 Personen) zwischen 300,- und 900,- Euro und bei den Vollzeiterwerbstätigen zwischen
1200,- und 1500,- Euro. Weniger als die Hälfte der Befragten (40 Prozent), die diesem
Typus zugeordnet wurden, haben mindestens ein Kind.

Der Kleidungsstil des bürgerlich-humanistischen Typus ist entweder bequem-praktisch
oder modisch-qualitätsbewusst-jugendlich/sexy. Bei der Auswahl der Einrichtung orientiert
man sich vor allem an einem günstigen Preis. Wichtig ist außerdem eine modernes Design,
Behaglichkeit und ein eigener Stil.

6.3 Beschreibung der Gesellungsstile

Wie wir im Abschnitt zur Operationalisierung bereits beschrieben haben, ergeben sich die
Gesellungsstile aus den Statements der Befragten zu unterschiedlichsten Aspekten gemein-
schaftlichen Zusammenseins. Anders als in der Milieutypologie gehen hier keine objektiven Merkmale, wie Einkommen oder Alter oder Berufsstatus ein. Die Verteilung der Altersgruppen ist lediglich zur besseren Orientierung angegeben.

Gesellige Erlebnisorientierung (9)
Gesellig erlebnisorientierten Individuen ist es wichtig viele interessante Leute kennenzuler-
nen. Man bevorzugt die Spontaneität, z.B. bei den Verabredungen im Freundeskreis oder
indem man mit seinen Freunden mal etwas Verrücktes machen möchte. Freunde sind über-
haupt sehr wichtig bei diesem Typ. Sowohl für gemeinsame Unternehmungen als auch bei
Sorgen und Problemen will man auf die Hilfe der Freunde zählen können. Insofern sind
Freunde für die Befragten wie eine große Familie, deren Mitglieder idealer Weise aus allen
Kreisen kommen und mit denen man sich auch über politische und soziale Fragen ausei-
nandersetzen möchte. Ca. 44 Prozent dieser Gruppe haben Kinder und sind zu über 50
Prozent zwischen 30 und 39 Jahren alt. Personen zwischen 50 und 61 Jahren finden wir hier
nur zu ca. 11 Prozent.

Funktionale Rigidität (4)
Die Befragten dieses Gesellungsstils betonen einen Zeitmangel bei der Pflege von Freundschaften. Daher gibt es im Freundeskreis öfter Probleme, gemeinsame Termine zu finden,
und Treffen mit Freunden müssen richtig geplant werden. Bei kurzfristigen Einladungen
kommt es häufiger zu Absagen und manchmal fehlt auch einfach die Lust, sich mit Freunden zu treffen. Wichtig sind den Befragten außerdem gute Manieren. Alle Befragten in
dieser Gruppe haben mindestens ein Kind und sind zu drei Vierteln in der ältesten Altersgruppe (50-61 Jahre). Zur jüngsten der drei Altersgruppen (30-39 Jahre) gehört hier nie-
mand.

Gesinnungsgemeinschaft (9)
In der Gesinnungsgemeinschaft ist es den Befragten wichtig, dass die Menschen, denen sie
nahe stehen, im Großen und Ganzen dieselben sozialen und politischen Vorstellungen haben, wie sie selbst. So betonen sie, dass sie mit ihren Freunden in etwa die gleichen Interessen teilen und in vielen Dingen die gleichen Ansichten haben. Sie legen viel Wert auf Harmonie in ihren Beziehungen und nehmen dazu ihre Freunde auch gerne mal in den Arm.
Dies ist eine eher junge Gruppe, denn ca. 56 Prozent sind zwischen 30 und 39 Jahren alt,
allerdings gehört auch ein Drittel zu der ältesten Altergruppe (50-61 Jahre). Zwei Drittel
der Befragten in diesem Gesellungsstil haben mindestens ein Kind.

Konventionelle Geselligkeit (5)
Konventionell gesellig sind die Befragten dieses Typus, weil sie gern mit ihren Verwandten
zusammen sind und ihre Geburtstage bevorzugt mit vielen Leuten feiern. Gleichzeitig betonen sie, dass sie auch gern viel gemeinsam mit ihren Freunden unternehmen. Die Freunde
werden dabei, wie auch bei den Erlebnisorientierten wie eine große Familie betrachtet und
gern mal in den Arm genommen. Die Personen sind zum Großteil (80 Prozent) zwischen 30
und 39 Jahren alt und haben keine Kinder.

Ich-Zentrierung (3)
Die Ich-Zentrierten stehen gern im Mittelpunkt. Außerdem flirten sie gern, was bedeutet,
dass die Beziehungen für sie weniger emotionalen Charakter haben. Von ihren Freunden
erwarten sie vor allem, dass sie sich in ihre Probleme einfühlen können. Zwei der Personen
sind jünger (30-39 Jahre) und die andere ist zwischen 50 und 61 Jahren. Zwei der Personen
sind kinderlos.

Konventionelle Familienzentrierung (7)
Für die konventionellen Familienzentrierten ist der Zusammenhalt der Familie sehr wichtig.
Dafür geht man auch mal einem Streit aus dem Weg. Die Befragten sind gern mit ihren
Verwandten zusammen und legen Wert auf gute Manieren. Die meisten Personen gehören
zur ältesten Altersgruppe (50-61 Jahre) und haben alle mindestens ein Kind.

Trotzige Isolierung (6)
Trotzige Isolierung wurde dieser Typus genannte, weil die Befragten hier betonen, dass es
sie überhaupt nicht interessiert, was andere Leute über sie denken. Sie fühlen sich durch
enge Freunde zu sehr gebunden und sie geben zu, manchmal keine Lust zu haben, sich mit
ihren Freunden zu treffen. Sie sind davon überzeugt, dass die Menschen, die ihnen nahe

stehen, mit ihnen im Großen und Ganzen dieselben sozialen und politischen Vorstellungen teilen. Ähnlich wie bei den Familienzentrierten sind die Personen hier zum Großteil zwischen 50 und 61 Jahren alt (83 Prozent) und haben mindestens ein Kind (83 Prozent).

Anspruchsvolle Kommunikation (4)
Im Freundeskreis dieses Gesellungsstils wird oft über Kunst und Kultur gesprochen oder über den Sinn des Lebens philosophiert. Man trifft sich öfter auch um gemeinsam zu kochen. Gleichzeitig betonen die Befragten, dass es ihnen wichtig ist, dass ihre Freunde aus allen Kreisen kommen. Drei Viertel der Befragten sind zwischen 30 und 39 Jahren alt und die Hälfte hat mindestens ein Kind.

Zurückhaltende Unsicherheit (6)
Bei diesem Gesellungsstil sind zwei Aspekte besonders zentral. Zum einen befürchten die Befragten, dass andere Leute sie nicht leiden können und zum anderen trauen sie sich nicht etwas zu sagen, weil sie Angst davor haben, Fehler zu machen. Drei der sechs Personen gehören zur jüngsten Altersgruppe und zwei Personen sind zwischen 40 und 49 Jahren alt. Der Großteil (83 Prozent) hat mindestens ein Kind.

7 Untersuchung der Netzwerkstrukturen

7.1 Netzwerkbeziehungen der Befragten

Die Beschreibung der gefundenen Milieutypen verdeutlicht besonders die Unterschiede zwischen den Einstellungen und dem Sozialstatus der Befragten, die diesen Typen zugeordnet wurden. Da die Typenbildung hauptsächlich auf Grundlage der Typologie zu den Vorstellungen von Familie, Beruf und Privatleben, Autoritätseinstellungen, Lebenszielen und Lebensvorstellungen der Befragten unter Berücksichtigung von Schulabschluss, beruflicher Stellung und persönlichem Nettoeinkommen erfolgte, können wir damit nur einen Teil des Habitus der Befragten abbilden, denn anders als Bourdieu und Simmel unterstellen, reichen soziale Lage und Stellung im gesellschaftlichen Gefüge nicht aus, um daraus eine Grundhaltung gegenüber der Welt abzubilden. Die Gesellungsstile, die besonders die Vorstellungen der Befragten über den Umgang mit Freunden und Familie ausdrücken, sind ebenfalls ein Teil des Habitus. Sie bilden eine eigene Dimension, die vor allem für die Netzwerk- und Interaktionsbeziehungen relevant sein könnte. Daher werden wir die Netzwerkstrukturen im nächsten Schritt zum einen für die Milieutypen, zum anderen für die Gesellungsstile beschreiben.

Die Netzwerkbeziehungen (Alteri) der Befragten (Egos) wurden mit Hilfe von Listen erhoben. Die Stimulusfrage dazu lautet: „Nun interessieren mich die Personen, mit denen Sie in ihrem Leben so zu tun haben. Denken Sie dabei an verschiedene Bereiche Ihres Lebens, wie Familie, Freunde, Beruf oder Freizeit". Die Befragten erhielten drei farbige Liste mit fortlaufenden Nummern, in die sie die Namen der Personen eintragen sollten, die in ihrem Leben eine Rolle spielen.

Die erste Liste (rot) umfasste alle Personen, die dem Befragten sehr nahe stehen. Die zweite Liste (gelb) erfasst die Personen, die den Befragten nahe stehen und die dritte Liste (blau) die Personen, die ihnen nicht nahe stehen. Anschließend wurden Informationen zu den jeweiligen genannten Personen erhoben: Das Alter[8] und die Kenndauer der Person[9], die Art der Beziehung, in welcher der Befragte zu den genannten Person steht, z.B. ob es sich um ein Kind, die Mutter oder den Vater, einen Freund oder Arbeitskollegen handelt. Des Weiteren sollte der Befragte angeben, wie ähnlich die Vorstellungen über das Leben[10] zwischen ihm und der genannten Person sind, die Häufigkeit des Kontakts zu der genannten

---

[8] Wie alt ist die Person: „1= sehr viel jünger als ich, 2 = etwas jünger als ich, 3= etwa in meinem Alter, 4=etwas älter als ich, 5= sehr viel älter als ich.

[9] 1= erst kürzlich kennengelernt (unter einem Jahr), 2 = noch nicht so lange (1-2 Jahre), 3 einige Zeit (3-5 Jahre), 4= lang (6-10 Jahre), 5 = sehr lange (länger als 10 Jahre)

[10] Was denken Sie? Wie stimmen Ihre Vorstellungen und Einstellungen zum Leben mit denen der genannten Person überein? 1 = stimmen absolut überein, 2 = sind ähnlich, 3= sind wenige ähnlich, 4 = absolut unterschiedlich, 9= trifft altersbedingt nicht zu.

Person, den Beruf der genannten Person, wie sich der Befragte in der Diskussion[11] mit der genannten Person verhält, und wie sich die Personen kennengelernt haben. Anschließend sollten die Befragten angeben, welche der genannten Personen ihnen im Fall der Unterstützung bereits Hilfe gegeben hat bzw. ob der Befragte dieser Person schon einmal geholfen hat. Dazu wurden verschiedene Hilfeleistungen aufgeführt, zu dem der Befragte, die Personen zuordnen konnte (vgl. Kapital 9). Außerdem konnten die Befragten angeben, mit wem von den genannten Personen sie schon mal eine schwierige Zeit gehabt haben.

Weitere Informationen zu den genannten Personen wurden in Form von Globalgeneratoren erhoben und erfassen die Summe von weiblichen und männlichen Personen nach Listen, wie viele Personen davon in Deutschland leben, weniger als 30 Minuten entfernt, mehr als 1 Stunde entfernt und wie viele im Ausland leben, mit wie vielen Personen man sich mindestens einmal im Monat in einer Bar oder Restaurant trifft und wie viele Personen man mindestens einmal im Monat zu Hause besucht oder von denen man besucht wird. Am Schluss gaben die Befragten noch anhand einer Skala an, wie viele Personen sich von den einzelnen Listen und im gesamten Netzwerk untereinander kennen.

7.2 Netzwerkgröße und Strukturmaße für die Netzwerke insgesamt

Bevor die Netzwerke für die einzelnen Typologien beschrieben werden, soll zunächst ein allgemeiner Überblick über die Netzwerke aus der Befragung gegeben werden.

Da es keine Begrenzung bei der Anzahl der Nennungen von Personen gab, finden wir eine breite Streuung bei der Netzwerkgröße. Der Durchschnitt für alle Befragten beträgt fast 18 Personen (17,92) wobei das Minimum bei 7 und das Maximum bei 42 Personen liegt. Insgesamt wurden von den 53 Befragten 950 Netzwerkpersonen genannt.

Abbildung 3:   Häufigkeitsverteilung des Netzumfangs

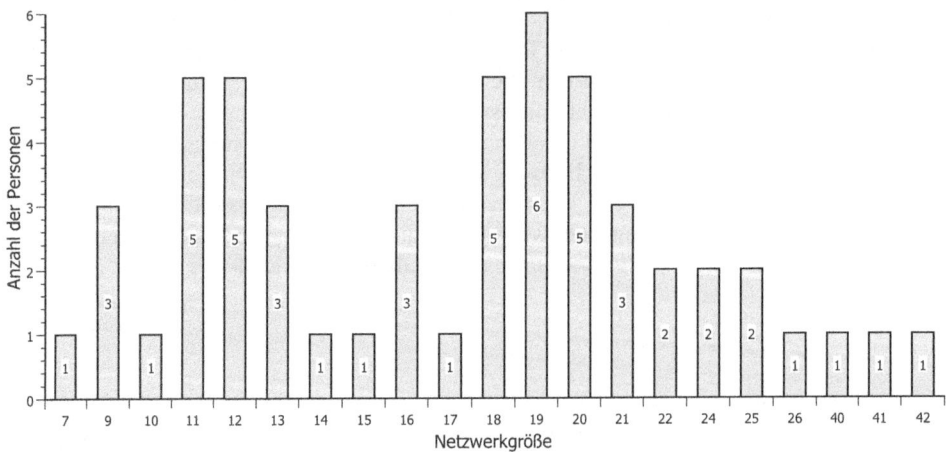

[11] Wenn Sie allgemein an Diskussionen mit der Person denken. Wie verhalten Sie sich dabei in der Regel? 1 = ich versuche die Person zu überzeugen, 2 = ich höre der Person überwiegend zu, 3 = teils/teils, 4 = ich diskutiere nicht mit der Person.

Die Netzwerke weisen eine Tendenz zur Geschlechterhomogenität auf, denn Männer haben zu 60 Prozent männliche Personen (Alteri) im Netzwerk angegeben und knapp 40 Prozent weibliche. Nahezu umgekehrt verhält es sich bei den weiblichen Befragten.

Tabelle 3:   Prozentualer Anteil männlicher und weiblicher Alteri im Netzwerk nach dem Geschlecht von Ego

	Anteil männlicher Alteri im Netzwerk	Anteil weiblicher Alteri im Netzwerk
Ego - männlich	60,2%	39,8%
Ego - weiblich	39,3%	60,7%
Insgesamt	49,5%	50,5%

N = 950 genannte Alteri

Der Anteil der von Ego als sehr nahe eingestuften Beziehungen macht 44 Prozent aller Netzwerkkontakte aus. 35 Prozent werden als nahe Beziehungen und 21 Prozent als entfernte Beziehungen bezeichnet.

Abbildung 4:   Anteil der Beziehungen im Netzwerk nach Beziehungsnähe

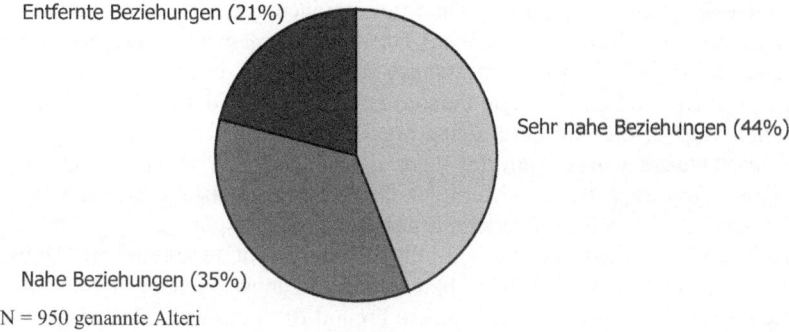

Entfernte Beziehungen (21%)

Sehr nahe Beziehungen (44%)

Nahe Beziehungen (35%)

N = 950 genannte Alteri

Die sehr nahen Beziehungen setzen sich zu 83 % aus Familie und Verwandtschaft zusammen, 14 % sind Freunde und drei Prozent Bekannte[12]. Bei den nahen Beziehungen machen die Freunde den größten Anteil mit 40 % aus. Der Anteil der Familienmitglieder und Verwandten beträgt 34 % und der Anteil der Bekannten 26 %. Die entfernten Beziehungen bestehen zu 72 % aus den Bekannten, während der Anteil der Freunde und der Familie 15 % bzw. 13 % umfasst.

---

[12] Zu den Bekannten zählen Nachbarn, Arbeitskollegen, Vereinsmitglieder oder Bekannte.

Tabelle 4:   Anteil von Familie, Freunden und Bekannten nach Beziehungsnähe
              (Angaben in Spaltenprozent)

	Sehr nahe Beziehungen	Nahe Beziehungen	Entfernte Beziehungen
Familie	83%	34%	13%
Freunde	14%	40%	15%
Bekannte	3%	26%	72%

N = 53 Befragte

Diese Ergebnisse sind nicht überraschend, da die Beziehungen zu Familienangehörigen in
der Regel von einer hohen Emotionalität geprägt sind, während die Beziehungen zu Freunden und Bekannten eher von „normaler" Nähe oder Distanz gekennzeichnet sind.

7.3 Berechnung der Strukturmaße

Die Netzwerkinformationen für die Befragung wurden in verschiedenen Maßen so erfasst,
dass das Spektrum der im Datensatz enthaltenen Informationen mit Hilfe von Strukturma-
ßen angemessen wiedergegeben werden kann. Die Informationen, die sich auf die Attribute
der Alteri (von Ego genannte Netzwerkpersonen) beziehen, wurden in Diversitätsmaßen
(IQV Index[13]) zur Rolle der Alteri, Alter und Status wiedergegeben. Der Status wurde gebildet, indem die Angaben von Ego (befragte Person) zu den Berufen der Alteri der ISCO-
Skala 88 zugeordnet wurden, die den beruflichen Status wiedergibt. Über die Verteilung
des Berufsstatus im Netzwerk wurde dann der Index der Qualitativen Variation (IQV Index) berechnet. Die Netzwerkgröße und Multiplexität erfasst die Anzahl der Alteri, zu
denen mehrere Beziehungen von Ego unterhalten werden. Zum Beispiel geht Ego mit einem Freund gemeinsam bowlen und der Freund hilft Ego bei Reparaturarbeiten am Haus,
so sind beide über mehr als eine Interaktions- bzw. Unterstützungsbeziehung miteinander
verbunden. Die Beziehung zwischen Ego und seinem Freund ist multiplex. Würde Ego mit
Alter nur gemeinsam bowlen gehen und es gäbe keinen weiteren Unterstützungs- oder
Interaktionszusammenhang, dann wäre die Beziehung uniplex. Die Reziprozität gibt den
Anteil der Alteri wieder, die in einem wechselseitigen Austauschverhältnis zu Ego stehen.
Da die Informationen zur Kontakthäufigkeit der Alteri nur ordinal skaliert erhoben wurden,
mussten die Ausprägungen der Kontakthäufigkeit zu den Alteri zu neuen Kategorien zu-
sammengefasst und Anteilswerte berechnet werden, die eine metrische Analyse ermöglich-
ten. Die neu gebildete Kategorie „Alteri, zu denen häufig Kontakt besteht" umfasst die
Ausprägungen „täglich" und „mehrmals die Woche" der Variable Kontakthäufigkeit. Die
Variable Rollendiversität ist faktisch nicht unabhängig von der Variable „Anteil Verwandte
im Netzwerk" (hier ist eine formale Korrelation möglich). Die Vorstellungshomogenität
gibt den Anteil der Alteri wieder, für die Ego angibt, dass ihre Vorstellungen über das Leben absolut übereinstimmen bzw. ähnlich sind.

---

[13] Siehe dazu Hennig 2006, sowie Mueller und Schuessler 1977

Tabelle 5: Mittelwerte und Standardabweichung der Strukturvariablen

	Mittelwert	Standardabweichung
Netzgröße	17.92	7.43
Rollendiversität (IQV Index)	0.67	0.20
Statusdiversität (IQV Index)	0.54	0.29
Altersdiversität (IQV Index)	0.83	0.11
Multiplexität	0.32	0.18
Reziprozität	0.31	0.19
Anteil Alteri, zu denen häufiger Kontakt besteht	0.26	0.15
Anteil Verwandte am Netzwerk	0.52	0,19
Anteil Alteri mit ähnlichen Vorstellungen am Netzwerk	0.61	0.19

N = 53 Befragte

Die egozentrierten Netzwerke weisen im Durchschnitt einen relativ hohen Anteil an Verwandten auf, oder anders gesagt: Etwas mehr als die Hälfte aller Netzwerkpersonen sind Verwandte und Familienmitglieder. Die restlichen Netzwerkkontakte umfassen jedoch viele verschiedene Rollenbeziehungen, wie Freunde, Nachbarn, Arbeitskollegen, Vereinsmitglieder und sonstige Bekannte. Die hohe Altersdiversität verweist darauf, dass die Alterszusammensetzung in den Netzwerken sehr heterogen ist, was vermutlich mit dem hohen Anteil an Verwandten im Netzwerk zusammenhängt. Die Statusdiversität liegt dagegen im mittleren Bereich, was bedeutet, dass sich die Alteri in den Netzwerken von ihrem beruflichen Status her ähneln, also eher homogen sind. Ein großer Teil der Netzwerkpersonen hat ähnliche Vorstellungen und Einstellungen zum Leben wie Ego. Das trifft auf 61 Prozent der genannten Alteri zu. Die Multiplexität und auch die Reziprozität in den Netzwerken liegt durchschnittlich bei knapp einem Drittel, was bedeutet, dass ca. 30 Prozent der Beziehungen zwischen Ego und seinen Alteri über mehrere Unterstützungsleistungen verbunden sind und dass die gegebene Unterstützung von 30 Prozent der Kontakte erwidert wird. Diese Zahlen erscheinen angesichts des hohen Anteils an Familienbeziehungen an allen Netzwerkbeziehungen zunächst nicht sehr hoch. Da die abgefragten Unterstützungsleistungen[14] für die Berechnungsgrundlage jedoch sehr unterschiedliche Kompetenzen und Ressourcen der Alteri erforderten, ist ein Anteil von rund 30 Prozent als normal einzustufen.

Differenziert man die durchschnittlichen Netzwerkkennzahlen nach dem Geschlecht der befragten Person, ergibt sich zwischen Männern und Frauen nur bei der Multiplexität eine signifikante Differenz. Frauen verfügen über mehr (10 Prozent) multiplexe Beziehungen als Männer.

---

[14] Gefragt wurde nach gegebenem Rat bei wichtigen Angelegenheiten, gegebener Hilfe bei Jobfragen, geleisteter Pflege bei ernsthaften Erkrankungen, Hilfe bei Wohnungsrenovierungen oder Umzug, Hilfe bei der PC-Nutzung, dem Dasein für die Person, als sie jemanden brauchte, um über Ihre Sorgen oder Ärger zu sprechen, und geleisteter finanzieller Unterstützung.

Tabelle 6: Mittelwerte und Standardabweichung der Strukturvariablen nach Geschlecht

	Männer	Frauen
Netzgröße	17.96	17.89
Rollendiversität (IQV Index)	0.71	0.64
Statusdiversität (IQV Index)	0.54	0.55
Altersdiversität (IQV Index)	0.85	0.81
Multiplexität	0.27*	0.37*
Reziprozität	0.28	0.35
Anteil Alteri, zu denen häufiger Kontakt besteht	0.24	0.28
Anteil Verwandte am Netzwerk	0.48	0.56
Anteil Alteri mit ähnlichen Vorstellungen am Netzwerk	0.60	0.63

*Beidseitig signifikant >0,05

Aber auch der Anteil reziproker Beziehungen und Verwandter im Netzwerke ist bei den Frauen höher als bei den Männern. Darüber hinaus haben Männer eine etwas höhere Rollendiversität in ihren Netzwerken.

Zwischen den drei Altersgruppen finden wir bei keiner der Netzwerkkennzahlen signifikante Unterschiede. Jedoch zeigt der Vergleich zwischen den Kategorien, dass die Netzwerkgröße mit zunehmendem Alter abnimmt, ebenso die Rollendiversität, die Multiplexität, die Reziprozität und die Kontakthäufigkeit. Dagegen nimmt der Anteil der Verwandten im Netzwerk mit zunehmendem Alter zu.

Tabelle 7: Mittelwerte und Standardabweichung der Strukturvariablen nach
             Altersgruppen

	30-39 Jahre	40-49 Jahre	50-61 Jahre
Netzgröße	20.09	19.20	15.05
Rollendiversität (IQV Index)	0.73	0.67	0.61
Statusdiversität (IQV Index)	0.56	0.61	0.50
Altersdiversität (IQV Index)	0.83	0.89	0.82
Multiplexität	0.37	0.26	0.30
Reziprozität	0.38	0.27	0.27
Anteil Alteri, zu denen häufiger Kontakt besteht	0.30	0.26	0.22
Anteil Verwandte am Netzwerk	0.49	0.54	0.55
Anteil Alteri mit ähnlichen Vorstellungen am Netzwerk	0.57	0.66	0.64

keine Signifikanzen

Eine Varianzanalyse über das metrische Alter in Monaten zeigt, dass die Abnahme einiger Maße über die Altersgruppen kein Zufall ist, sondern dass diese auf signifikanten Unterschieden basieren. So nimmt pro Altersmonat die Netzwerkgröße um 0,02 Personen ab. Auch die Abnahme von Rollendiversität, Reziprozität und Kontakthäufigkeit sind mit zunehmendem Alter signifikant (siehe Anhang, Abbildungen A1.1-A1.4).

Diese Beschreibung der Daten gibt uns zunächst nur einen allgemeinen Eindruck über die gefundenen Netzwerke und ihre Strukturen. Um uns der Frage anzunähern, inwieweit es einen Zusammenhang zwischen Habitus (Milieu, Gesellungsstil) und Netzwerkstrukturen gibt, werden wir im nächsten Teil die Netzwerke und ihre Strukturen für die gefundenen neun Milieutypen und die neun Gesellungsstile näher beschreiben.

7.4 Netzwerkbeziehungen in den Milieutypen

Die Ziffern in Klammern geben die Summen der befragten Personen an, die den jeweiligen Milieus bzw. Gesellungsstilen zugeordnet werden konnten. Wo es uns sinnvoll erschien, haben wir vergleichende Querverweise zu anderen Gruppen aufgenommen. Ein systematischer Vergleich über die von uns verwendeten Netzwerkkennzahlen über alle Milieus und Gesellungsstile befindet sich im Anhang (siehe Anhang, Tabelle A1).

Netzwerke für den Typus der Postmaterialisten (7)
Die Netzwerkgröße bei den Postmaterialisten variiert von 12 bis 25 Personen. Sie beträgt im Durchschnitt 16 Personen und ist damit etwas kleiner als die durchschnittliche Netzgröße für alle Befragten. Fünf der sieben Personen haben ähnlich große Netzwerke (zwischen 12 und 15 Personen). Demgegenüber stehen zwei Personen, die mehr als 20 Personen im Netzwerk haben.

Abbildung 5:   Anteil der Beziehungen im Netzwerk nach Beziehungsnähe (der postmaterialistische Typus)

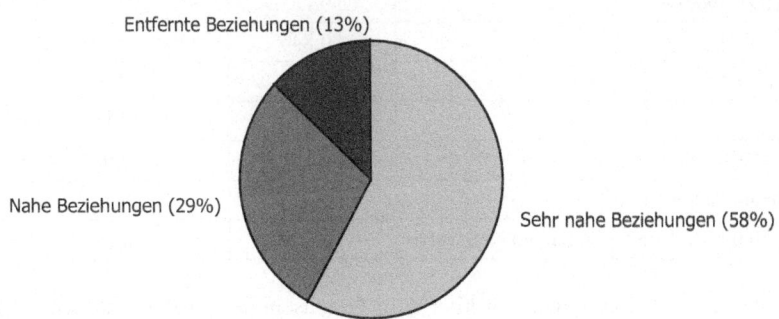

58 Prozent der Beziehungen in diesen Netzwerken zählen zu den sehr nahen Beziehungen, 29 Prozent zu den nahen Beziehungen und 13 Prozent zu den entfernten Beziehungen. Damit finden sich in diesem Typus überdurchschnittlich viele Beziehungen zu Personen, die den Befragten sehr nahe stehen (siehe Abbildung 5).

Die Beziehungen zu den sehr nahe stehenden Alteri sind größtenteils Familienbeziehungen (90 %), aber auch bei den nahen Beziehungen dominieren die Familien. Erstaunlich ist auch der hohe Anteil an Familie bei den entfernten Beziehungen, was darauf hinweist, dass einerseits Familienbeziehungen in den Netzwerken dieses Typs dominieren, diese aber andererseits nicht immer mit emotionaler Nähe einhergehen (siehe Tabelle 8).

Tabelle 8:   Anteil von Familie, Freunden und Bekannten nach Beziehungsnähe
(der postmaterialistische Typus, Angaben in Spaltenprozent)

	Sehr nahe Beziehungen	Nahe Beziehungen	Entfernte Beziehungen
Familie	90%	52%	33%
Freunde	9%	22%	7%
Bekannte	1%	26%	60%

Die Strukturdaten für den Typus der Postmaterialisten zeigen, dass die durchschnittliche Netzgröße etwas kleiner ist, als der Durchschnitt der Netzgröße für alle Befragten (siehe Tabelle 9). Die Rollendiversität liegt ebenfalls unter dem Durchschnitt, was darauf hinweist, dass die meisten Beziehungen zu einem Rollentyp gehören und diesbezüglich keine große Varianz in den Netzwerken vorhanden ist. Dies sind vor allem Familienangehörige und Verwandte, denn der Anteil dieser Gruppe an den Netzwerken der Postmaterialisten liegt mit 69 Prozent nicht nur über dem Durchschnitt aller Befragten, sondern ist auch insgesamt sehr hoch.

Tabelle 9:   Mittelwerte und Standardabweichung der Strukturvariablen
(der postmaterialistische Typus)

	Mittelwert	Standardabweichung
Netzgröße	15.86	5,11
Rollendiversität (IQV Index)	0.19	0.28
Statusdiversität (IQV Index)	0.78	0.14
Altersdiversität (IQV Index)	0.84	0.12
Multiplexität	0.27	0.19
Reziprozität	0.21	0.19
Anteil Alteri, zu denen häufiger Kontakt besteht	0.15	0.09
Anteil Verwandte am Netzwerk	0.69	0.22
Anteil Alteri mit ähnlichen Vorstellungen am Netzwerk	0.56	0.17

Die Statusdiversität liegt ebenfalls deutlich über dem Durchschnitt von 0.54 und gibt an, dass die Alteri in den Netzwerken in ihrem beruflichen Status recht heterogen sind. Die Altersdiversität in diesen Netzwerken ist auch hier wie bei allen Befragten sehr hoch. Beide Maße hängen stark mit der hohen Anzahl von Familienbeziehungen zusammen, da diese sowohl bezüglich des Alters als auch des beruflichen Status eher heterogen sind. Multiplexität und Reziprozität liegen deutlich unter dem Durchschnitt für die Netzwerke aller Befragten. Das heißt, dass die Unterstützungsbeziehungen recht einseitig bleiben und von sehr unterschiedlichen Personen im Netzwerk gegeben bzw. empfangen werden. 56 Prozent der Alteri teilen ähnliche Vorstellungen und Einstellungen zum Leben wie Ego, was im Durchschnitt fünf Prozent weniger sind als bei allen Befragten. Nur 15 Prozent der Alteri haben häufigen Kontakt zu Ego, was deutlich vom Durchschnitt für alle Befragten (26 %) abweicht.

Netzwerke für den Typus der alternativ-sozial Engagierten (7)
Die durchschnittliche Netzgröße der alternativ-sozial Engagierten ist mit 15 Personen deutlich kleiner als die durchschnittliche Netzgröße aller Befragten. Dabei variiert die Netzgröße ähnlich stark wie bei den Postmaterialisten von 9 bis 25 Personen, verteilt sich aber gleichmäßiger über die Personen.

Die Anzahl der entfernten Beziehungen ist bei allen Personen relativ niedrig und beträgt durchschnittlich zwölf Prozent (siehe Abbildung 6).

Abbildung 6:   Anteil der Beziehungen im Netzwerk nach Beziehungsnähe
(der alternativ-sozial engagierte Typus)

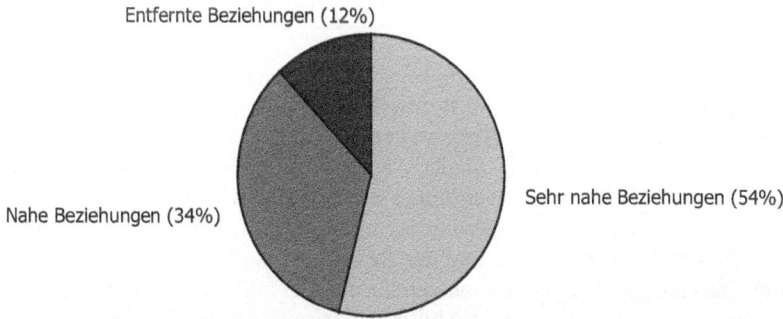

Knapp die Hälfte aller Beziehungen werden als sehr nah bezeichnet und 34 Prozent als nah.
Auch hier bestehen sehr enge Beziehungen (87 %) aus Familienbeziehungen und 13 Prozent aus Freundschaften (siehe Tabelle 10).

Tabelle 10: Anteil von Familie, Freunden und Bekannten nach Beziehungsnähe
(der alternativ-sozial engagierte Typus, Angaben in Spaltenprozent)

	Sehr nahe Beziehungen	Nahe Beziehungen	Entfernte Beziehungen
Familie	87%	28%	0%
Freunde	13%	57%	0%
Bekannte	0%	15%	100%

Nah sind die Beziehungen hauptsächlich zu Freunden (57 %), 28 Prozent aller nahen Beziehungen bestehen zu Familienmitgliedern und 15 Prozent zu Nachbarn, Arbeitskollegen, Vereinsmitgliedern oder Bekannten. Die entfernten Beziehungen bestehen ausschließlich zu Bekannten, Nachbarn, Arbeitskollegen und Vereinsmitgliedern. Bei der Zusammensetzung der Netzwerke nach Familienmitgliedern, Freunden und Bekannten sehen wir deutliche Unterschiede bei den nahen und entfernten Beziehungen gegenüber den Postmaterialisten, bei denen nahe Beziehungen vor allem Familienbeziehungen sind. Selbst entfernte Beziehungen bestehen bei den Postmaterialisten noch zu 33 Prozent zu Familienmitgliedern.

Tabelle 11: Mittelwerte und Standardabweichung der Strukturvariablen
(der alternativ-sozial engagierte Typus)

	Mittelwert	Standardabweichung
Netzgröße	15.00	5.5
Rollendiversität (IQV Index)	0.67	0.13
Statusdiversität (IQV Index)	0.55	0.34
Altersdiversität (IQV Index)	0.84	0.10
Multiplexität	0.31	0.16
Reziprozität	0.28	0.14
Anteil Alteri, zu denen häufiger Kontakt besteht	0.20	0.17
Anteil Verwandte am Netzwerk	0.58	0.11
Anteil Alteri mit ähnlichen Vorstellungen am Netzwerk	0.61	0.23

Die Rollendiversität im Netzwerk ist deutlich höher als bei den Postmaterialisten und entspricht der durchschnittlichen Verteilung aller Befragten. Das bedeutet, dass es eine höhere Durchmischung von Familienmitgliedern, Verwandten, Freunden, Vereinsmitgliedern und Bekannten in den Netzwerken gibt. Dabei ist der Anteil der Familienmitglieder und Verwandten im Netzwerk mit 58 Prozent etwas höher als der Durchschnitt aller Befragten (52 %). Dennoch sind die Alteri in den Netzwerken in Bezug auf den beruflichen Status eher homogen, sowie auch bei den Netzwerken der Befragten insgesamt. Auch die Altersdiversität, Multiplexität und die Reziprozität entspricht im Wesentlichen dem Durchschnitt aller Befragten. Vergleicht man jedoch die Multiplexität und die Reziprozität mit den Netzwerken der Postmaterialisten, so werden die Unterstützungsleistungen der alternativ-sozial Engagierten häufiger erwidert und umfassen auch häufiger mehrfach Leistungen von ein und derselben Person. Der Anteil an Alteri mit ähnlichen Lebensvorstellungen und Einstellungen von 61 Prozent unterscheidet sich ebenfalls nicht vom Durchschnitt der Netzwerke aller Befragten. Allerdings liegt der Anteil der Alteri, zu denen häufig Kontakt besteht, mit 20 Prozent unter dem Durchschnitt aller Befragten.

Netzwerke für den sozial-ökologischen Typus (7)
Die durchschnittliche Netzgröße des sozial-ökologischen Typus beträgt 17,3 Personen und entspricht damit knapp dem Durchschnitt der Netzgröße aller Befragten und variiert relativ stark von 9 bis 26 Personen.

Dabei lassen sich grob zwei Gruppen unterscheiden. Die eine Gruppe besteht aus drei Personen und hat zwischen 9 und 13 Personen im Netzwerk. Die andere Gruppe, bestehend aus vier Personen, nannte zwischen 19 und 26 Alteri. Die größte Varianz finden wir bei den genannten Personen für die sehr nahen Beziehungen, was nicht verwundert, denn die Personen mit den größeren Netzwerken haben in diesem Typ auch deutlich mehr Beziehungen, die sich durch große Nähe auszeichnen.

Abbildung 7: Anteil der Beziehungen im Netzwerk nach Beziehungsnähe (der sozial-ökologische Typus)

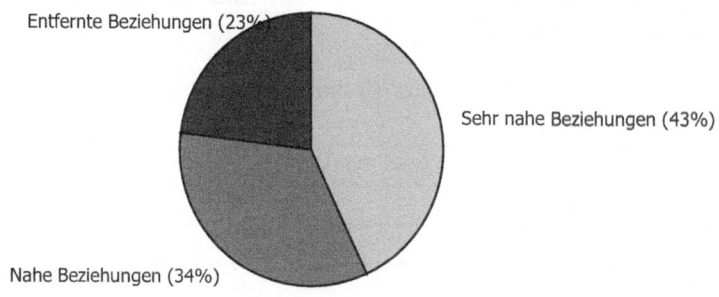

Entfernte Beziehungen (23%)

Sehr nahe Beziehungen (43%)

Nahe Beziehungen (34%)

Auch in der Nähe der Beziehungen finden wir hier Differenzen zu den Postmaterialisten und den alternativ-sozial Engagierten, denn durchschnittlich 43 Prozent der Beziehungen werden als sehr nah bezeichnet (Abbildung 7). Das sind ca. zehn Prozent weniger als bei den Postmaterialisten und alternativ-sozial Engagierten. Diese 43 Prozent setzen sich zu 79 Prozent aus Familienmitgliedern, zu 19 Prozent aus Freunden und zu einem marginalen Anteil (zwei Prozent) aus sonstigen Kontakten (Nachbarn, Arbeitskollegen, Vereinsmitglieder oder Bekannte) zusammen (siehe Tabelle 12).

Tabelle 12: Anteil von Familie, Freunden und Bekannten nach Beziehungsnähe (der sozial-ökologische Typus , Angaben in Spaltenprozent)

	Sehr nahe Beziehungen	Nahe Beziehungen	Entfernte Beziehungen
Familie	79%	46%	10%
Freunde	19%	38%	29%
Bekannte	2%	16%	61%

34 Prozent der Beziehungen werden im Durchschnitt als nah bezeichnet und setzen sich zu 46 Prozent aus Familie und 38 Prozent Freunden zusammen. Die entfernten Beziehungen spielen hier mit einem Anteil von 23 Prozent der Beziehungen eine größere Rolle als bei den Postmaterialisten und den alternativ-sozial Engagierten. 61 Prozent der Beziehungen bestehen hier zu Nachbarn, Arbeitskollegen, Vereinsmitglieder oder Bekannte, 29 Prozent zu Freunden und zehn Prozent zu Familienmitgliedern.

Die Rollendiversität liegt über dem Durchschnitt bei den Befragten insgesamt und ist deutlich höher als bei den Postmaterialisten und den alternativ-sozial Engagierten. Auch der Anteil der Verwandten am Netzwerk ist niedriger als der Gesamtdurchschnitt und bei den bisher betrachteten Typen. Dies bedeutet, dass die Rollenzusammensetzung (Familie, Freunde usw.) im Netzwerk recht heterogen ist. Hingegen ist die Statusdiversität sowohl bezogen auf den Gesamtdurchschnitt als auch die anderen beiden Typen am niedrigsten, was auf relativ homogene Netzwerke in Bezug auf den beruflichen Status hinweist. Auch die Altersverteilung in den Netzwerken ist deutlich geringer als im Gesamtdurchschnitt, das heißt auch hier gibt es eine Tendenz in Richtung Homogenität. Der hohe Anteil an Personen mit ähnlichen Vorstellungen und Einstellungen zum Leben wie Ego (66 %) verstärkt diesen Eindruck von homogenen Netzwerken. 31 Prozent der Alteri stehen in einem regelmäßigen Kontakt zu Ego, was ebenfalls über dem Durchschnitt aller Befragten liegt. Die Multiplexität der Beziehungen ist jedoch unterdurchschnittlich, während die Reziprozität nur knapp unter dem Durchschnitt liegt, d.h., dass 30 Prozent der Hilfeleistungen zwischen Ego und seinen Alteri wechselseitig erfolgen.

Tabelle 13: Mittelwerte und Standardabweichung der Strukturvariablen
(der sozial-ökologische Typus)

	Mittelwert	Standardabweichung
Netzgröße	17.29	6.12
Rollendiversität (IQV Index)	0.71	0.16
Statusdiversität (IQV Index)	0.48	0.29
Altersdiversität (IQV Index)	0.78	0.09
Multiplexität	0.26	0.15
Reziprozität	0.30	0.14
Anteil Alteri, zu denen häufiger Kontakt besteht	0.31	0.09
Anteil Verwandte am Netzwerk	0.50	0.18
Anteil Alteri mit ähnlichen Vorstellungen am Netzwerk	0.66	0.19

Netzwerke des konsumorientierten Typus (3)
In diesem Typus finden sich nur drei Personen wieder, so dass die durchschnittliche Netzgröße zwar etwas über 16 Personen umfasst, diese variiert aber zwischen 11, 18 und 20 Personen. Die beiden Befragten mit den größeren Netzwerken unterscheiden sich wiederum insofern voneinander, dass die Beziehungen der einen Person hauptsächlich auf großer Nähe basieren, während das Netzwerk der zweiten Person bezüglich der Beziehungsnähe sehr viel diverser ist.

Abbildung 8: Anteil der Beziehungen im Netzwerk nach Beziehungsnähe (der konsumorientierte Typus)

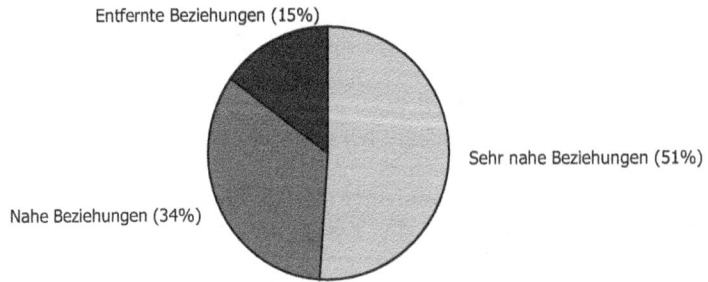

Entfernte Beziehungen (15%)

Sehr nahe Beziehungen (51%)

Nahe Beziehungen (34%)

Die sehr nahen Beziehungen (siehe Abbildung 8) nehmen knapp die Hälfte aller Beziehungen ein (51 %), wobei diese fast ausschließlich zu Familienmitgliedern bestehen (93 %). Ein Drittel der Beziehungen (34 %) basiert auf Nähe und besteht auch hier zum Großteil zu

Familienmitgliedern (54 %). Freunde (20 %) und sonstige Beziehungen (26 %) sind bei den nahen Beziehungen ungefähr gleich verteilt.

Tabelle 14: Anteil von Familie, Freunden und Bekannten nach Beziehungsnähe
(der konsumorientierte Typus, Angaben in Spaltenprozent)

	Sehr nahe Beziehungen	Nahe Beziehungen	Entfernte Beziehungen
Familie	93%	54%	21%
Freunde	7%	20%	0%
Bekannte	0%	26%	79%

Die entfernten Beziehungen (15 %) bestehen zu 79 Prozent zu Nachbarn, Arbeitskollegen, Vereinsmitglieder oder Bekannten und zu 21 Prozent zu Familienmitgliedern. Auch hier ist der Anteil der Familienmitglieder, zu denen man eher ein distanziertes Verhältnis hat, relativ groß.

Tabelle 15: Mittelwerte und Standardabweichung der Strukturvariablen
(der konsumorientierte Typus)

	Mittelwert	Standardabweichung
Netzgröße	16.33	4.7
Rollendiversität (IQV Index)	0.41	0.37
Statusdiversität (IQV Index)	0.50	0.46
Altersdiversität (IQV Index)	0.76	.019
Multiplexität	0.47	0.15
Reziprozität	0.49	0.19
Anteil Alteri, zu denen häufiger Kontakt besteht	0.29	0.18
Anteil Verwandte am Netzwerk	0.77	0.20
Anteil Alteri mit ähnlichen Vorstellungen am Netzwerk	0.59	0.17

Es verwundert nicht, dass die Rollendiversität bei dem hohen Anteil von Familienmitgliedern (77 %) am Netzwerk die niedrigste von allen Typen ist. Das heißt, dass die Netzwerke in Bezug auf die Beziehungsart (Familie, Freunde etc.) recht homogen sind. Die Statusdiversität liegt genau in der Mitte, was mit der geringen Fallzahl bei diesem Typus zusammenhängt. Der Wert kommt zustande, weil der berufliche Status der Alteri in dem kleinsten Netzwerk vollständig homogen ist, in den Netzwerken mit den 18 Alteri eher heterogen und bei dem größten Netzwerk fast vollständig heterogen ist. Darauf verweist die hohe Standardabweichung. Auch in Bezug auf die Alterszusammensetzung sind die Netzwerke der drei Befragten nicht ganz so heterogen wie im Gesamtdurchschnitt und bei den anderen bisher beschriebenen Typen. Die Multiplexität und auch die Reziprozität im Netzwerk ist überdurchschnittlich hoch, was bedeutet, dass fast die Hälfte aller Unterstützungsleistungen im Netzwerke erwidert werden und 43 Prozent der Alteri in den Netzwerken Ego mehrfach unterstützen. 29 Prozent der Kontakte zwischen Ego und seinen Alteri sind regelmäßig und

59 Prozent der genannten Netzwerkkontakte teilen mit Ego ähnliche Vorstellungen und Einstellungen zum Leben.

Netzwerke des hedonistischen Typus (9)
Die Personen des hedonistischen Typus haben mit durchschnittlich knapp 20 Alteri relativ große Netzwerke. Verglichen mit den anderen Typen sind dies die zweitgrößten Netzwerke nach dem bürgerlich humanistischen Typus, der später noch beschrieben wird.

Die Netzwerkgröße der Hedonisten zeigt eine deutlich geringere Variation als die anderen bisher betrachteten Typen. Acht der neun Personen haben zwischen 18 und 21 Personen im Netzwerk. Lediglich eine Person sticht mit 24 Personen etwas hervor.

Abbildung 9:   Anteil der Beziehungen im Netzwerk nach Beziehungsnähe (der hedonistische Typus)

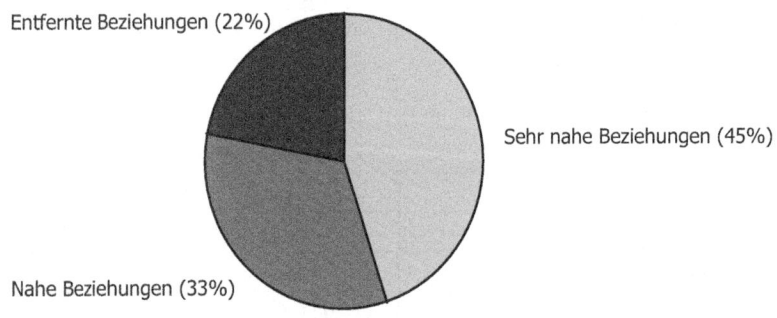

In der Verteilung der durchschnittlichen Nähe der Beziehungen weisen die Hedonisten eine erstaunliche Ähnlichkeit mit dem sozial–ökologischen Typus auf, denn wir finden zu 45 Prozent sehr nahe, zu 33 Prozent nahe und zu 22 Prozent entfernte Beziehungen (Abbildung 9).

Die Ähnlichkeit bleibt bestehen, wenn man sich die Rollenverteilung innerhalb der Kategorie der sehr nahen Beziehungen anschaut (Tabelle 16).

Tabelle 16: Anteil von Familie, Freunden und Bekannten nach Beziehungsnähe
            (der hedonistische Typus, Angaben in Spaltenprozent)

	Sehr nahe Beziehungen	Nahe Beziehungen	Entfernte Beziehungen
Familie	75%	18%	10%
Freunde	21%	51%	0%
Bekannte	4%	31%	90%

Hier werden 75 Prozent der Beziehungen der Familie zugeordnet und 21 Prozent den Freunden. Beziehungen zu anderen sind hier nur selten zu finden. Bei den nahen Beziehungen unterscheidet sich das Bild aber deutlich vom sozial-ökologischen Typus. Denn hier dominieren jetzt die Freundschaftsbeziehungen (51 %). Die Familie spielt bei den nahen Beziehungen mit einem Anteil von 18 Prozent nur noch eine untergeordnete Rolle, dafür wurden die Nachbarn, Vereinsmitglieder, Arbeitskollegen und Bekannten mit 31 Prozent überdurchschnittlich häufig genannt. Entfernte Beziehungen bestehen in der Hauptsache (90 %) zu Nachbarn, Arbeitskollegen, Vereinsmitglieder oder Bekannten.

Tabelle 17: Mittelwerte und Standardabweichung der Strukturvariablen
(der hedonistische Typus)

	Mittelwert	Standardabweichung
Netzgröße	19.78	1.86
Rollendiversität (IQV Index)	0.81	0.05
Statusdiversität (IQV Index)	0.56	0.27
Altersdiversität (IQV Index)	0.86	0.07
Multiplexität	0.37	0.17
Reziprozität	0.41	0.14
Anteil Alteri, zu denen häufiger Kontakt besteht	0.29	0.08
Anteil Verwandte am Netzwerk	0.45	0.07
Anteil Alteri mit ähnlichen Vorstellungen am Netzwerk	0.59	0.19

Die überdurchschnittlich hohe Rollendiversität verweist darauf, dass die Befragten viele Kontakte aus unterschiedlichen Kontexten haben, und die hohe Altersdiversität zeigt, dass auch in diesem Bereich die Netzwerkzusammensetzung sehr heterogen ist. Die Statusdiversität ist nicht allzu hoch ausgeprägt, was darauf hindeutet, dass die Netzwerke bezüglich des beruflichen Status eher ausgewogen sind. Multiplexität und Reziprozität im Netzwerk sind ähnlich denen des konsumorientierten Typus überdurchschnittlich hoch, was bedeutet, dass 41 Prozent aller Unterstützungsleistungen im Netzwerke erwidert werden und 37 Prozent der Alteri in den Netzwerken Ego mehrfach unterstützen. Wie bei den Konsumorientierten finden 29 Prozent der Kontakte zwischen Ego und seinen Alteri regelmäßig statt und 59 Prozent der genannten Netzwerkkontakte teilen ähnliche Vorstellungen und Einstellungen zum Leben mit Ego. Insgesamt finden wir bei den Netzwerkstrukturen dieses Typus einige Ähnlichkeiten zu denen der Konsumorientierten, aber auch zum sozial-ökologischen Milieu.

Netzwerke des kleinbürgerlichen Typus (6)
Die Netzwerke in diesem Typus umfassen im Durchschnitt 16,5 Personen. Dabei finden wir unterschiedliche Gruppen. Die erste besteht aus drei Personen, die 10 oder 12 Personen im Netzwerk nennen. Die zweite Gruppe umfasst ebenfalls drei Befragte, deren Netzwerkgrößen zwischen 19 und 24 Personen variieren.

Betrachtet man die Beziehungsnähe bei diesem Typus (Abbildung 10), so fällt auf, dass der Anteil der sehr nahen Beziehungen, im Gegensatz zu den bisher beschriebenen Typen, mit 34 Prozent sehr gering ist. Der größte Anteil der Beziehungen (44 %) liegt bei den Kontakten, die Ego als nah bezeichnet. 22 Prozent der Kontakte sind eher distanziert.

Abbildung 10: Anteil der Beziehungen im Netzwerk nach Beziehungsnähe
              (der kleinbürgerliche Typus)

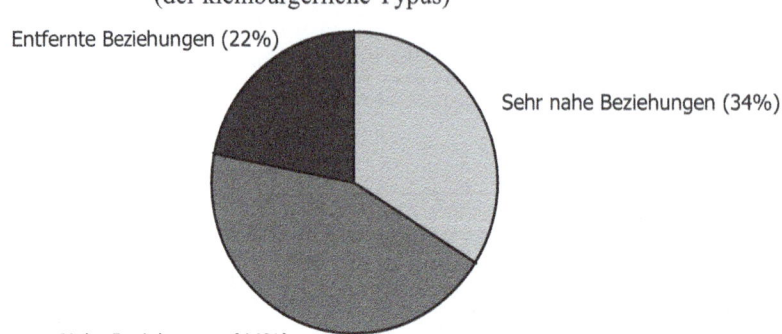

Wie bei den meisten Typen sind die Personen, zu denen eine sehr enge Verbindung besteht, größtenteils Familienmitglieder (83 %), der Rest sind Freunde (17 %).

Tabelle 18: Anteil von Familie, Freunden und Bekannten nach Beziehungsnähe
            (der kleinbürgerliche Typus, Angaben in Spaltenprozent)

	Sehr nahe Beziehungen	Nahe Beziehungen	Entfernte Beziehungen
Familie	83%	42%	23%
Freunde	17%	20%	0%
Bekannte	0%	38%	77%

Bei den nahen Beziehungen stehen die Freunde mit einem durchschnittlichen Anteil von 20 Prozent eher im Hintergrund. Auch hier spielen Familienmitglieder die größte Rolle (42 %), gefolgt von 38 Prozent der Beziehungen zu Nachbarn, Arbeitskollegen, Vereinsmitglieder oder Bekannten. Ungefähr drei Viertel (77 %) der entfernten Beziehungen besteht zu der letztgenannte Gruppe. Die 23 Prozent Familienmitglieder und Verwandte, die bei den entfernten Beziehungen genannt werden, sind überdurchschnittlich hoch, wenn auch nicht so hoch wie bei den Postmaterialisten. Dennoch scheint auch bei diesem Typus das Verhältnis zu einigen Familienmitgliedern eher distanziert zu sein.

Die eher durchschnittliche Rollendiversität (Tabelle 19) in den Netzwerken verweist auf eine breite Mischung der Handlungskontexte von Ego, während die niedrige Statusdiversität auf relativ homogene Netzwerke in Bezug auf den beruflichen Status der Alteri hindeutet. Der Anteil von Familie und Verwandtschaft im Netzwerke liegt mit 56 Prozent leicht über dem Durchschnitt aller Befragten.

Tabelle 19: Mittelwerte und Standardabweichung der Strukturvariablen
(der kleinbürgerliche Typus)

	Mittelwert	Standardabweichung
Netzgröße	16.50	5.92
Rollendiversität (IQV Index)	0.69	0.23
Statusdiversität (IQV Index)	0.40	0.26
Altersdiversität (IQV Index)	0.90	0.03
Multiplexität	0.33	0.15
Reziprozität	0.21	0.09
Anteil Alteri, zu denen häufiger Kontakt besteht	0.27	0.19
Anteil Verwandte am Netzwerk	0.56	0.20
Anteil Alteri mit ähnlichen Vorstellungen am Netzwerk	0.53	0.06

Dagegen ist die Altersdiversität in den Netzwerken überdurchschnittlich hoch, was darauf hinweist, dass in den Netzwerken verschiedene Generationen miteinander vereint sind. Die Multiplexität entspricht dem Durchschnitt der Netzwerke aller Befragten, während der niedrige Anteil an reziproken Beziehungen auf eine geringe wechselseitige Unterstützung hinweist. Auffällig ist, das Ego nur mit 53 Prozent der Alteri ähnliche Einstellungen und Vorstellungen über das Leben teilt, was möglicherweise mit der hohen Altersdiversität zusammenhängt. Zu ca. einem Viertel (27 %) der Alteri besteht häufiger Kontakt, was dem Durchschnitt bei allen Befragten entspricht.

Netzwerke des konservativen Typus (4)
Die Netzwerke des konservativen Typus sind im Durchschnitt etwas kleiner als die im kleinbürgerlichen Typus und umfassen ca. 14 Personen. Dabei streut die Anzahl der Personen zwischen 9 und 21 Netzwerkpersonen.

Die Verteilung der Beziehungen nach der emotionalen Nähe zeigt eine ähnliche Tendenz wie beim kleinbürgerlichen Typus (Abbildung 11).

Abbildung 11: Anteil der Beziehungen im Netzwerk nach Beziehungsnähe
(der konservative Typus)

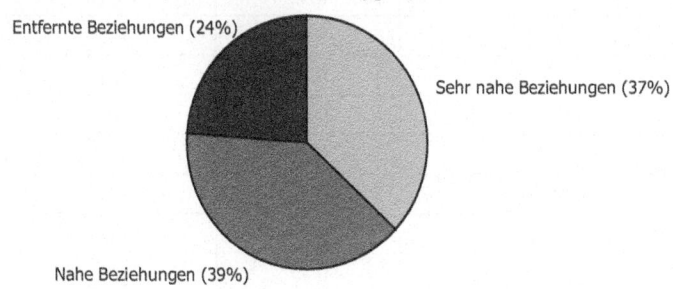

Entfernte Beziehungen (24%)

Sehr nahe Beziehungen (37%)

Nahe Beziehungen (39%)

Bei den nahen Beziehungen werden mit 39 Prozent die meisten Personen genannt, bei den sehr nahen Beziehungen sind es noch 37 Prozent und bei den entfernten Beziehungen sind es 24 Prozent.

Allerdings verschwindet bei der Zusammensetzung der jeweiligen Beziehungsarten die Ähnlichkeit mit dem kleinbürgerlichen Typus. 95 Prozent der sehr nahen Beziehungen sind Familienbeziehungen und es werden gerade fünf Prozent Freunde genannt (Tabelle 20).

Tabelle 20: Anteil von Familie, Freunden und Bekannten nach Beziehungsnähe
(der konservative Typus, Angaben in Spaltenprozent)

	Sehr nahe Beziehungen	Nahe Beziehungen	Entfernte Beziehungen
Familie	95%	25%	14%
Freunde	5%	46%	0%
Bekannte	0%	29%	86%

Bei den nahen Beziehungen sind es dagegen die Freunde, die am häufigsten genannt werden, während der Anteil an Familien und Bekanntschaftsbeziehungen hier ungefähr gleich verteilt ist. Die entfernten Beziehungen bestehen zum größten Teil aus Kontakten zu Nachbarn, Arbeitskollegen, Vereinsmitgliedern und Bekannten (86 %) und 14 Prozent sind Familien- und Verwandtschaftsbeziehungen.

Die Rollendiversität in den Netzwerken dieses Typus ist überdurchschnittlich. Da die Standardabweichung recht niedrig ist, gibt es hier auch kaum Unterschiede zwischen den vier Netzwerken. Das heißt, dass die Kontakte der Befragten durchgehend aus recht unterschiedlichen Kontexten stammen. Das wird durch den verhältnismäßig niedrigen Anteil an Familien und Verwandtschaftsbeziehungen (47 %) in den Netzwerken bestätigt. Die Statusdiversität ist die niedrigste, die wir bisher gefunden haben. Mit anderen Worten, die meisten Alteri in den Netzwerken haben einen ähnlichen beruflichen Status.

Tabelle 21: Mittelwerte und Standardabweichung der Strukturvariablen
(der konservative Typus)

	Mittelwert	Standardabweichung
Netzgröße	14.25	5,4
Rollendiversität (IQV Index)	0.75	0.10
Statusdiversität (IQV Index)	0.30	0.36
Altersdiversität (IQV Index)	0.86	0.16
Multiplexität	0.35	0.16
Reziprozität	0.38	0.18
Anteil Alteri, zu denen häufiger Kontakt besteht	0.46	0.12
Anteil Verwandte am Netzwerk	0.47	0.11
Anteil Alteri mit ähnlichen Vorstellungen am Netzwerk	0.77	0.11

Die Altersdiversität ist überdurchschnittlich hoch und verweist auf eine heterogene Alters-zusammensetzung. Der Anteil der Alter, mit denen Ego regelmäßig Kontakt hat, liegt in diesen Netzwerken deutlich über dem Durchschnitt (46 %). Auch die Reziprozität und die Multiplexität sind überdurchschnittlich hoch. Berücksichtigt man noch, dass 77 Prozent der Alteri ähnliche Lebenseinstellungen und Vorstellungen haben wie Ego, dann deutet es darauf hin, dass die Netzwerke strukturell äußerst homogen und harmonisch sind.

Netzwerke des traditionsverwurzelten Typus (5)
Die durchschnittliche Anzahl der genannten Alteri ist in diesem Typus relativ hoch (ca. 19 Personen), was aber im Wesentlichen durch einen Ausreißer verursacht wird, der 41 Perso-nen angegeben hat. Würde man diesen nicht berücksichtigen, würde die durchschnittliche Personenzahl um ca. ein Drittel auf 13 Personen sinken.

Die Netzwerkgröße in diesem Typus streut zwischen 7 und 41 Personen, was die Be-schreibung sehr schwierig macht, da durch das sehr große Netzwerk von einer Person die Durchschnittsangaben stark verzerrt werden. So ist der, unter allen Milieutypen, höchste Anteil an entfernten Beziehungen (Abbildung 12) nicht zuletzt durch den bereits erwähnten Ausreißer verursacht.

Abbildung 12: Anteil der Beziehungen im Netzwerk nach Beziehungsnähe (der traditionsverwurzelte Typus)

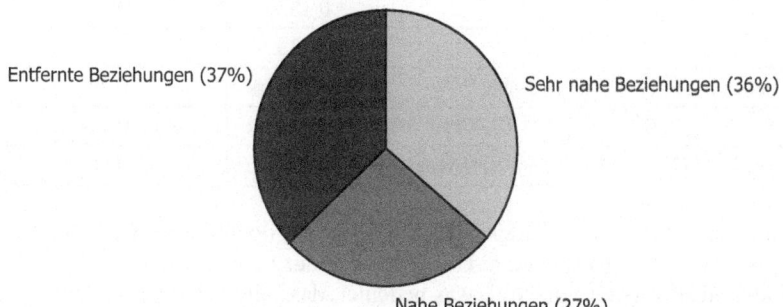

Während die sehr nahen Beziehungen 36 Prozent aller Netzwerkkontakte ausmachen, sind 27 Prozent nahe Beziehungen.

Die Familienbeziehungen stellen zwei Drittel der sehr nahen Kontakte und 30 Prozent der nahen (Tabelle 22). Freunde sind 18 Prozent der sehr nahen, 33 Prozent der nahen und 35 Prozent der entfernten Beziehungen.

Tabelle 22: Anteil von Familie, Freunden und Bekannten nach Beziehungsnähe (der traditionsverwurzelte Typus, Angaben in Spaltenprozent)

	Sehr nahe Beziehungen	Nahe Beziehungen	Entfernte Beziehungen
Familie	66%	30%	0%
Freunde	18%	33%	35%
Bekannte	16%	37%	65%

Interessant ist die Verteilung der Bekannten, Arbeitskollegen, Vereinsmitglieder und Nachbarn, die zu 16 Prozent zu den sehr engen Beziehungen zählen. Bei den nahen Kontakten erreichen sie mit 37 Prozent sogar einen höheren Anteil als die Freundes- und Familienbeziehungen. 65 Prozent der Bekannten zählen zu den entfernten Beziehungen.

Die nachfolgende Tabelle zeigt, dass die Rollendiversität bei den Netzwerken dieses Typus überdurchschnittlich hoch ist, was aber nicht durch den Ausreißer verursacht wird, sondern tatsächlich für alle Netzwerke gilt. Dies zeigt uns, dass die Netzwerkpersonen auch hier aus recht unterschiedlichen Kontexten kommen. Bekräftigt wird dies durch den sehr niedrigen Anteil an Familien- und Verwandtschaftsbeziehungen, die lediglich 32 Prozent auf sich vereinen.

Tabelle 23: Mittelwerte und Standardabweichung der Strukturvariablen
(der traditionsverwurzelte Typus)

	Mittelwert	Standardabweichung
Netzgröße	18.80	13.23
Rollendiversität (IQV Index)	0.77	0.12
Statusdiversität (IQV Index)	0.55	0.33
Altersdiversität (IQV Index)	0.86	0.08
Multiplexität	0.18	0.15
Reziprozität	0.13	0.10
Anteil Alteri, zu denen häufiger Kontakt besteht	0.20	0.20
Anteil Verwandte am Netzwerk	0.32	0.17
Anteil Alteri mit ähnlichen Vorstellungen am Netzwerk	0,57	0.26

Die Statusdiversität ist auf den ersten Blick recht ausgewogen, doch die relativ hohe Standardabweichung belehrt uns eines Besseren. Das Netzwerk der Personen mit nur 9 genannten Alteri hat eine Statusdiversität von Null, was bedeutet, dass alle Personen in dem Netzwerk den gleichen beruflichen Status aufweisen, während die Statusdiversität in dem Netzwerk mit 41 Personen 0.86 beträgt. Hier ist das Netzwerk in Bezug auf den beruflichen Status äußerst heterogen. Die Altersdiversität streut dagegen kaum, denn in allen Netzwerken befinden sich Personen aus unterschiedlichen Altersgruppen. Die Multiplexität ist sehr niedrig, jedoch trifft dies wiederum nicht auf das kleinste Netzwerk zu, denn hier gibt Ego an, dass 43 Prozent der genannten Alteri Mehrfachunterstützung geben. Die gleiche Ausnahme gilt für die Reziprozität, denn auch hier ist der Anteil an wechselseitigen Unterstützungen mit 29 Prozent deutlich höher als der Durchschnitt (13 %) in den anderen Netzwerken dieses Typus. Dies gilt ebenso für die Kontakthäufigkeit (43 % haben regelmäßigen Kontakt zu Ego) und die Ähnlichkeit in den Lebensvorstellungen zwischen Ego und seinen Alteri. Hier gibt der Befragte mit dem kleinsten Netzwerk an, dass die Einstellungen zu 100 Prozent ähnlich sind, während der Durchschnitt bei den anderen Befragten bei rund 50 Prozent liegt.

Netzwerke des Bürgerlich humanistischen Typus (5)
Die Netzwerke der Personen im bürgerlich-humanistischen Typus sind im Durchschnitt die größten und betragen rund 27 Personen. Jedoch müssen wir hier wieder zwei Gruppen unterscheiden.

Die erste Gruppe besteht aus zwei Personen mit vergleichsweise sehr großen Netzwerken (40-42 Personen), die in der Verteilung sehr naher, naher und entfernter Beziehungen fast identisch sind. Die andere Gruppe hat mittelgroße Netzwerke (16-20 Personen).

Abbildung 13: Anteil der Beziehungen im Netzwerk nach Beziehungsnähe
(der bürgerlich humanistische Typus)

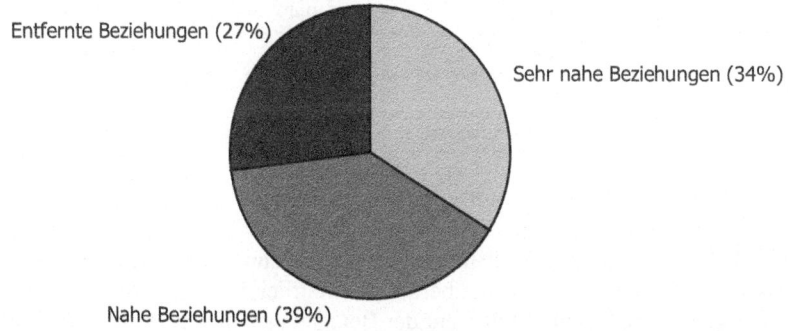

Die durchschnittliche Verteilung der Anteile (Abbildung 13) von sehr nahen, nahen und entfernten Beziehungen ähnelt der beim konservativen Typus. 34 Prozent der Beziehungen werden als sehr nah bezeichnet, 39 Prozent sind nahe Beziehungen und 27 Prozent der Beziehungen sind eher distanziert. Dies überrascht, da die Netzwerke insgesamt recht groß sind. Vermutlich hängt es damit zusammen, dass in diesem Typus der Anteil an Freundschaftsbeziehungen (52 %) überdurchschnittlich hoch ist.

Tabelle 24: Anteil von Familie, Freunden und Bekannten nach Beziehungsnähe
(der bürgerlich humanistische Typus, Angaben in Spaltenprozent)

	Sehr nahe Beziehungen	Nahe Beziehungen	Entfernte Beziehungen
Familie	89%	23%	13%
Freunde	7%	61%	71%
Bekannte	4%	16%	16%

Während Familienmitglieder mit 89 Prozent, die sehr nahen Beziehungen dominieren (Tabelle 24), überwiegen bei den nahen und entfernten Beziehungen die Freunde (61 und 71 Prozent). Die Bekannten verteilen sich anteilig gleichermaßen auf die nahen und entfernten Beziehungen.

Der Anteil an Verwandten im Netzwerk ist insgesamt mit 45 Prozent unterdurchschnittlich und auch die Rollendiversität zeigt, dass die Kontexte nicht so stark variieren, wie bei anderen Typen (Tabelle 25). Dies hängt vor allem damit zusammen, dass der Anteil an Verwandten und Freunden im Durchschnitt mehr als 90 Prozent beträgt, und Arbeitskollegen, Nachbarn, Vereinsmitglieder und Bekannte in diesen Netzwerken eher marginal sind.

Tabelle 25: Mittelwerte und Standardabweichung der Strukturvariablen
(der bürgerlich humanistische Typus)

	Mittelwert	Standardabweichung
Netzgröße	27.20	12.69
Rollendiversität (IQV Index)	0.60	0.16
Statusdiversität (IQV Index)	0.66	0.18
Altersdiversität (IQV Index)	0.74	0.15
Multiplexität	0.45	0.31
Reziprozität	0.49	0.31
Anteil Alteri, zu denen häufiger Kontakt besteht	0.21	0.15
Anteil Verwandte am Netzwerk	0.45	0.24
Anteil Alteri mit ähnlichen Vorstellungen am Netzwerk	0.66	0.25

Die (berufliche) Statusdiversität verweist auf eine eher heterogene Zusammensetzung der
Netzwerke. Die Streuung des Alters ist in diesem Typ deutlich geringer als bei allen ande-
ren, weshalb die Altersdiversität auch weit unter dem Durchschnitt aller Befragten liegt.
Hingegen sind Multiplexität und Reziprozität überdurchschnittlich hoch, was auf insgesamt
eher enge Beziehungen hinweist, denn 49 Prozent der Beziehungen sind reziprok (wechselseitig) und 45 Prozent der Alteri unterstützen Ego in mehreren Belangen. Allerdings ist die
Standardabweichung bei diesen beiden Maßen recht hoch. Dies ist vor allem auf das größte
Netzwerk zurückzuführen, wo Ego angibt, dass die Beziehungen zu 100 Prozent wechselseitig sind und alle Kontakte mehrfach Unterstützung geben. Berücksichtigt man dieses
Netzwerk nicht, dann liegen die Multiplexität mit 31 Prozent der Beziehungen im Durch-
schnittsbereich aller Befragten und die Reziprozität mit einem Anteil von 37 Prozent wech-
selseitiger Beziehungen etwas über dem Durchschnitt. Die Kontakthäufigkeit streut anders
herum. In dem Netzwerk, das nur 16 Personen umfasst, treffen sich 45 Prozent der Alteri
regelmäßig mit Ego, während es in den anderen Netzwerken auf durchschnittlich 15 Prozent der Kontakte zutrifft. 66 Prozent der Personen teilen mit Ego ähnliche Vorstellungen
und Einstellungen zum Leben. Auch hier gibt es wieder einen Ausreißer, wie die Standardabweichung zeigt. In dem Netzwerk, das 18 Personen umfasst, gilt diese Aussage nämlich nur für 31 Prozent der Befragten. Berücksichtigt man dieses Netzwerk nicht, dann
erhöht sich der durchschnittliche Anteil bei den Alteri, die ähnliche Einstellungen teilen wie
Ego, auf 75 Prozent.

7.5 Aggregierte Netzwerkstrukturen für die Milieutypen

Typische Muster von Beziehungen lassen sich erkennen, wenn man Netzwerkeigenschaften
auf dem Level der Milieus sichtbar macht. Die nachfolgende Abbildung (Abbildung 15) zur
aggregierten Netzwerkstruktur für die Milieus verdeutlicht den Zusammenhang von Habitus (Milieu) und Netzwerkstruktur sehr anschaulich. Die Bilder geben die Beziehungsmuster für die jeweiligen Milieutypen wieder. Die Größe der Knoten entspricht dabei der
durchschnittlichen Nennung der Beziehungstypen pro Ego, die Distanz der Knoten zum

Zentrum (Ego) entspricht der durchschnittlichen Nähe (sehr nah/nah/entfernt) zwischen den Befragten und den Genannten für den jeweiligen Beziehungstyp. Die Farbe des Knotens gibt an, wie lange die Alteri im Schnitt miteinander bekannt sind. Je dunkler der Knoten ist, desto länger ist die durchschnittliche Bekanntschaftsdauer der Befragten des jeweiligen Milieutyps mit den Genannten. Die Linienstärke gibt die Interaktionshäufigkeit an, je dicker die Linie, desto häufiger ist der Kontakt zwischen dem Befragten und den Alteri des jeweiligen Beziehungstyps. Zu jedem Milieutypus sind noch einmal die wichtigsten Einstellungen und Merkmale aus Abschnitt 6.2. in Kurzform aufgeführt.

Die Interpretation dieser Bilder wollen wir am Beispiel des bürgerlich-humanistischen Milieutypus (Abbildung 14) genauer erläutern. Die Abbildung zeigt fünf Beziehungstypen in den Netzwerken dieses Milieus. Der große schwarze Knoten, der am dichtesten am Zentrum liegt, gibt die durchschnittliche Nennung von Familienangehörigen und Verwandten wieder. In unserem Beispiel kennen die Befragten ihre Familienangehörigen und Verwandten bereits sehr lange (im Durchschnitt länger als zehn Jahre). Die Nähe zum Zentrum gibt an, dass diese Personen den Befragten sehr nahe stehen.

Abbildung 14: Aggregierte Netzwerkstruktur für den Milieutypus
Bürgerlich-Humanistisch

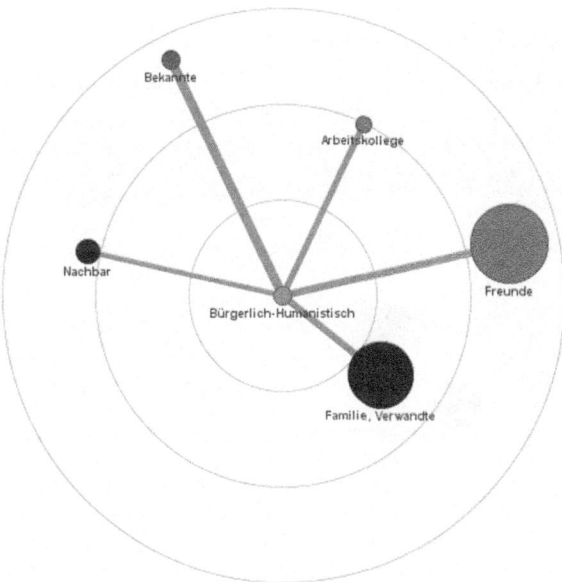

Der größte Knoten in diesem Netzwerk ist grau und steht für die Freunde unter den genannten Netzwerkpersonen. Der Knoten ist grau, weil diese Beziehungen weniger lange als die Familien- und Verwandtschaftsbeziehungen bestehen, im Durchschnitt drei bis fünf Jahre. Die Freunde sind recht weit vom Zentrum entfernt im dritten Kreis, die Beziehungen sind also eher als distanziert einzustufen. Die Linienstärke zwischen den Befragten (Ego) und ihren Freunden ist etwas dicker als bei den Familien- und Verwandtschaftsbeziehungen.

Das bedeutet, dass die Befragten zu ihren Freunden häufiger Kontakt haben als zur Familie. Der nächste Knoten in der Abbildung entgegengesetzt zum Uhrzeigersinn sind die Arbeitskollegen, die kleinste Gruppe in den Netzwerken, die etwas seltener kontaktiert werden als Familie und Freunde, die den Befragten aber im Durchschnitt näher sind als die Freunde. Auch hier ist der Knoten dunkelgrau, was bedeutet, dass diese Beziehungen durchschnittlich sechs bis zehn Jahren bestehen. Eine ähnlich kleine Gruppe stellen die Bekannten dar, die den Befragten nicht nahe stehen, aber von allen Beziehungstypen am häufigsten frequentiert werden. Die Kontakte zu dieser Gruppe bestehen jedoch im Gegensatz zu Freunden und Arbeitskollegen bereits länger als zehn Jahre. Der letzte Beziehungstyp in den Netzwerken des Bürgerlich-humanistischen Milieus sind die Nachbarn. Sie sind die drittgrößte Kontaktgruppe, die eher selten frequentiert wird und denen die Befragten weniger nah stehen. In der Regel kennen die Befragten ihre Nachbarn schon sehr lange. In einigen Milieutypen finden wir noch eine weitere Kontaktgruppe, nämlich die Vereinsmitglieder.

Die Anordnung der Knoten für die jeweiligen Rollenbeziehungen ist in allen Abbildungen gleich und entspricht im entgegengesetzten Uhrzeigersinn der hier beschriebenen Reihenfolge: Familie/Verwandte, Freunde, Arbeitskollegen, Bekannte, Nachbarn und Vereinsmitglieder. Die Vereinsmitglieder finden wir allerdings nur bei dem hedonistischen, dem kleinbürgerlichen, dem traditionsverwurzelten und dem alternativ-sozial engagierten Typus.

Abbildung 15: Aggregierte Netzwerkstruktur für Milieutypen

Postmaterialistischer Typus   **Typus Alternativ-sozial Engagierte**

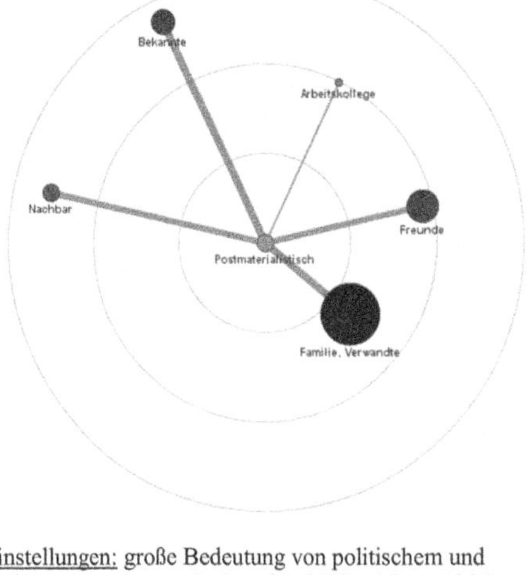

Einstellungen: große Bedeutung von politischem und sozialem Engagement in Beruf und Privatleben, Ablehnung von Autorität und Befürwortung von Multikultur, kreativer und schöpferischer Anspruch
Durchschnittsalter: 54 Jahre
Frauenanteil: 57 %
Schulbildung: Abitur (57 %) oder mittlere Reife (43 %)

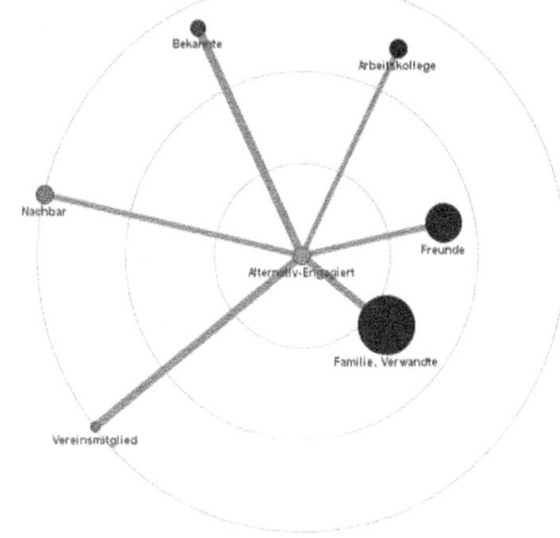

Einstellungen: aktiver Einsatz für Hilfsbedürftige und einfache, bescheidene Lebensführung, Staat muss in erster Linie sozial Schwache absichern, Gewerkschaften brauchen mehr Mitspracherecht
Durchschnittsalter: 47 Jahre
Frauenanteil: 86 %
Schulbildung: ohne Abschluss/Hauptschule (29 %), mittlere Reife (57 %), Abitur (14 %)

Sozial-ökologischer Typus

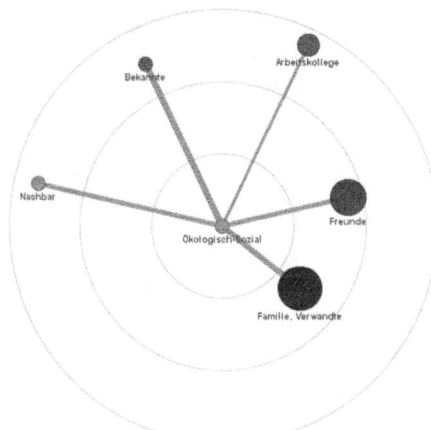

Einstellungen: umweltbewusst mit naturverbundener Lebensweise, Befürwortung politischen Engagements in Form von Demonstrationen, Privatleben hat in der Regel Vorrang vor der Arbeit
Durchschnittsalter: 37 Jahre
Frauenanteil: 43 %
Schulbildung: ohne Abschluss/Hauptschule (14 %), mittlere Reife (43 %), Abitur (43 %)

Hedonistischer Typus

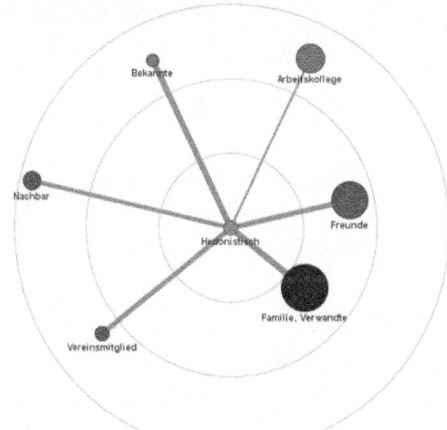

Einstellungen: Leben soll so angenehm und aufregend wie möglich, mit viel Spaß und Erlebnissen gestaltet sein, gesellschaftliche Normen und Politik sind eher unwichtig, Werte wie Pflichterfüllung, Ordnung und Sicherheit werden abgelehnt
Durchschnittsalter: 37 Jahre
Frauenanteil: 33 %
Schulbildung: Abitur (10 %) oder mittlere Reife (90 %)

Konsumorientierter Typus

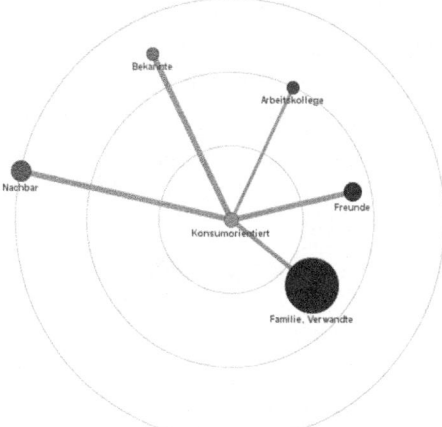

Einstellungen: Sparsamkeit wird abgelehnt, häufiger Konsum, ohne dass ständig darüber nachgedacht wird, ob man es sich leisten kann, technischer Fortschritt macht das Leben lebenswert, jeder muss sich allein durchsetzen
Durchschnittsalter: 54 Jahre
Frauenanteil: 100 %
Schulbildung: Abitur (67 %) oder mittlere Reife (33 %)

Kleinbürgerlicher Typus

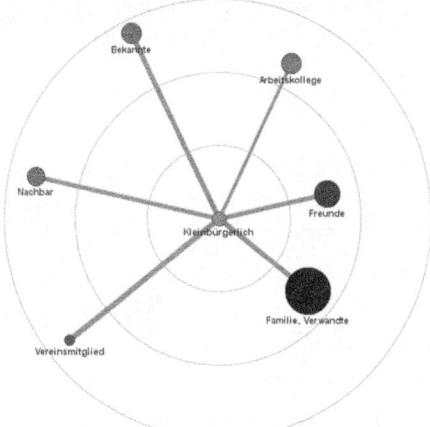

Einstellungen: Betonung von Werten wie Sparsamkeit und Pflichterfüllung, leistungsorientiert, soziale Gerechtigkeit durch Bindung der sozialen Position an Leistung, konservatives Frauenbild, Politik ist Männersache, Bereitschaft sich Autoritäten unterzuordnen, Sorgen um den zukünftigen Lebensstandard
Durchschnittsalter: 38 Jahre
Frauenanteil: 17 %
Schulbildung: ohne Abschluss/Hauptschule (16 %), mittlere Reife (84 %)

Konservativer Typus

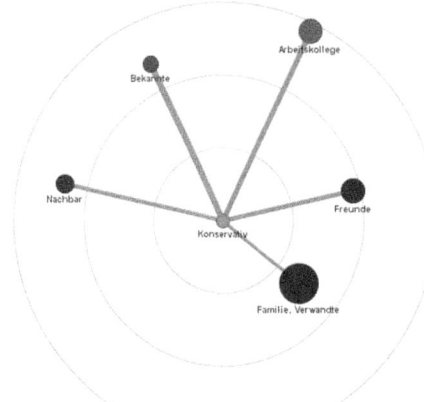

Traditionsverwurzelter Typus

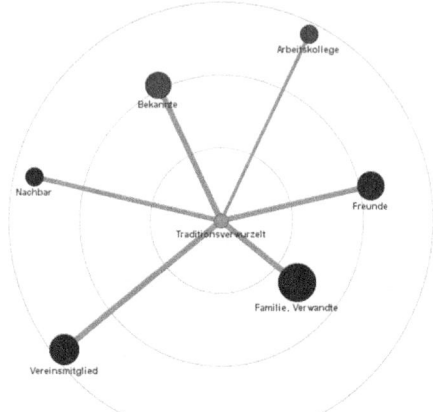

Einstellungen: Betonung von Werten wie Sparsamkeit und Pflichterfüllung, leistungsorientiert, soziale Gerechtigkeit durch Bindung der sozialen Position an Leistung, der Reichtum in Deutschland ist Folge von Fleiß und Tüchtigkeit und sollte nicht geteilt werden
Durchschnittsalter: 47 Jahre
Frauenanteil: 75 %
Schulbildung: Abitur (50 %) oder mittlere Reife (50 %)

Einstellungen: Betonung von Werten wie Sparsamkeit und Pflichterfüllung, leistungsorientiert, soziale Gerechtigkeit durch Bindung der sozialen Position an Leistung, der Reichtum in Deutschland ist Folge von Fleiß und Tüchtigkeit und sollte nicht geteilt werden, Politik ist Männersache, Bereitschaft zur Autoritätshörigkeit
Durchschnittsalter: 55 Jahre
Frauenanteil: 20 %
Schulbildung: ohne Abschluss/Hauptschule (40 %), mittlere Reife (60 %)

Bürgerlich-humanistischer Typus

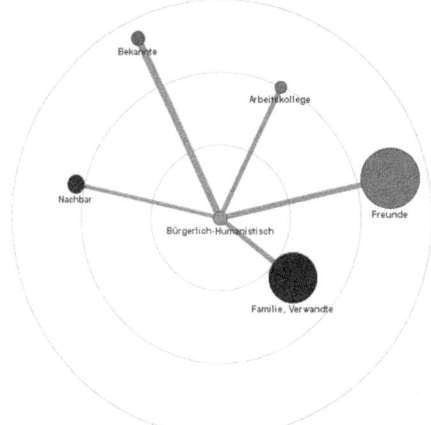

Einstellungen: multikulturell, Gewährung von Asyl für politisch verfolgte Menschen, es ist wichtig, sich durchsetzen zu können – alle Probleme können dabei verbal gelöst werden, Politikern wird die Fähigkeit zu regieren eher zugesprochen, allerdings sollten Bürger stärker eingebunden werden
Durchschnittsalter: 41 Jahre
Frauenanteil: 60 %
Schulbildung: Abitur (60 %) oder mittlere Reife (40 %)

Vergleicht man nun die einzelnen Abbildungen, sieht man, dass sich die Milieutypen in der aggregierten Netzwerkstruktur deutlich voneinander unterscheiden. Und zwar sowohl in der Zusammensetzung als auch in der Bedeutung einzelner Beziehungstypen, in deren Nähe zu den Befragten und der Kontaktintensität. Dies ist ein Indiz dafür, dass der Habitus gemessen über das Milieu Einfluss auf den Rahmen und die Möglichkeiten der Interaktion hat.

Die Beschreibung der Netzwerkstrukturen für die Milieutypologie zeigt, dass diese zwischen den Typen Ähnlichkeiten, aber auch Unterschiede aufweisen, und dass es auch innerhalb der Typen zum Teil große Differenzen gibt. Aus diesem Grund analysieren wir im Folgenden jenen Teil des Habitus, der die Vorstellungen und Einstellungen zu Familie, Freunden und Bekannten bezüglich der Netzwerkstrukturen wiedergibt.

7.6 Netzwerkbeziehungen in den Gesellungsstilen

Netzwerke des Gesellungsstils: Gesellige Erlebnisorientierung (9)
Die Netzwerkgröße der Gesellig-Erlebnisorientierten liegt verglichen mit allen anderen Gesellungsstilen mit durchschnittlich 26 Personen an erster Stelle und damit auch deutlich über dem Durchschnitt aller Befragten.

Allerdings finden wir hier auch eine große Streuung bei der Netzwerkgröße, denn das kleinste Netzwerk umfasst zwölf und das größte 42 Personen. Drei der befragten Personen nennen dabei 40 oder mehr Alteri, womit sich diese drei Netzwerke deutlich von allen anderen abheben, da das nächst größere Netzwerk aus 25 Personen besteht.

Abbildung 16: Anteil der Beziehungen im Netzwerk nach Beziehungsnähe (Gesellige Erlebnisorientierung)

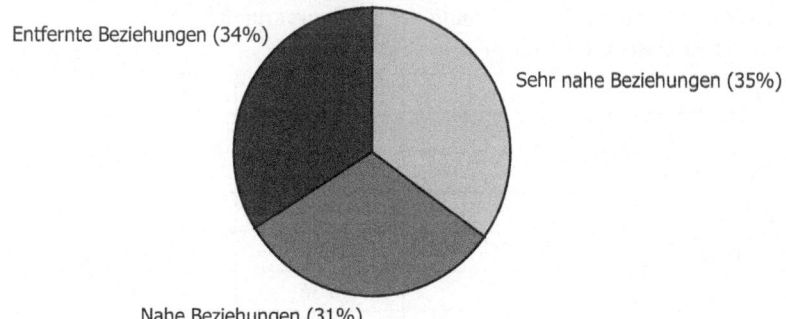

Die Nähe der Beziehungen verteilt sich im Durchschnitt relativ gleichmäßig, denn 35 Prozent aller Beziehungen basieren auf großer Nähe, 31 Prozent auf Nähe und 34 Prozent sind entfernt (siehe Abbildung 16).

Im Bereich der sehr nahen Beziehungen (siehe Tabelle 26) finden wir mit 81 Prozent ein deutliches Übergewicht im Bereich der Familienmitglieder, während 17 Prozent Freunde und zwei Prozent Bekannte, Arbeitskollegen, Nachbarn und Vereinsmitglieder sind. Mit 45 Prozent haben Freunde im Bereich der nahen Beziehungen den größten Anteil, gefolgt von den Familienmitgliedern (30 %) und Bekannten (25 %). Die Bekanntschaftsbeziehungen dominieren bei den entfernten Beziehungen. Deutlich über die Hälfte aller Beziehungen (57 %) sind hier Bekanntschaftsbeziehungen. Die Familie (10 %) spielt im Gegensatz zu den Freunden (33 %) und den Bekannten lediglich eine untergeordnete Rolle.

Tabelle 26: Anteil von Familie, Freunden und Bekannten nach Beziehungsnähe
(Gesellige Erlebnisorientierung, Angaben in Spaltenprozent)

	Sehr nahe Beziehungen	Nahe Beziehungen	Entfernte Beziehungen
Familie	81%	30%	10%
Freunde	17%	45%	33%
Bekannte	2%	25%	57%

Wie schon angesprochen, ist die durchschnittliche Anzahl der Personen im Netzwerk die Größte, die wir bei allen Gesellungsstilen finden. Die sehr hohe Varianz resultiert aus der Tatsache, dass sich hier die drei Personen sammeln, die mit Abstand die meisten Alteri genannt haben und damit die hohe Standardabweichung bei der Netzwerkgröße erklären, da die Netzwerkgröße der anderen sieben Personen dieses Typus nur zwischen zwölf und 25 Personen streut (siehe Tabelle 27). Die Rollendiversität liegt über dem Durchschnitt, was darauf hinweist, dass die Zusammensetzung der Netzwerke, was Familie, Freunde und Bekannte betrifft, eher heterogen ist. Diese Aussage wird durch den geringen Anteil an Verwandten an allen Alteri (42 %) verstärkt. Dieses Ergebnis steht im Einklang mit den Einstellungen der Personen dieses Typus, denn es ist den Befragten wichtig Personen aus vielen Kreisen zu kennen. Die Unterschiede in der beruflichen Stellung der Alteri (Status-diversität) liegen im mittleren Bereich, das heißt, einige Netzwerke sind bezüglich des beruflichen Status der Alteri etwas homogener, andere eher heterogen.

Tabelle 27: Mittelwerte und Standardabweichung der Strukturvariablen
(Gesellige Erlebnisorientierung)

	Mittelwert	Standardabweichung
Netzgröße	26.00	11.75
Rollendiversität (IQV Index)	0.72	0.14
Statusdiversität (IQV Index)	0.52	0.27
Altersdiversität (IQV Index)	0.84	0.13
Multiplexität	0.36	0.26
Reziprozität	0.37	0.27
Anteil Alteri, zu denen häufiger Kontakt besteht	0.24	0.15
Anteil Verwandte am Netzwerk	0.42	0.13
Anteil Alteri mit ähnlichen Vorstellungen am Netzwerk	0.58	0.23

Multiplexität und Reziprozität liegen leicht über dem Gesamtdurchschnitt und weisen Werte auf, die darauf hindeuten, dass Unterstützungsleistungen häufig auch erwidert werden und Alteri im Netzwerk auch für unterschiedliche Unterstützungen gleichzeitig verfügbar sind. Auch diese Zahlen korrespondieren sehr gut mit den Einstellungen der befragten Personen, denn Hilfe und Unterstützung seitens der Freunde sind bei diesem Typus sehr wichtig. Zu 24 Prozent der Alteri besteht häufiger Kontakt und 58 Prozent haben ähnliche Vorstellungen vom Leben wie Ego.

Netzwerke des Gesellungsstils: Funktionale Rigidität (4)
Die Anzahl der Netzwerkpersonen in diesem Gesellungsstil reicht von 9 bis 19 Personen. Da zwei der vier Personen ein verhältnismäßig kleines und die anderen zwei ein mittelgroßes Netzwerk haben, beträgt der Mittelwert 14 Personen und liegt deutlich unter dem Gesamtdurchschnitt aller Befragten.

Die sehr nahen Beziehungen nehmen knapp die Hälfte aller Beziehungen ein (siehe Abbildung 17). Die nahen Beziehungen umfassen ein Drittel des Netzwerks, während die entfernten Beziehungen auch im Vergleich zu dem gesellig-erlebnisorientierten Gesellungsstil nur einen kleinen Teil ausmachen (17 %).

Abbildung 17: Anteil der Beziehungen im Netzwerk nach Beziehungsnähe (Funktionale Rigidität)

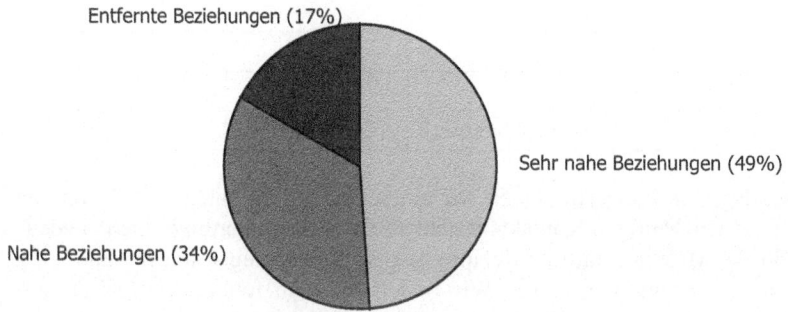

Interessant ist die Verteilung der Rollen über die Beziehungsnähe. Die sehr nahen und entfernten Beziehungen stehen sich diametral entgegen. Während die sehr nahen Beziehungen fast ausschließlich von Verwandten (90 %) und einigen Freunden besetzt werden, finden wir bei den entfernten Beziehungen fast nur Bekannte (95 %). Die nahen Beziehungen verteilen sich da deutlich gleichmäßiger, wobei der Schwerpunkt bei Familie und Freunden liegt (38 % und 40 %) (siehe Tabelle 28).

Tabelle 28: Anteil von Familie, Freunden und Bekannten nach Beziehungsnähe (Funktionale Rigidität, Angaben in Spaltenprozent)

	Sehr nahe Beziehungen	Nahe Beziehungen	Entfernte Beziehungen
Familie	90%	38%	0%
Freunde	10%	40%	5%
Bekannte	0%	22%	95%

Die Rollendiversität entspricht nahezu der Gesamtverteilung. Obwohl der Anteil der Verwandten im Netzwerk mit 61 Prozent relativ hoch ist (siehe Tabelle 29), tendieren die Netzwerke in der Rollenzusammensetzung zur Heterogenität. Die Statusdiversität ist mit

Abstand die höchste in allen Gesellungsstilen. Das bedeutet, dass wir hier die meisten Unterschiede im Berufsstatus der Alteri finden, dieser Bereich also auf eine starke Heterogenität hinweist. Möglicherweise ist die hohe Statusdiversität auch ein Grund dafür, dass die Ähnlichkeit der Lebensvorstellungen von Ego mit seinen Alteri mit 55 Prozent unter dem Gesamtdurchschnitt (61 %) aller Befragten liegt.

Tabelle 29: Mittelwerte und Standardabweichung der Strukturvariablen
(Funktionale Rigidität)

	Mittelwert	Standardabweichung
Netzgröße	14.25	4.99
Rollendiversität (IQV Index)	0.66	0.10
Statusdiversität (IQV Index)	0.73	0.10
Altersdiversität (IQV Index)	0.88	0.08
Multiplexität	0.29	0.20
Reziprozität	0.30	0.24
Anteil Alteri, zu den häufiger Kontakt besteht	0.37	0.25
Anteil Verwandte am Netzwerk	0.61	0.09
Anteil Alteri mit ähnlichen Vorstellungen am Netzwerk	0.55	0.12

Im funktional rigiden Gesellungsstil finden wir einen deutlich erhöhten Anteil von Netzwerkpersonen zu denen häufiger Kontakt besteht (37 %), was allerdings nicht bedeutet, dass dies auch für die Multiplexität und Reziprozität gilt. Diese liegen mit .29 und .30 geringfügig unter dem Gesamtdurchschnitt. Wir finden bei dem funktional rigiden Gesellungsstil also einen vergleichsweise hohen Verwandtenanteil gepaart mit einer hohen Kontakthäufigkeit. Der verhältnismäßig hohe Anteil an täglichen bzw. wöchentlichen Kontakten zwischen Ego und seinen Alteri steht im Widerspruch zu der Tatsache, dass die Befragten zustimmen zu wenig Zeit für die Beziehungen zu haben und diese richtig planen zu müssen. Allerdings kann es auch bedeuten, dass die Befragten am Ende sehr viel mehr Zeit mit ihren Netzwerkpartnern verbringen möchten, als sie es derzeit tun können. Eine andere Antwort wäre, dass sie gerne anderen gegenüber vorgeben, sehr beschäftigt zu sein.

Netzwerke des Gesellungsstils: Gesinnungsgemeinschaft (9)
Mit durchschnittlich 17,4 Personen liegt die Netzwerkgröße des gesinnungsgemeinschaftlichen Gesellungsstils sehr nah am Gesamtdurchschnitt. Wir können zwei Gruppen unterscheiden. Die eine besteht aus vier Personen, die 11 bis 16 Alteri angeben, die zweite Gruppe besteht aus fünf Personen, die mit 19 bis 24 Personen über deutlich größere Netzwerke verfügt.

Die sehr nahen (36 %) und nahen Beziehungen (39 %) halten sich in ihren Anteilen am Netzwerk in etwa die Waage (Abbildung 18). Ein Viertel aller Beziehungen sind entfernt bzw. distanziert.

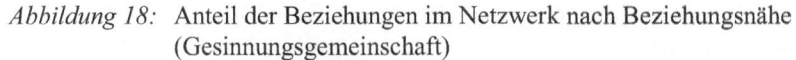

Abbildung 18: Anteil der Beziehungen im Netzwerk nach Beziehungsnähe
(Gesinnungsgemeinschaft)

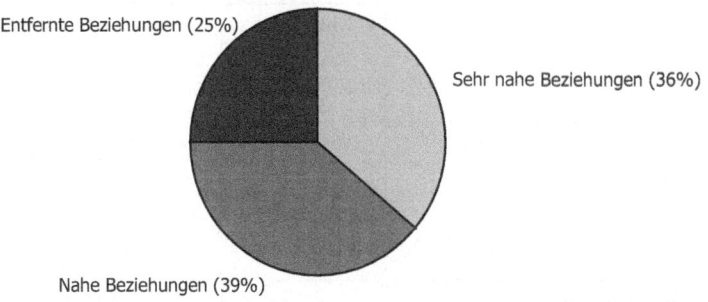

Entfernte Beziehungen (25%)

Sehr nahe Beziehungen (36%)

Nahe Beziehungen (39%)

Auch hier stellt die Familie mit 90 Prozent den Großteil der sehr nahen Beziehungen. Ähnlich wie bei dem Gesellungsstil der funktionalen Rigidität finden wir im Bereich der entfernten Beziehungen ein deutliches Übergewicht von Bekannten (84 %), allerdings spielt auch hier die Familie mit einem Anteil von 15 Prozent noch eine marginale Rolle. Im Bereich der nahen Beziehungen nehmen Freunde über die Hälfte aller Beziehungen ein, während Familienmitgliedern und Bekannten ein ähnlich hoher Anteil zufällt (22 % und 24 %).

Tabelle 30: Anteil von Familie, Freunden und Bekannten nach Beziehungsnähe
(Gesinnungsgemeinschaft, Angaben in Spaltenprozent)

	Sehr nahe Beziehungen	Nahe Beziehungen	Entfernte Beziehungen
Familie	90%	22%	14%
Freunde	8%	54%	2%
Bekannte	2%	24%	84%

Die Statusdiversität entspricht dem Gesamtdurchschnitt aller Befragten, mit Tendenz zur Heterogenität. Die Rollendiversität liegt deutlich über dem Durchschnitt, was bedeutet, dass die Netzwerke bezüglich Familie, Freunden und Bekannten eher heterogen zusammengesetzt sind.

Häufiger Kontakt besteht zu 30 Prozent aller Alteri und 45 Prozent der Netzwerkkontakte sind Verwandte bzw. Familienmitglieder. Die Vorstellungen vom Leben sind sehr ähnlich, denn 68 Prozent der Alteri liegen mit Ego auf einer „Wellenlänge". Dies entspricht auch den Erwartungen, da für diesen Typus die gemeinsamen Ansichten, Interessen und Vorstellungen mit ihren Netzwerkkontakten sehr wichtig sind. Da auch die Anteile an multiplexen und reziproken Beziehungen überdurchschnittlich sind, zeigt die durchschnittliche Netzwerkstruktur tatsächlich eine Tendenz zur Harmonie. Unter Berücksichtigung von Kontakthäufigkeit, Multiplexität und Reziprozität können wir im Typus der Gesinnungsgemeinschaft von relativ engen Beziehungen sprechen. Hinzukommt, dass die meisten genannten Netzwerkkontakte ähnliche Vorstellung haben wie Ego und auch der berufliche Statuts in den Netzwerken nicht so große Varianzen aufweist, wie bei anderen Gesellungsstilen.

Tabelle 31: Mittelwerte und Standardabweichung der Strukturvariablen
(Gesinnungsgemeinschaft)

	Mittelwert	Standardabweichung
Netzgröße	17.44	7.61
Rollendiversität (IQV Index)	0.77	0.09
Statusdiversität (IQV Index)	0.55	0.29
Altersdiversität (IQV Index)	0.90	0.06
Multiplexität	0.37	0.12
Reziprozität	0.38	0.10
Anteil Alteri, zu denen häufiger Kontakt besteht	0.30	0.14
Anteil Verwandte am Netzwerk	0.45	0.11
Anteil Alteri mit ähnlichen Vorstellungen am Netzwerk	0.68	0.15

Netzwerke des Gesellungsstils: Konventionelle Geselligkeit (5)
Die konventionell Geselligen verfügen über vergleichsweise große Netzwerke. Der Durchschnitt liegt bei ca. 19 Personen, die sich auch relativ gleichmäßig verteilen, denn vier der fünf Personen haben 18 oder 19 Alteri angegeben. Die fünfte Person weicht mit 22 Alteri aber auch nicht wesentlich davon ab.

Fast die Hälfte (46 %) der Beziehungen ist durch große Nähe gekennzeichnet, während ein Fünftel eher distanziert ist (siehe Abbildung 19).

Abbildung 19: Anteil der Beziehungen im Netzwerk nach Beziehungsnähe
(Konventionelle Geselligkeit)

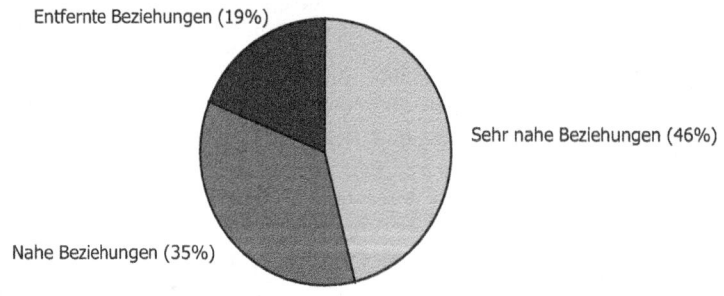

Die übrigen 35 Prozent der Beziehungen, die sich durch Nähe auszeichnen, bestehen zu einem vergleichsweise hohen Anteil aus Bekannten (43 %), die durch Freunde (34 %) und Familienmitglieder (23 %) ergänzt werden. Die entfernten Beziehungen werden größtenteils von Bekannten dominiert (80 %), während Familienmitglieder hier keine Rolle mehr spielen. Nahezu entgegengesetzt verhält es sich, wenn man die von Ego als sehr nahe eingestuften Beziehungen betrachtet. Diese bestehen zu 77 Prozent aus Familienmitgliedern, während hier keine Bekannten vorzufinden sind. Freunde sind also die einzigen, die in jeder Nähe-Kategorie genannt werden.

Tabelle 32: Anteil von Familie, Freunden und Bekannten nach Beziehungsnähe
(Konventionelle Geselligkeit, Angaben in Spaltenprozent)

	Sehr nahe Beziehungen	Nahe Beziehungen	Entfernte Beziehungen
Familie	77%	23%	0%
Freunde	23%	34%	20%
Bekannte	0%	43%	80%

Die Größe der Netzwerke in diesem Typus liegt über dem Gesamtdurchschnitt. Wie bereits angedeutet, weisen sie dabei eine sehr geringe Varianz auf. Der Anteil der Verwandten liegt mit 46 Prozent niedriger als der Durchschnitt, was zur Rollendiversität passt, die relativ gesehen sehr hoch ist. Das heißt, dass die Verteilung der Rollen im Netzwerk im konventionellen Gesellungsstil eher heterogen ist. Diese Ergebnisse decken sich mit den Vorstellungen der Befragten zu Familien, Freunden und Verwandten, denn man betont, dass man gern mit vielen Leuten Geburtstage feiert, gern mit Verwandten und Freunden zusammen ist bzw. etwas unternimmt. Insofern war zu erwarten, dass die Netzwerke von der Rollenzusammensetzung her eher heterogen sind und sowohl Verwandte, Freunde als auch andere Personen umfassen.

Tabelle 33: Mittelwerte und Standardabweichung der Strukturvariablen
(Konventionelle Geselligkeit)

	Mittelwert	Standardabweichung
Netzgröße	19.2	1.64
Rollendiversität (IQV Index)	0.78	0.16
Statusdiversität (IQV Index)	0.46	0.17
Altersdiversität (IQV Index)	0.87	0.09
Multiplexität	0.32	0.22
Reziprozität	0.37	0.23
Anteil Alteri, zu denen häufiger Kontakt besteht	0.37	0.17
Anteil Verwandte am Netzwerk	0.46	0.16
Anteil Alteri mit ähnlichen Vorstellungen am Netzwerk	0.62	0.14

Bei der Statusdiversität beobachten wir einen relativ niedrigen Wert. Mit anderen Worten sind die Netzwerkalteri vom Berufsstatus her in diesem Gesellungsstil eher homogen. Der Anteil von 62 Prozent der genannten Alteri mit ähnlichen Vorstellungen liegt im Rahmen des Gesamtdurchschnitts aller Befragten. Häufige Kontakte werden zu 37 Prozent der Netzwerkpersonen gepflegt, was nicht verwundert, wenn die Befragten angeben, dass sie gern mit ihren Verwandten zusammen sind und gern viel mit ihren Freunden gemeinsam unternehmen. Dazu passt auch die höhere Reziprozität bei den Beziehungen. Der Wert für die Multiplexität bewegt sich im Bereich des Gesamtdurchschnitts aller Befragten. Insgesamt weisen die Strukturmaße eine Ähnlichkeit mit denen des gesinnungsgemeinschaftlichen Gesellungsstils auf. Jedoch hat Ego häufiger Kontakt zu seinen Netzwerkpartnern, während die Lebensvorstellungen zwischen Ego und den Alteri seltener übereinstimmen. Auch ist der Anteil an multiplexen Beziehungen etwas geringer.

Netzwerke des Gesellungsstils: Ich-Zentrierung (3)
Die Ich-Zentrierten verfügen über verhältnismäßig große Netzwerke, die zwischen 19 und 24 variieren. Der sich daraus ergebende Durchschnittswert von 21 Personen liegt über dem Gesamtdurchschnitt aller Befragten.

Auch hier dominiert der Anteil sehr naher Beziehungen mit 45 Prozent (Abbildung 20), während 30 Prozent der Beziehungen von Ego als nahe und 25 Prozent als eher distanziert eingestuft werden.

Abbildung 20: Anteil der Beziehungen im Netzwerk nach Beziehungsnähe
              (Ich-Zentrierung)

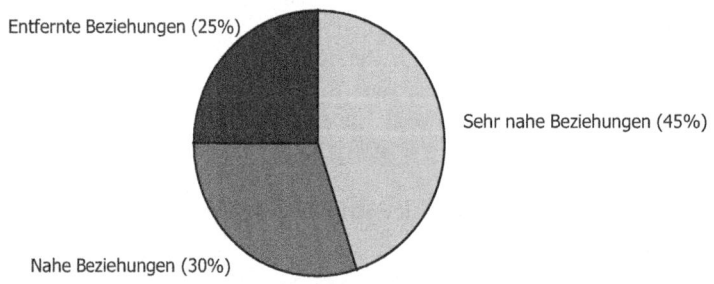

In der Verteilung der Rollen über die Beziehungsnähe ist sehr auffällig, dass der Anteil der Familienmitglieder in den als sehr nahe eingestuften Beziehungen mit 64 Prozent im Vergleich zu den anderen Gesellungsstilen deutlich niedriger ist. Nur der Gesellungsstil der trotzigen Isolierung hat einen ähnlichen Wert. Der hier fehlende Anteil wird durch Bekannte ersetzt. Weiterhin bemerkenswert ist der geringe Anteil der Familienmitglieder bei den nahen Beziehungen (8 %). Hier dominieren klar die Freunde mit 62 Prozent, gefolgt von den Bekannten mit 30 Prozent. Familienmitglieder sind im Vergleich zu anderen Gesellungsstilen weniger bedeutsam. Wir hatten in der Beschreibung bereits darauf hingewiesen, dass die Einstellungen der Befragten auf weniger emotionale Beziehungen hinweisen. Dies bestätigt auch die Zusammensetzung des Netzwerks. Während die Bekannten vor allem bei den nahen und entfernten Beziehungen stark vertreten sind, finden wir die Familien- und Verwandtschaftsbeziehungen zu 64 Prozent bei den sehr nahen Beziehungen, aber zu 17 Prozent auch bei den distanzierten Beziehungen und einen eher marginalen Anteil von acht Prozent bei den nahen Beziehungen. Das bedeutet, dass die Familien- und Verwandtschaftsbeziehungen in diesen Netzwerken hinsichtlich ihrer Bedeutung im Gegensatz zu den meisten anderen Gesellungsstilen weniger wichtig und auch weniger emotional sind.

Tabelle 34: Anteil von Familie, Freunden und Bekannten nach Beziehungsnähe (Ich-Zentrierung, Angaben in Spaltenprozent)

	Sehr nahe Beziehungen	Nahe Beziehungen	Entfernte Beziehungen
Familie	64%	8%	17%
Freunde	22%	62%	0%
Bekannte	14%	30%	83%

Nach diesen Verteilungen verwundert es auch nicht, dass der Anteil von Familien- und Verwandtschaftsbeziehungen an den Netzwerken gerade einmal 37 Prozent beträgt. Dies ist der niedrigste Anteil von Verwandten in den Netzwerken überhaupt. Diese Zahl korrespondiert mit dem sehr hohen Wert bei der Rollendiversität, der uns zeigt, dass die Netzwerke in der Rollenverteilung absolut divers sind. Auch wenn der größte Teil der Beziehungen eher zu Freunden und Bekannten besteht, hat Ego mit 38 Prozent der Netzwerkpartner regelmäßige Kontakte. Ein doch recht hoher Wert.

Tabelle 35: Mittelwerte und Standardabweichung der Strukturvariablen (Ich-Zentrierung)

	Mittelwert	Standardabweichung
Netzgröße	21.00	2.65
Rollendiversität (IQV Index)	0.86	0.02
Statusdiversität (IQV Index)	0.59	0.20
Altersdiversität (IQV Index)	0.79	0.09
Multiplexität	0.33	0.15
Reziprozität	0.34	0.09
Anteil Alteri, zu den häufiger Kontakt besteht	0.38	0.10
Anteil Verwandte am Netzwerk	0.37	0.05
Anteil Alteri mit ähnlichen Vorstellungen am Netzwerk	0.75	0.14

Interessant ist die Tatsache, dass Ego im Durchschnitt mit 75 Prozent der Alteri ähnliche Vorstellungen zum Leben teilt, was andeutet, dass die regelmäßigen Beziehungen zu Freunden und Bekannten mit der hohen Vorstellungshomogenität in Verbindung stehen. Das Ergebnis steht im Einklang mit den Erwartungen der Befragten an ihre Freunde, denn diese sollen sich in die Probleme von Ego einfühlen können. Dies wird durch regelmäßige Gespräche und ähnliche Lebensvorstellungen erleichtert. Statusdiversität, Multiplexität und Reziprozität liegen alle leicht über dem Gesamtdurchschnitt, weisen aber keine besonderen Auffälligkeiten auf.

Netzwerke des Gesellungsstils: Konventionelle Familienzentrierung (7)
Die Netzwerke dieses Gesellungsstils sind mit ca. zwölf Personen die durchschnittlich kleinsten Netzwerke überhaupt. Wobei eine der sieben Personen mit 20 genannten Alteri etwas abweicht. Fünf Personen haben Netzwerke mit einem Umfang von 7 bis 12 Alteri und eine Person liegt mit 15 Alteri dazwischen.

In der Verteilung der Beziehungsnähe nehmen die sehr nahen Beziehungen mit 53 Prozent über die Hälfte aller Beziehungen ein, während die entfernten Beziehungen mit 13 Prozent eine eher untergeordnete Rolle spielen. Die nahen Beziehungen liegen mit einem Anteil von 34 Prozent dazwischen (siehe Abbildung 21).

Abbildung 21: Anteil der Beziehungen im Netzwerk nach Beziehungsnähe
(Konventionelle Familienzentrierung)

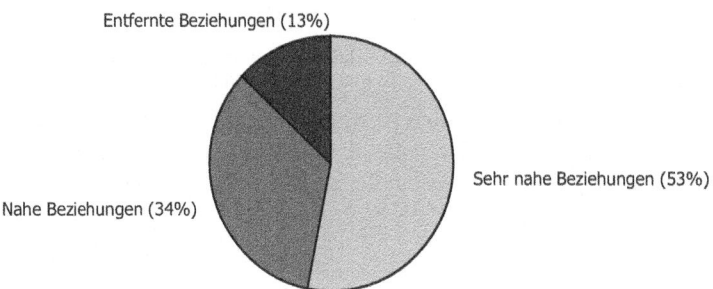

Ganz anders als bei den Ich-Zentrierten spielen bei den Familienzentrierten die Familien-mitglieder (Tabelle 36) bei allen Nähe-Kategorien eine dominante oder zumindest große Rolle (95 %, 45 % und 36 %). Die Familienzentrierung spiegelt sich hier deutlich in der Verteilung (siehe Tabelle 36) wider. Die Rolle der Bekannten ist bei den sehr nahen und nahen Beziehungen entweder nicht vorhanden oder eher marginal (0 % bzw. 18 %). Selbst im Bereich der entfernten Beziehungen, in dem die Bekannten meist deutlich dominieren, beträgt der Abstand zu den Familienmitgliedern lediglich drei Prozent. Freunde kommen zwar etwas häufiger vor als Bekannte, finden sich aber anteilig in der Hauptsache bei den nahen (37 %) und entfernten Beziehungen (25 %).

Tabelle 36: Anteil von Familie, Freunden und Bekannten nach Beziehungsnähe
(Konventionelle Familienzentrierung, Angaben in Spaltenprozent)

	Sehr nahe Beziehungen	Nahe Beziehungen	Entfernte Beziehungen
Familie	95%	45%	36%
Freunde	5%	37%	25%
Bekannte	0%	18%	39%

Die kleinen Netzwerke der Familienzentrierten bestehen zu 70 Prozent aus Familienmit-gliedern, einem nahezu doppelt so hohen Anteil, wie wir ihn bei den Ich-Zentrierten finden. Es überrascht bei dieser Verteilung nicht, dass die Rollendiversität einen extrem niedrigen Wert aufweist. Zudem finden wir einen vergleichbar niedrigen Wert für die Statusdiversität. Das bedeutet, dass die Berufsstatus der Alteri in den Netzwerken in der Regel sehr homo-gen sind. Allerdings warnt uns die hohe Standardabweichung vor einer zu schnellen Ver-allgemeinerung dieses Ergebnisses. Denn drei der Netzwerke, davon die zwei größten, zeigen eine hohe Statusdiversität (.94, .74 und .89), während die anderen Netzwerke in Bezug auf den berufliche Status vollständig homogen sind.

Tabelle 37: Mittelwerte und Standardabweichung der Strukturvariablen
(Konventionelle Familienzentrierung)

	Mittelwert	Standardabweichung
Netzgröße	12.14	4.26
Rollendiversität (IQV Index)	0.45	0.29
Statusdiversität (IQV Index)	0.37	0.46
Altersdiversität (IQV Index)	0.78	0.17
Multiplexität	0.38	0.19
Reziprozität	0.36	0.21
Anteil Alteri, zu denen häufiger Kontakt besteht	0.22	0.12
Anteil Verwandte am Netzwerk	0.70	0.23
Anteil Alteri mit ähnlichen Vorstellungen am Netzwerk	0.77	0.17

Erstaunlich ist die sehr hohe Vorstellungshomogenität, denn 77 Prozent der Kontakte haben ähnliche Lebensvorstellungen wie Ego. Das ist deshalb bemerkenswert, weil das Gros der Beziehungen Familien- und Verwandtschaftsbeziehungen sind und solche Beziehungen nicht selten Ambivalenzen aufweisen (Lüscher 2002). Die Kontakthäufigkeit ist trotz der relativ kleinen Netzwerke eher selten, so dass eine hohe Übereinstimmung bei den Lebenseinstellungen trotz hohem Verwandtschaftsanteil offenbar deswegen möglich ist, weil man einfach seltener miteinander kommuniziert. Andererseits lässt die hohe Multiplexität (.38) und Reziprozität (.36) darauf schließen, dass die Familie Unterstützungsstrukturen bereitstellt, die davon unabhängig sind, ob man häufig Kontakt zueinander hat.

Netzwerke des Gesellungsstils: Trotzige Isolierung (6)
Fünf von sechs Personen dieses Gesellungsstils haben zwischen 9 und 16 Alteri im Netzwerk, eine Person nennt 21. So ergibt sich eine mittlere Netzwerkgröße von 14 Personen.

Ähnlich wie beim familienzentrierten Gesellungsstil ist der Hauptteil (54 %) der Beziehungen durch sehr große Nähe gekennzeichnet, während distanzierte Beziehungen mit 15 Prozent einen sehr kleinen Teil einnehmen. Ein knappes Drittel der Beziehungen (31 %) wird von Ego als nahe eingestuft (Abbildung 22).

Abbildung 22: Anteil der Beziehungen im Netzwerk nach Beziehungsnähe (Trotzige
Isolierung)

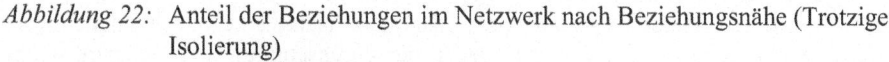
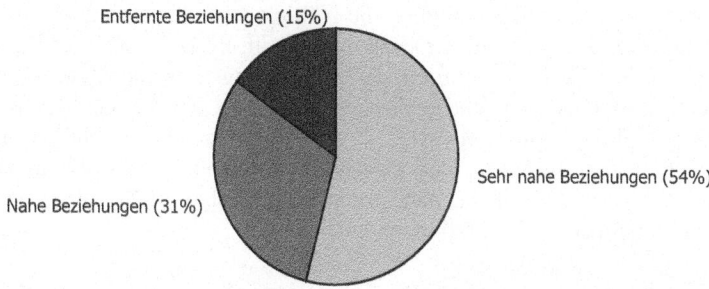

Entfernte Beziehungen (15%)

Sehr nahe Beziehungen (54%)

Nahe Beziehungen (31%)

Ähnlich wie bei der Ich-Zentrierung finden wir hier eine vergleichsweise ungewöhnliche Verteilung der Rollen bei denjenigen Beziehungen, die als sehr nahe eingestuft werden. Die Familie nimmt hier mit zwei Dritteln der Beziehungen (65 %), ähnlich wie bei den Personen des Gesellungsstils der Ich-Zentrierung, einen vergleichsweise geringen Anteil ein, der durch 20 Prozent Freundschaftsbeziehungen und 15 Prozent Bekanntschaften ergänzt wird. Außer bei dem Gesellungsstil der Ich-Zentrierung finden wir in keinem anderen Typus einen ähnlich hohen Anteil von Bekannten im Bereich der Beziehungen mit großer Nähe. Die Bekannten nehmen im Bereich der nahen und entfernten Beziehungen mit 38 und 79 Prozent den größten Teil ein, wobei letztere deutlich dominieren. Die Familienbeziehungen dagegen stellen in beiden Bereichen je den kleinsten Teil, wobei sie in den von Nähe gekennzeichneten Beziehungen immer noch 29 Prozent ausfüllen und damit bedeutsam sind, während sie bei entfernten Beziehungen mit acht Prozent keine allzu große Relevanz mehr haben. Freundschaftsbeziehungen nehmen in allen drei Nähekategorien die Mittelstellung ein, wobei sie bei den nahen Beziehungen mit einem Drittel deutlich stärker vertreten sind als bei den sehr nahen oder entfernten Beziehungen.

Tabelle 38: Anteil von Familie, Freunden und Bekannten nach Beziehungsnähe
(Trotzige Isolierung, Angaben in Spaltenprozent)

	Sehr nahe Beziehungen	Nahe Beziehungen	Entfernte Beziehungen
Familie	65%	29%	8%
Freunde	20%	33%	13%
Bekannte	15%	38%	79%

Betrachtet man die Strukturmaße, so liegt die Rollendiversität im Netzwerk etwas unter dem Gesamtdurchschnitt, während die Statusdiversität deutlich darüber liegt. Die Zahlen für diesen Gesellungstyp zu verallgemeinern ist schwierig, da die Standardabweichung bei beiden Maßen auf eine große Streuung hinweist. Genauso verhält es sich mit dem Anteil der Verwandten am Netzwerk, der zwar im Durchschnitt 51 Prozent beträgt, aber deutlich stärker streut als in allen anderen Gesellungsstilen. Der Anteil von Alteri mit ähnlichen Lebensvorstellungen liegt mit 50 Prozent weit unter dem Gesamtdurchschnitt. Nur zehn Prozent aller Alteri stehen in einem regelmäßigen, häufigen Kontakt zu Ego, was unter dem Gesamtdurchschnitt (16 %) für alle Befragten liegt. Auch die niedrigen Werte für die Multiplexität und Reziprozität passen zu der trotzigen Isolierung.

Der Typus der trotzigen Isolation weist insgesamt Netzwerke auf, in denen vergleichsweise selten Kontakt besteht und in denen der durchschnittliche Anteil von Alteri mit ähnlichen Lebensvorstellungen wie Ego lediglich die Hälfte ausmacht. Zusätzlich sind Unterstützungsleistungen eher einseitig und eindimensional verteilt. Besonders die niedrige Kontakthäufigkeit war für diesen Typus zu erwarten, denn die Befragten gaben an, dass sie sich durch enge Kontakte zu Freunden zu sehr gebunden fühlen. Bei der Vorstellungshomogenität hätte man einen höheren Anteil erwartet, da der Gesamtanteil an sehr engen Beziehungen immerhin 54 Prozent ausmacht, und die Befragten betonen, dass sie davon überzeugt sind, dass die Menschen, die ihnen nahe stehen, im Großen und Ganzen mit ihnen dieselben sozialen und politischen Vorstellungen teilen.

Tabelle 39: Mittelwerte und Standardabweichung der Strukturvariablen
(Trotzige Isolierung)

	Mittelwert	Standardabweichung
Netzgröße	14.00	4.20
Rollendiversität (IQV Index)	0.63	0.28
Statusdiversität (IQV Index)	0.63	0.36
Altersdiversität (IQV Index)	0.76	0.12
Multiplexität	0.14	0.11
Reziprozität	0.13	0.12
Anteil Alteri, zu denen häufiger Kontakt besteht	0.10	0.08
Anteil Verwandte am Netzwerk	0.51	0.32
Anteil Alteri mit ähnlichen Vorstellungen am Netzwerk	0.50	0.18

Netzwerke des Gesellungsstils: Anspruchsvolle Kommunikation (4)
Die vier Personen im Typ der anspruchsvollen Kommunikation verfügen mit durchschnittlich 23 Personen über relativ große Netzwerke, die zwischen 20 und 26 Personen streuen.

Ähnlich wie bei der Gesinnungsgemeinschaft und den Erlebnisorientierten finden wir hier einen verhältnismäßig kleinen Anteil sehr naher Beziehungen (41 %). Den zweitgrößten Bereich stellen die entfernten Beziehungen (32 %) dar, die von den nahen Beziehungen mit 27 Prozent gefolgt werden (siehe Abbildung 23).

Abbildung 23: Anteil der Beziehungen im Netzwerk nach Beziehungsnähe
(Anspruchsvolle Kommunikation)

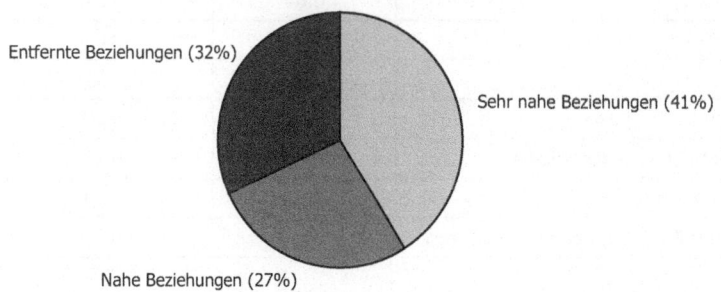

Entfernte Beziehungen (32%)

Sehr nahe Beziehungen (41%)

Nahe Beziehungen (27%)

Sowohl sehr nahe als auch nahe Beziehungen werden von Familienmitgliedern dominiert (72 % und 65 %), gefolgt von Freunden mit 28 bzw. 20 Prozent. Bekannte spielen mit einem Anteil von 15 Prozent bei den nahen Beziehungen nur eine kleine Rolle. Dafür stellen die Bekanntschaftsbeziehungen innerhalb der entfernten Beziehungen mit 68 Prozent den deutlich größten Anteil. Weiterhin finden wir dort noch die Freunde (22 %) und einige Familienbeziehungen (10 %).

Tabelle 40: Anteil von Familie, Freunden und Bekannten nach Beziehungsnähe
(Anspruchsvolle Kommunikation, Angaben in Spaltenprozent)

	Sehr nahe Beziehungen	Nahe Beziehungen	Entfernte Beziehungen
Familie	72%	65%	10%
Freunde	28%	20%	22%
Bekannte	0%	15%	68%

Die Netzwerke in diesem Typ sind bei geringer Varianz verhältnismäßig groß. Obwohl wir
eine Dominanz der Familie bei den nahen und sehr nahen Beziehungen feststellen konnten,
beträgt der Anteil der Verwandten am Gesamtnetzwerk nur 46 Prozent. Das hängt damit
zusammen, dass die entfernten Beziehungen immerhin 32 Prozent aller Beziehungen ausmachen und die Familie hier eine untergeordnete Bedeutung hat. Daher ist die Rollendiversität relativ hoch und die Netzwerke sind in Bezug auf die Rollenzusammensetzung recht
heterogen. Auch die Statusdiversität liegt deutlich über dem Gesamtdurchschnitt und tendiert zur Heterogenität bei dem beruflichen Status der jeweiligen Alteri im Netzwerk. Dies
entspricht den Erwartungen, denn die Befragten gaben bei diesem Gesellungsstil an, dass
sie Wert darauf legen, dass ihre Freunde aus allen Kreisen kommen.

Tabelle 41: Mittelwerte und Standardabweichung der Strukturvariablen
(Anspruchsvolle Kommunikation)

	Mittelwert	Standardabweichung
Netzgröße	23.25	2.75
Rollendiversität (IQV Index)	0.76	0.12
Statusdiversität (IQV Index)	0.64	0.24
Altersdiversität (IQV Index)	0.78	0.07
Multiplexität	0.26	0.14
Reziprozität	0.28	0.20
Anteil Alteri, zu den häufiger Kontakt besteht	0.30	0.12
Anteil Verwandte am Netzwerk	0.46	0.13
Anteil Alteri mit ähnlichen Vorstellungen am Netzwerk	0.62	0.20

Zu fast einem Drittel (30 %) bestehen häufige Kontakte zu den Alteri, was über dem Gesamtdurchschnitt aller Befragten liegt. Auch dies wurde erwartet, da die Befragten beton-
ten, dass sie sich öfter mit ihren Alteri treffen, auch um zu kochen. Die Reziprozität liegt
etwas unter dem Durchschnitt, der Anteil multiplexer Beziehungen im Netzwerk liegt deutlicher darunter. Es sind 62 Prozent der Alteri, die ähnliche Vorstellungen und Einstellungen
zum Leben haben wie Ego, was dem Gesamtdurchschnitt aller Befragten entspricht.

Netzwerke des Gesellungsstils: Zurückhaltende Unsicherheit (6)
Die durchschnittliche Netzwerkgröße der zurückhaltend Unsicheren liegt mit 13,5 Personen
relativ weit unter dem Gesamtdurchschnitt. Dabei variiert die Anzahl der Alteri zwischen

10 und 18. Vier der sechs Personen dieses Gesellungsstils verfügen mit 10 bis 13 Alteri über ziemlich kleine Netze, wohingegen sich die beiden anderen mit 16 bzw. 18 Alteri im mittleren Bereich bewegen.

In der Verteilung der Beziehungsnähe fällt auf, dass die entfernten Beziehungen in diesem Gesellungsstil mit neun Prozent den niedrigsten Anteil einnehmen. Nahe und sehr nahe Beziehungen nehmen mit 46 % bzw. 45 % in etwa die gleichen Anteile ein (Abbildung 24).

Abbildung 24: Anteil der Beziehungen im Netzwerk nach Beziehungsnähe
(Zurückhaltende Unsicherheit)

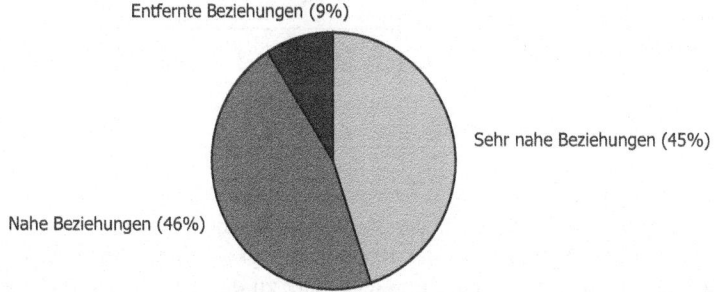

Berücksichtigt man die große Bedeutung sehr naher und naher Beziehungen, dann können wir in der Rollenverteilung eine deutliche Dominanz von Familienmitgliedern (Tabelle 42) erkennen, da die sehr nahen Beziehungen fast ausschließlich Familien- und Verwandtschaftsbeziehungen (98 %) sind. Auch bei den nahen Beziehungen sind dies immer noch 54 Prozent. Freunde finden wir eigentlich nur im Bereich der nahen Beziehungen. Hier stellen sie einen Anteil von 28 Prozent, gefolgt von Bekannten mit 19 Prozent. Selbst in den anteilig nicht sehr bedeutenden entfernten Beziehungen finden wir immer noch ein Fünftel Familienmitglieder. Spätestens an dieser Stelle ist klar, dass die Netzwerke dieses Gesellungsstils sehr stark von Familienbeziehungen bestimmt werden. Den Hauptteil der entfernten Beziehungen stellen Bekannte mit 80 Prozent.

Tabelle 42: Anteil von Familie, Freunden und Bekannten nach Beziehungsnähe
(Zurückhaltende Unsicherheit, Angaben in Spaltenprozent)

	Sehr nahe Beziehungen	Nahe Beziehungen	Entfernte Beziehungen
Familie	98%	54%	20%
Freunde	2%	28%	0%
Bekannte	0%	19%	80%

Der sehr hohe Anteil von Verwandten im Netzwerk (73 %) und die vergleichsweise sehr niedrige Rollendiversität bestätigt noch einmal den Familienschwerpunkt innerhalb dieses Gesellungsstils.

Tabelle 43: Mittelwerte und Standardabweichung der Strukturvariablen
(Zurückhaltende Unsicherheit)

	Mittelwert	Standardabweichung
Netzgröße	13.50	2.95
Rollendiversität (IQV Index)	0.52	0.11
Statusdiversität (IQV Index)	0.55	0.30
Altersdiversität (IQV Index)	0.85	0.06
Multiplexität	0.39	0.15
Reziprozität	0.26	0.13
Anteil Alteri, zu den häufiger Kontakt besteht	0.19	0.08
Anteil Verwandte am Netzwerk	0.73	0.07
Anteil Alteri mit ähnlichen Vorstellungen am Netzwerk	0.45	0.14

Der eher geringe Anteil häufiger Kontakte (19 %) zwischen Ego und seinen Alteri deckt sich mit dem familienzentrierten Gesellungsstil, der mit einem ähnlich hohen Verwandtschaftsanteil und ähnlich geringen Anteilen bei der Kontakthäufigkeit einhergeht. Ein bedeutender Unterschied besteht jedoch darin, dass im Gegensatz zu den Familienzentrierten der Anteil an Alteri (45 %) mit ähnlichen Lebensvorstellungen wie Ego deutlich geringerer ist. Ego umgibt sich aufgrund seiner Ängste vorrangig mit Personen aus der Familie, teilt jedoch nur zum Teil ihre Lebensvorstellungen. Netzwerkzusammensetzung und niedrige Kontakthäufigkeit sprechen für eine Zurückhaltung der Befragten gegenüber Personen aus anderen Kontexten. Dies führt jedoch nicht dazu, dass die Beziehungen einseitig sind, denn die Reziprozität der Unterstützungsleistungen liegt zwar unter dem Gesamtdurchschnitt, ist aber immer noch deutlich höher als beispielsweise beim Gesellungsstil der trotzigen Isolierung. Die Multiplexität liegt deutlich über dem Gesamtdurchschnitt, so dass Ego von einigen Alteri mehrfach unterstützt wird.

7.7 Aggregierte Netzwerkstrukturen für die Gesellungsstile

Ähnlich wie bei den Milieus, spiegeln auch die Abbildungen der aggregierten Netzwerkstruktur für die Gesellungsstile den Zusammenhang von Habitus (Gesellungsstil) und Netzwerkstruktur sehr anschaulich wider.

Wir wollen die Interpretation der Abbildungen auch hier an einem Beispiel (Abbildung 25) illustrieren.

Abbildung 25: Aggregierte Netzwerkstruktur für den Gesellungsstil der Trotzigen Isolierung

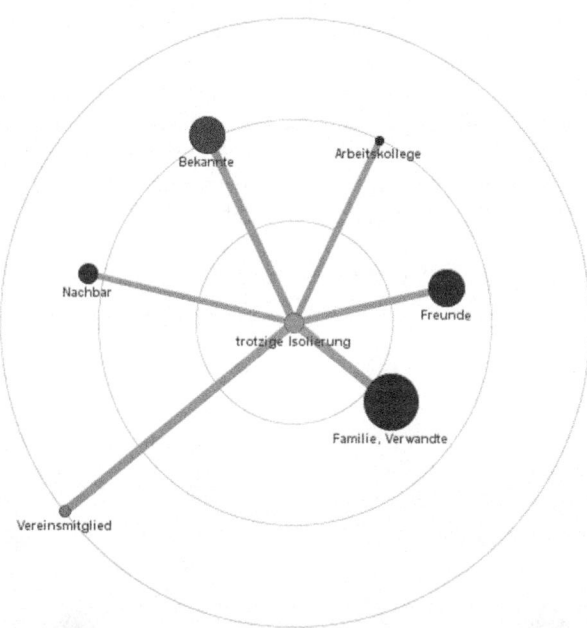

Das Netzwerk des Gesellungsstils der Trotzigen Isolierung zeigt, dass die Befragten ihre Kontaktpartner mit Ausnahme der Vereinsmitglieder bereits sehr lange kennen. Erkennbar ist dies an der Farbe der Knoten. Je dunkler die Knoten sind, desto länger kennen die Befragten ihre Kontaktpartner. Die Größe der Knoten gibt den Anteil des jeweiligen Beziehungstyps an allen genannten Kontakten wieder. Bei diesem Gesellungsstil überwiegen die Kontakte zu Familie und Verwandten gefolgt von den Bekannten und Freunden. Die Stärke der Linien gibt die Kontakthäufigkeit an. Intensive Kontakte bestehen zu Familie und Verwandten, Bekannten und Vereinsmitgliedern. Obwohl die Vereinsmitglieder nur einen sehr geringen Anteil am Netzwerk ausmachen, ist die Kontakthäufigkeit hier sehr hoch. Die Anordnung der Knoten in den Kreisen gibt die Nähe der Genannten zu den Befragten wieder. Je weiter entfernt der Knoten vom Zentrum liegt, desto weniger nahe stehen die Personen den Befragten. Hier ist das Verhältnis zu den Vereinsmitgliedern eher distanziert, während die Beziehungen zu Familie und Verwandtschaft sehr nahe sind. Die Beziehung zu den Freunden tendiert eher zur Nähe, während Arbeitskollegen, Bekannte und Nachbarn weniger nahe Kontakte darstellen. In diesem Typus betonen die Befragten, dass sie sich durch zu enge Beziehungen zu Freunden sehr gebunden fühlen, was sich hier in der Distanz vom Zentrum auch widerspiegelt. Außerdem haben die Befragten mehr Kontakte zu Bekannten als zu Freunden, die ihnen wiederum weniger nahe stehen. Auch das entspricht den Einstellungen dieses Typs, denn Bekannte sind in der Regel besser für lose Beziehungen geeignet, die von den trotzig Isolierten bevorzugt werden.

Vergleicht man die visualisierten Netzwerke (Abbildung 26) für die verschiedenen Gesellungsstile, dann erkennt man, ähnlich wie bei den Milieutypen, dass sich alle Typen der Gesellung in der aggregierten Netzwerkstruktur deutlich voneinander unterscheiden. Das betrifft sowohl Zusammensetzung und Bedeutung einzelner Beziehungstypen als auch Nähe zu den Befragten und Kontaktintensität. So wie im Beispiel beschrieben, spiegelt die Netzwerkstruktur im Wesentlichen die Präferenzen zum Umgang mit Familie, Freunden und Bekannten des jeweiligen Gesellungsstils, wie sie vorne beschrieben wurden, wider. Wie bei den Milieutypen wurden zur besseren Übersicht auch hier einige Informationen zu den Personen (Einstellungen, Durchschnittsalter, Geschlechterverhältnis) in den jeweiligen Gesellungsstilen in Kurzform unter den Abbildungen angegeben.

Abbildung 26: Aggregierte Netzwerkstruktur für Gesellungsstile

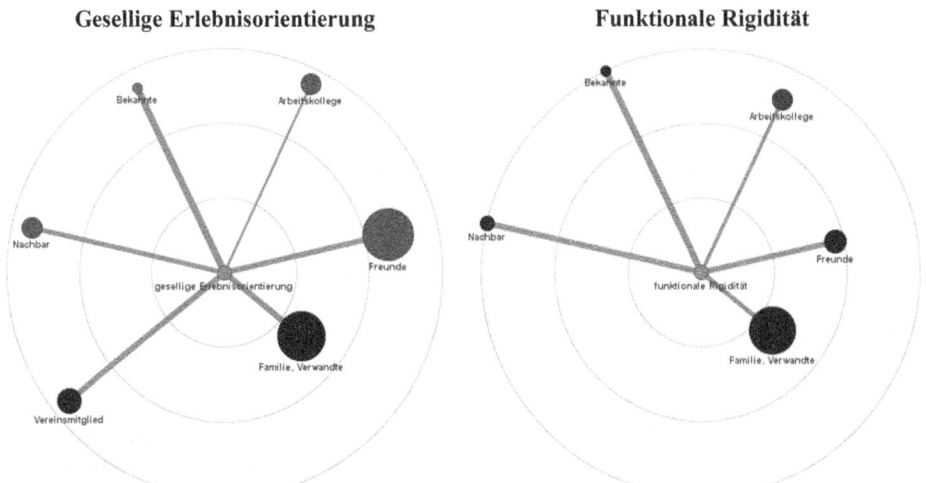

Gesellige Erlebnisorientierung   **Funktionale Rigidität**

Einstellungen: Betonung der Bedeutung von Freunden sowohl für gemeinsame Unternehmungen als auch wenn Sorgen oder Probleme vorhanden sind, Bevorzugung von Spontanität bei Verabredungen und Unternehmungen, Freunde sind wie eine große und bunte Familie
Durchschnittsalter: 39 Jahre
Frauenanteil: 44 %

Einstellungen: Betonung von Zeitmangel für die Pflege von Freundschaften, Treffen müssen geplant werden, wobei es häufige Terminfindungsprobleme gibt, es fehlt häufig die Lust, sich mit Freunden zu treffen und kurzfristige Einladungen werden eher abgesagt
Durchschnittsalter: 52 Jahre
Frauenanteil: 75 %

Konventionelle Geselligkeit

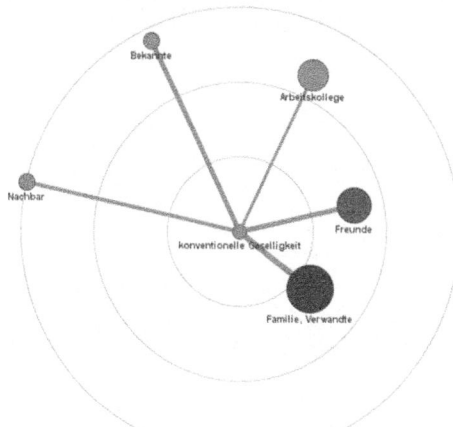

Gesinnungsgemeinschaft

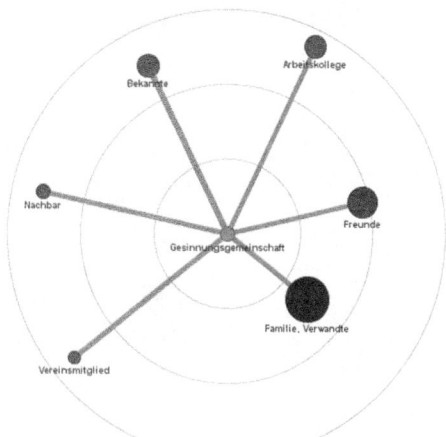

Einstellungen: sind gern mit Verwandten zusammen und feiern Geburtstage gern mit vielen Leuten, unternehmen gern etwas mit Freunden, die auch eher als Familie bezeichnet und auch gern mal in den Arm genommen werden
Durchschnittsalter: 34 Jahre
Frauenanteil: 20 %

Einstellungen: nahe stehende Menschen sollten ähnliche soziale und politische Vorstellungen sowie ähnliche Interessen haben, Bedeutung von Harmonie in den Beziehungen, Freunde werden auch gern mal in den Arm genommen
Durchschnittsalter: 42 Jahre
Frauenanteil: 56 %

Ich-Zentrierung

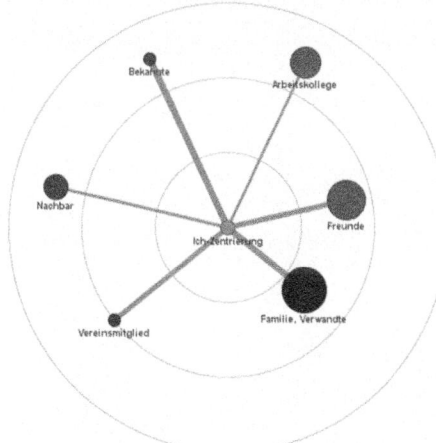

Konventionelle Familienzentrierung

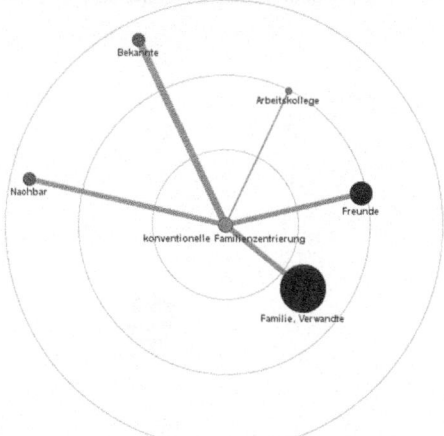

Einstellungen: stehen gern im Mittelpunkt und flirten gern, Beziehungen haben weniger emotionalen Charakter, von Freunden wird vor allem erwartet, dass sie sich in die eigenen Probleme einfühlen können
Durchschnittsalter: 45 Jahre
Frauenanteil: 33 %

Einstellungen: der Zusammenhalt der Familie steht im Mittelpunkt, dafür ist die Bereitschaft groß, Streit auch mal aus dem Weg zu gehen, sind gern mit den Verwandten zusammen und legen Wert auf gute Manieren
Durchschnittsalter: 58 Jahre
Frauenanteil: 71 %

Trotzige Isolierung

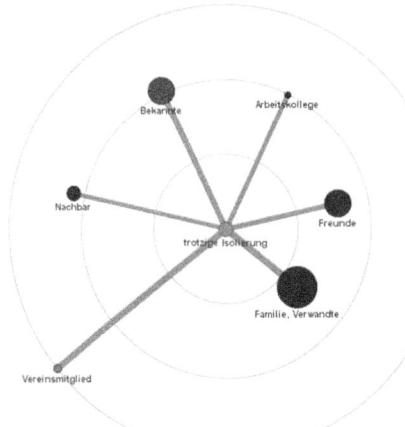

Anspruchsvolle Kommunikation

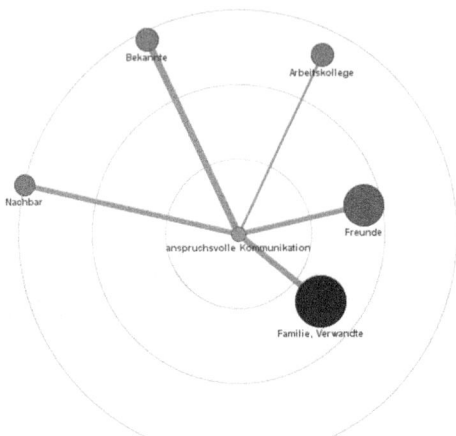

Einstellungen: kein Interesse daran, was andere von einem denken, enge Freundschaften werden als Einengung empfunden, es herrscht oft Unlust, sich mit Freunden zu treffen, nahe stehende Menschen teilen oft sehr ähnliche soziale und politische Vorstellungen
Durchschnittsalter: 56 Jahre
Frauenanteil: 17 %

Einstellungen: es ist wichtig, dass im Freundeskreis über Kunst und Kultur gesprochen und philosophiert werden kann, gemeinsames Kochen kommt häufiger vor, es ist wichtig, Freunde aus allen Kreisen zu haben,
Durchschnittsalter: 37 Jahre
Frauenanteil: 100 %

Zurückhaltende Unsicherheit

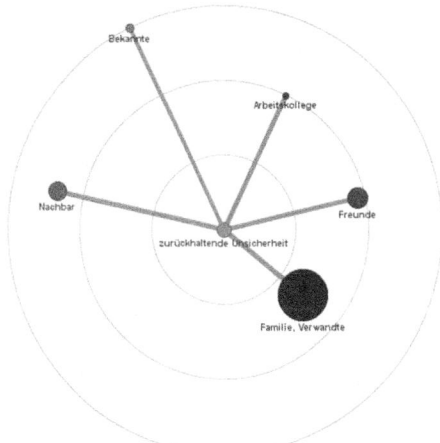

Einstellungen: große Befürchtung, dass andere Leute sie nicht leiden können, verbunden mit häufiger Angst etwas zu sagen, um Fehler zu vermeiden
Durchschnittsalter: 43 Jahre
Frauenanteil: 50 %

Vergleicht man nun die einzelnen Abbildungen, sieht man, dass sich auch die Gesellungs-stile in ihren aggregierten Netzwerkstrukturen deutlich voneinander unterscheiden. Die einzige Ähnlichkeit ist die durchschnittliche Anzahl der Familien- und Verwandtschaftsbe-ziehungen und deren Nähe zu den Befragten. Alle anderen Faktoren variieren stark. Das ist ein weiterer Hinweis darauf, dass der Habitus Einfluss auf Netzwerkstrukturen hat und damit Rahmungen und Spielräume von Beziehungen und Interaktionen beeinflusst. Mit Hilfe dieser Erkenntnisse, werden wir diesen Einfluss im nächsten Abschnitt genauer unter-suchen.

8   Zum Einfluss von Habitus und Netzwerkstruktur – empirische Ergebnisse

Aus Sicht der Netzwerkperspektive haben wir festgehalten, dass – anders als der Begriff des Knotens vielleicht suggeriert – die Akteure selbst als ein Geflecht von Beziehungen aufgefasst werden müssen.

Abbildung 27 zeigt zwei Befragte, die jeweils einen Knoten verkörpern, der gleichzeitig als Geflecht aggregierter sozialer Beziehungen dargestellt ist. Die Größe der Knoten entspricht, wie in den vorangegangenen Abbildungen dieser Art, der durchschnittlichen Anzahl von Nennungen von Ego für den jeweiligen Beziehungskontext. Das heißt, dass auch in dieser Darstellung jeder Knoten die jeweilige Anzahl von Familienbeziehungen oder Arbeitskollegen wiedergibt, also wiederum ein Geflecht von Beziehungen in dem jeweiligen Feld. Die Distanz der Knoten zum Zentrum (Ego) entspricht der durchschnittlichen Nähe (sehr nah/nah/entfernt) zwischen den Befragten und den Genannten für den jeweiligen Beziehungstyp. Anders als in den bisherigen Abbildungen dieser Art, zeigt die Farbe des Knotens an, wie stark sich die Vorstellungen und Einstellungen zum Leben aus Sicht von Ego mit seinen Alteri ähneln. Je heller der Knoten ist, desto ähnlicher sind die Vorstellungen. Wir erkennen so die homophilen Beziehungen und die eher heterogenen.

Abbildung 27: Netzwerkstruktur von zwei Befragten aus unterschiedlichen sozialen Milieus

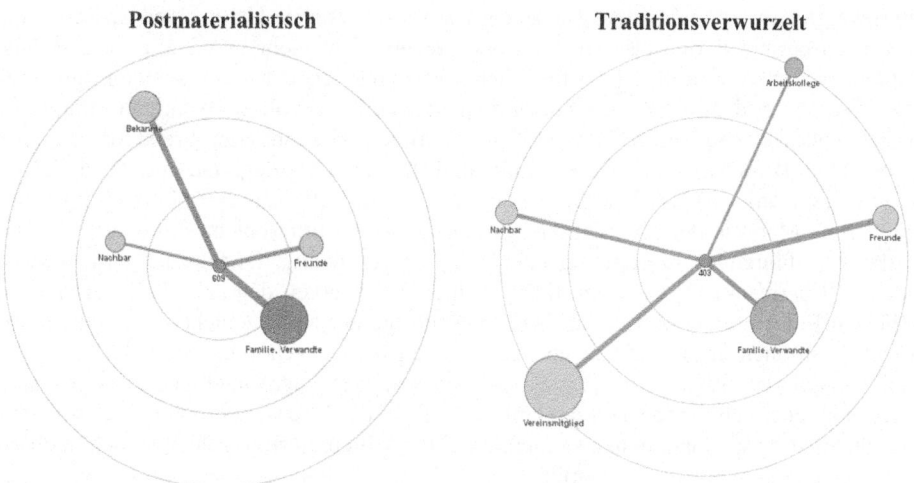

Beide Akteure gehören unterschiedlichen sozialen Milieus an, dem postmaterialistischen und dem traditionsverwurzelten (vgl. Kapitel 6.2.) Was wir an diesen Darstellungen erkennen, ist die Tatsache, dass die beiden Akteure sowohl in der Größe als auch in der Zusammensetzung ihrer Netzwerke große Unterschiede aufweisen. Die Beziehungen im Netzwerk des Befragten aus dem traditionsverwurzelten Milieu sind bezüglich der geteilten Lebensvorstellungen deutlich homogener als bei dem Befragten aus dem postmaterialistischen Milieu. Hier divergieren besonderes die geteilten Lebensvorstellungen von Ego und seiner Familie/Verwandtschaft. Dies lässt auf Spannungen im Netzwerk schließen. Während die Person links über sehr nahe stehende Freunde und nahe stehende Bekannte verfügt, stehen die Freunde der Person rechts nicht sehr nahe. Dafür finden wir hier eine große Zahl an Vereinsmitgliedern, die andere Bekanntschaften möglicherweise deshalb unnötig machen, weil genug Interaktionsmöglichkeiten zur Verfügung stehen. Dieses Einzelbeispiel, welches vor allem zur Veranschaulichung unserer Herangehensweise dient, zeigt, dass die Zugehörigkeit zu unterschiedlichen Milieus, wie theoretisch angenommen, auch zu unterschiedlichen Rahmungen und Möglichkeiten der Interaktion führt.

Nun sind die Milieus in sich aber keinesfalls homogen. Sie unterscheiden sich sowohl in ihrer sozialstrukturellen Zusammensetzung, d.h. in der Position im sozialen Raum als auch in Bezug auf Alter, Geschlecht und ihre Netzwerkstrukturen. Daher finden wir auch innerhalb der unterschiedlichen Milieus deutliche Unterschiede hinsichtlich der Grenzen und Möglichkeiten der Interaktionen zwischen deren Angehörigen.

In Abbildung 28 sind die Netzwerke von drei Personen aus dem Milieu der Postmaterialisten dargestellt. Die oberen beiden Darstellungen zeigen die Netzwerke von zwei Frauen, die beide über 50 Jahre alt sind und zur Mittelschicht gehören. Während die Frau oben links als qualifizierte Angestellte voll berufstätig ist, befindet sich die Frau oben rechts, die früher Beamtin im mittleren Dienst war, bereits im Ruhestand. Beide leben in einer Partnerschaft.

Außer einem ähnlichen Kreis von Familienbeziehungen finden wir bei den beiden Frauen oben trotz sehr ähnlicher sozialstruktureller Gegebenheiten und derselben Milieuzugehörigkeit kaum Ähnlichkeiten. Der einzige sozialstrukturelle Unterschied zwischen beiden Frauen besteht darin, dass die Frau oben rechts nicht mehr berufstätig ist und daher entsprechend mehr Zeit für die Pflege ihrer Beziehungen hat. Dies spiegeln auch ihre Netzwerke wider, denn im Gegensatz zu dem Netzwerk der voll berufstätigen Frau hat sie deutlich mehr Beziehungen zu Freunden, Nachbarn und Bekannten, während die Frau links hauptsächlich Beziehungen zu ihrer Familie und Verwandten pflegt und nur marginal Kontakte zu Freunden und Arbeitskollegen angibt. Die dritte Person in Abbildung 28 (unten links) ist ein Mann in der gleichen Altergruppe, aus der Mittelschicht, mit einer Partnerin. Er ist als ausführender Angestellter ebenfalls voll berufstätig. Es fällt auf, dass sich die beiden voll berufstätigen Personen links in ihren Netzwerken deutlich ähnlicher sind, als die beiden Frauen oben, obwohl alle drei Angehörige der Mittelschicht sind, ähnliche berufliche Positionen erlangt haben und zum selben Milieu gehören. Der unterschiedliche Anteil an Zeit zur Pflege von Beziehungen wegen des unterschiedlichen Erwerbsstatus erklärt möglicherweise einen Teil der Unterschiede in der Netzwerkstruktur. Die strukturelle Ähnlichkeit bzw. Unähnlichkeit innerhalb eines Milieus resultiert hier jedoch noch aus einer weiteren Dimension des Habitus, nämlich den Gesellungsstilen. Diese stellen eine eigenständige Dimension dar, die unabhängig von der Milieuzugehörigkeit existiert, damit also nicht korrelieren. Nehmen wir die Gesellungsstile zu den drei Postmaterialisten hinzu, dann zeigt sich, dass die beiden Personen links oben und links unten denselben Gesellungsstil (konventionell familienzentriert) haben, während die Person oben links einem völlig anderen Gesellungsstil (anspruchsvolle Kommunikation) zuzuordnen ist. Dieser Gesellungsstil drückt die Vorstellung der Befragten zum Umgang mit Freunden, Bekannten und der Familie aus und ist durch die Lebenssituation der Akteure, aber auch ihre Vergangenheit geprägt. An diesem Beispiel kann sehr schön verdeutlicht werden, wie netzwerkstrukturelle Differenzen innerhalb von Milieutypen durch die Berücksichtigung der Gesellungsstile erklärt werden können. Dieses Ergebnis bestätigt zunächst die Annahme, dass der Habitus als solches ein mehrdimensionales Konzept ist, und empirisch auch als solches umgesetzt werden muss. Im nächsten Schritt prüfen wir, inwieweit sich die Einzelbeispiele generalisieren lassen.

Abbildung 28: Netzwerkstruktur von drei Befragten aus dem postmaterialistischen Milieu

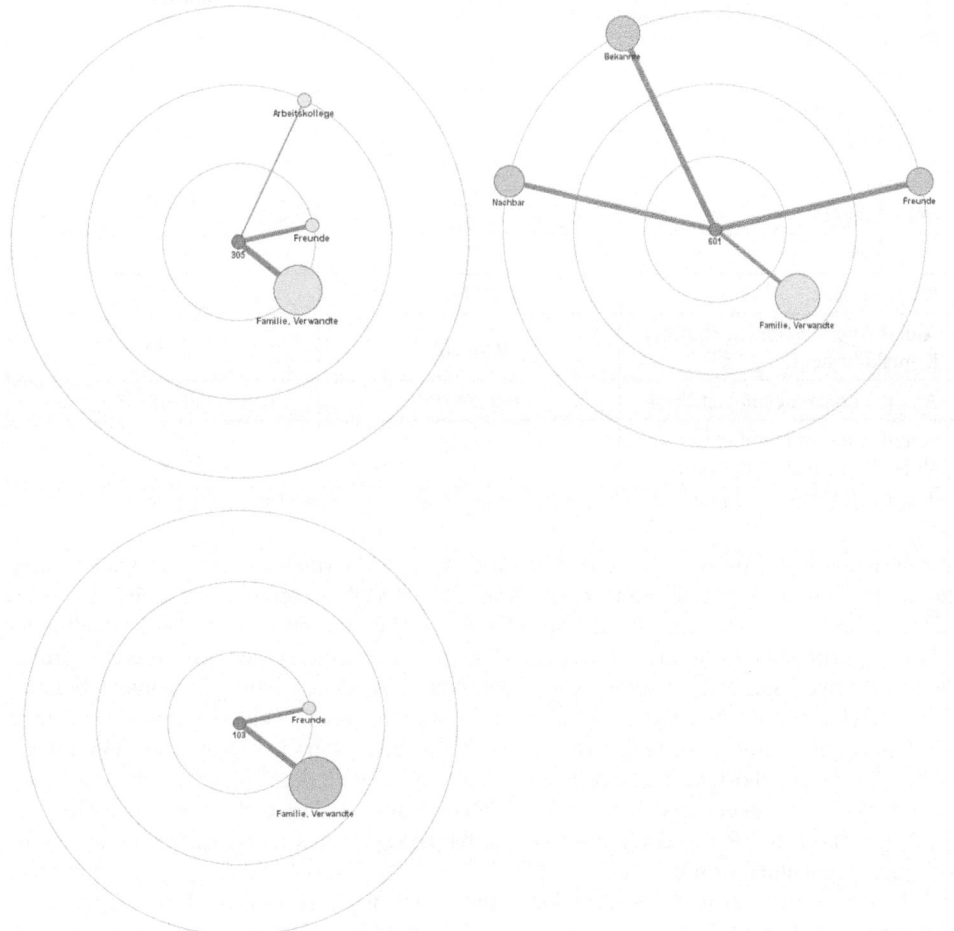

Mit Hilfe bivariater ANOVA-Untersuchungen haben wir Mittelwerte und Varianzen der unterschiedlichen Netzwerkkennzahlen nach Milieus und Gesellungsstilen auf signifikante

Differenzen hin untersucht. Im Ergebnis finden wir für beide Dimensionen des Habitus, die wir gemessen haben (Milieuzugehörigkeit und Gesellungsstil), teilweise gemeinsame und teilweise unabhängige Einflüsse auf die Netzwerkstrukturen der Befragten. Die folgende Tabelle (44) zeigt die bivariaten Zusammenhänge zwischen Milieu bzw. Gesellungsstil und den Kennzahlen für die Netzwerkstruktur. Die Sternchen zeigen die Signifikanzen nach F-Test an[15].

Tabelle 44: Signifikanzen bei der Erklärung von Netzwerkkennzahlen durch Habituselemente mittels einfaktorieller ANOVA-Berechnungen

	Milieu	Gesellungsstil
Netzgröße	0,1685	**0,0009***
Rollendiversität (IQV Index)	**0,0188****	**0,0039***
Statusdiversität (IQV Index)	0,2729	0,7039
Altersdiversität (IQV Index)	0,2912	0,2256
Mulitplexität	0,2910	0,3182
Reziprozität	**0,0110****	0,3532
Anteil Alteri, zu denen häufiger Kontakt besteht	**0,0647***	**0,0356****
Anteil Verwandte am Netzwerk	**0,0081***	**0,0048***
Anteil Alteri mit ähnlichen Vorstellungen am Netzwerk	0,7219	**0,0422****

*** sehr signifikant <0,01; ** signifikant <0,05; * schwach signifikant <0,1

Die systematische Analyse des Zusammenhangs zur Erklärung von Netzwerkkennzahlen durch die Habituselemente mittels einfaktorieller ANOVA zeigt, dass sechs der neun Netzwerkkennzahlen bivariat durch ein oder beide Habituselemente (Milieu, Gesellungs-stil) in signifikanter Form erklärt werden können. Im Einzelnen sind das Netzwerkgröße, die Rollendiversität, Reziprozität, Anteil der Alteri, zu denen häufiger Kontakt besteht, Verwandtenanteil am Netzwerk und Vorstellungshomogenität. Keinerlei Zusammenhänge mit dem Habitus fanden wir in den Bereichen Status- und Altersdiversität sowie Multiplexi-tät. Die Milieuzugehörigkeit erklärt in signifikantem Ausmaß die Rollendiversität, Reziprozität, Kontakthäufigkeit und den Verwandtschaftsanteil, während der Gesellungsstil dies bei Netzwerkgröße, Rollendiversität, Kontakthäufigkeit, Verwandtschaftsanteil und Vor-stellungshomogenität ermöglicht.

In vielen Bereichen der Netzwerkstruktur finden wir also systematische Zusammen-hänge mit den Habituselementen, entweder mit dem Milieu oder dem Gesellungsstil, teil-weise aber auch mit beiden. Dort wo keine systematisch signifikanten Unterschiede nach-

---

[15] Für die Mittelwerte siehe Anhang Tabelle A1; für die einzelnen ANOVA-Abbildungen siehe Anhang Abbildun-gen A2.1.-2.9. und A3.1.-3.9.

weisbar sind, finden wir in Teilgruppen trotzdem relevante Differenzen (vgl. Anhang Tabelle A1), die zumindest Teilzusammenhänge zwischen Habitus und Netzwerken nahe legen. Beispielsweise ist die Statusdiversität im Milieu der Postmaterialisten mit .78 nahezu doppelt so hoch, wie bei den Zugehörigen des kleinbürgerlichen Milieus. Betrachtet man die Multiplexität in den Gesellungsstilen, finden wir auch hier erhebliche Einzelunterschiede. So verfügen die konventionell Familienzentrierten mit 38 Prozent über fast drei Mal so viele multiplexe Beziehungen, wie z.B. die trotzig Isolierten (14 %). Die einzige Variable, die sich sowohl über die Milieutypen als auch über die Gesellungsstile relativ homogen zeigt, ist die Altersdiversität. Insgesamt kann also unsere grundlegende Annahme des Zusammenhanges von Habitus und Netzwerkstruktur bestätigt werden. Aufgrund der relativ geringen Fallzahlen konnten allerdings keine stabilen multivariaten Modelle gerechnet werden.

Einige Netzwerkmerkmale, die bisher keine Erwähnung fanden, wurden als Globalitems abgefragt. Das bedeutet, dass diese Merkmale aus erhebungstechnischen Gründen nicht für alle Alteri separat abgefragt wurden[16]. Die befragte Person wurde stattdessen gebeten, die jeweiligen Alteri, auf die die entsprechenden Items zutrafen, in summierter Form anzugeben.

Keines der Items variiert systematisch und signifikant nach Gesellungsstil oder Milieutyp (vgl. Anhang Abbildungen A4.1-A4.5 und A.5.1-A5.5). Trotzdem finden wir auch hier einige Unterschiede zwischen Einzelkategorien, die hier exemplarisch beschrieben werden sollen.

Der Anteil von Alteri, die weniger als 30 Minuten entfernt von Ego wohnen, liegt mit durchschnittlich 57 Prozent im normalen Bereich. Betrachten wir allerdings die Extremwerte, so finden wir bezüglich der Gesellungsstile zwischen den Typen funktionale Rigidität und zurückhaltende Unsicherheit auf der einen und trotzige Isolierung auf der anderen Seite eine Differenz von über 30 Prozent. Während bei der ersten Gruppe über 70 Prozent aller Alteri in unmittelbarer Nähe der Befragten wohnen und diese damit ein relativ enges Netz um sich herum pflegen, leben bei den trotzig Isolierten nur 40 Prozent der Alteri in der Nähe der Befragten. Dies passt zu ihren Einstellungen, da die trotzig Isolierten in der Regel nicht an regelmäßigen Face-to-Face Kontakten interessiert sind. Entsprechend korrespondieren diese Werte mit dem Anteil der Alteri, die weiter als eine Stunde entfernt wohnen. Aus der Perspektive der Milieuzugehörigkeit sind die Unterschiede deutlich geringer. Im postmaterialistischen und sozial-ökologischen Milieu finden wir mit 47 Prozent bzw. 48 Prozent den geringsten Anteil an Alteri, die in unmittelbarer Nähe der Befragten wohnen, während die Konsumorientierten im Schnitt 76 Prozent ihrer Alteri innerhalb von 30 Minuten, also im unmittelbaren Wohnumfeld, erreichen können.

Berücksichtigt man den Anteil der Alteri, mit denen man sich mindestens einmal im Monat in einem Restaurant trifft oder sich zu Hause besucht, dann sind es auch hier die trotzig Isolierten, die mit einem Anteil von ca. 11 bzw. 32 Prozent weit unter dem Gesamtdurchschnitt liegen. Betrachtet man dagegen die Personen des Typs der Gesinnungsge-

---

[16] Es wurde gefragt:
Wie viele Personen sind weiblich?
Wie viele Personen sind männlich?
Wie viele Personen leben in Deutschland und weniger als 30 Minuten entfernt?
Wie viele Personen leben in Deutschland und weiter als eine Stunde entfernt?
Wie viele Personen leben außerhalb von Deutschland?
Wie viele Personen treffen sich mit Ihnen mindestens einmal im Monat in einer Bar oder einem Restaurant?
Wie viele Personen besuchen Sie mindestens einmal im Monat zu Hause oder werden von Ihnen besucht?
Wie viele Personen kennen sich untereinander?

meinschaft, deren Einstellungen eine große Offenheit gegenüber Familie und Freunden bekunden, so stellen wir fest, dass die Anteile der Alteri in diesem Fall doppelt so hoch sind und einen Gegenpol bilden (22 % und 65 %). In der Gesamttendenz gleichen sich sowohl bei den Gesellungsstilen als auch bei den Milieutypen die niedrigeren Anteile der Alteri beim Treffen in Bars und Restaurants mit höheren Anteilen bei den gegenseitigen Besuchen wieder aus. Innerhalb der Milieus fallen die Konservativen und Kleinbürgerlichen ins Auge, da sie auf beiden Items überdurchschnittlich hohe Anteile der Alteri aufweisen, wohingegen die Postmaterialisten in beiden Items eher unterdurchschnittliche Anteile aufweisen. Hier kann man davon ausgehen, dass es einen Zusammenhang zu dem relativ niedrigen Anteil an Netwerkpartnern im Wohnumfeld gibt.

Die Dichte der Netzwerke wurde ebenfalls über ein quantifizierendes Verfahren erfasst, indem Ego für die unterschiedlichen Bereiche der Nähe zu seinen Alteri mit Hilfe einer 5er-Skala abschätzen sollte, wie viele der Alteri sich untereinander kennen. Eine weitere Angabe bezog dann alle genannten Alteri, unabhängig von der Beziehungsnähe, ein (vgl. Anhang Tabellen A2.1 und A2.2).

Im Kapitel 5 haben wir die Hypothese formuliert, dass es aufgrund des Homophilie-Prinzips einen positiven Zusammenhang zwischen Netzwerkdichte und Vorstellungs- bzw. Rollendiversität im Netzwerk gibt. Die Angaben zur Gesamtnetzwerkdichte haben zusätzlich zur geringen Gesamtfallzahl einen relativ hohen Missing-Anteil, so dass die verbleibenden 44 Angaben leider nicht ausreichen, um diese Hypothese adäquat zu prüfen. Ähnliches gilt für die weiterführenden Hypothesen, die einen Zusammenhang der Berufsposition von Ego und der Heterogenität bzw. Dichte im Netzwerk annehmen. Auch hier konnten wir keine hinreichende Prüfung vornehmen, weil die Berufspositionen nicht genügend Varianz aufweisen.

Trotz Fallzahl bedingter Probleme bei dem globalen Dichtemaß wollen wir die Befunde bezüglich Beziehungsnähe und Habitus kurz darlegen. Wenig überraschend ist das Ergebnis, dass die Dichte der Netzwerke abnimmt, je distanzierter die Beziehungen zwischen Ego und Alter sind. Das bedeutet, dass sich Alteri, die Ego sehr nahe stehen, am häufigsten untereinander kennen. Weniger häufig kennen sich die Alteri, die Ego nahe stehen und am wenigsten häufig kennen sich die Personen untereinander, von denen Ego angibt, ihnen nicht nahe zu stehen. Diese Beobachtung lässt sich im Wesentlichen über alle Milieus und Gesellungsstile machen, allerdings in unterschiedlichem Ausmaß. Hierzu ein Beispiel: Im kleinbürgerlichen Milieu kennen sich die Ego sehr nahe stehenden Alteri nahezu alle untereinander. Bei den nahe stehenden Personen kennen sich im Durchschnitt die meisten, während sich nur einige der entfernten Alteri kennen. Betrachtet man dagegen die Hedonisten, so kennen sich hier im Durchschnitt zwar deutlich weniger der sehr nahen und nahen Beziehungen untereinander als im kleinbürgerlichen Milieu, allerdings deutlich mehr der entfernten Beziehungen. Man kann also sagen, dass bei den Hedonisten die näheren Beziehungen im Vergleich zu den Kleinbürgerlichen etwas weniger dicht sind als ihre entfernten Beziehungen. Noch deutlicher ist das folgende Beispiel für den Bereich der Gesellungsstile. Vergleicht man den Stil der anspruchsvollen Kommunikation mit dem der funktionalen Rigidität, lässt sich sehr gut zeigen, dass Teile des Habitus mit der Netzwerkdichte in Verbindung stehen. Bei den Personen, die der Kommunikation und Interaktion sehr viel Bedeutung beimessen, finden wir über alle Nähekategorien ein sehr ausgeglichenes Dichtemaß. In der Regel kennen sich hier die meisten bis die Hälfte aller Alteri. Im Gesamtnetzwerk kennt sich die Hälfte aller Personen. Letzteres beobachten wir auch beim Typus der funktionalen

Rigidität, allerdings stellt sich das Bild über die Nähekategorien betrachtet völlig anders dar. Hier kennen sich im Bereich der sehr nahen Beziehungen durchgehend alle Alteri. Bei den nahen Beziehungen bewegt sich der Wert nur noch zwischen den meisten und der Hälfte, während sich die Alteri, die von Ego als entfernt eingestuft wurden, nur noch seltener untereinander kennen. Dieses Bild passt wiederum sehr gut zu dem Gesellungsstil der funktionalen Rigidität, der sich dadurch auszeichnet, dass Zeit für die Pflege von Freundschaften fehlt und oft Terminprobleme für gemeinsame Tätigkeiten bestehen. Offenbar ist eine Folge aus diesen Bewertungen und Einstellungen, dass sich Ego auf die ihm sehr nahe stehenden Alteri konzentriert, die dann aber auch untereinander sehr dicht vernetzt sind.

Da der Habitus auch die Möglichkeiten beeinflusst, wie und wo man andere Menschen kennen lernt, haben wir den Kennenlernkontext mit erfasst. Dabei sind wir davon ausgegangen, dass die Habituselemente Milieu und Gesellungsstil in einem engen Zusammenhang mit den Kontexten stehen, in denen die Egos ihren Alteri begegnet sind. Diese Kontexte wurden zu sechs Kategorien aggregiert (vgl. Anhang B).

Sowohl Milieu als auch Gesellungsstile stehen mit den Kennenlernkontexten in einem hochsignifikanten Zusammenhang. Diese Angaben korrespondieren teilweise mit einigen schon beschriebenen Netzwerkkennzahlen (z.B. Anteil der Verwandten). Um Redundanzen zu vermeiden, sollen auch hier nur einige Beispiele zur Verdeutlichung dienen.

Abbildung 29: Prozentuale Verteilung von Kennenlernsituationen nach Milieu der Befragten

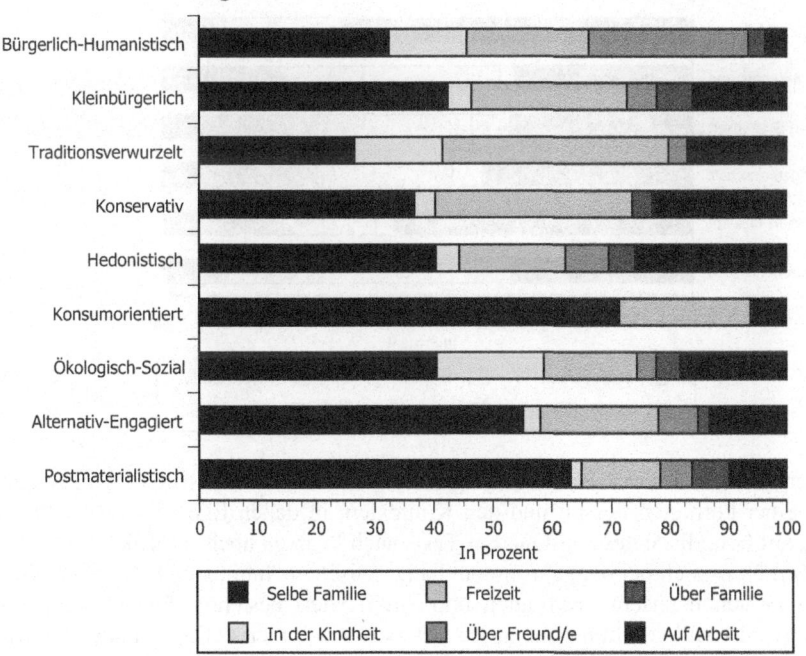

Eigentlich kennen nur die Befragten im ökologisch-sozialen, im traditionsverwurzelten und im bürgerlich-humanistischen Milieu noch Alteri aus der Kindheit. Letztere haben überdurchschnittlich viele Personen über Freunde kennengelernt, haben dafür aber eher weniger

Familienmitglieder und Arbeitskollegen in ihrem Netzwerk. Im konservativen und kleinbürgerlichen Milieu stammen die Alterikontakte hauptsächlich aus Familie, Freizeit und
Arbeit, während die Zusammensetzung der Kennlernkontexte bei Traditionsverwurzelten
und Ökologisch-Sozialen deutlich breiter gestreut ist (vgl. Abbildung 29).

Die Konzentration des Familienanteils bei den Gesellungsstilen der funktionalen Rigidität, der konventionellen Familienzentrierung und der zurückhaltenden Unsicherheit wurde
an anderer Stelle bereits beschrieben, ist aber auch ein deutliches Kennzeichen dafür, dass
Gesellungsstil und Kennenlernkontext der Befragten sehr gut zusammen variieren (Abbildung 30). Während Personen mit dem Stil der Ich-Zentrierung wenige Alteri aus ihrer
Kindheit kennen, dafür aber eine größere Menge über Freunde kennengelernt haben, verhält
es sich beim Typ der anspruchsvollen Kommunikation genau umgekehrt. Offenbar wird
hier viel Wert auf langfristige und direkte Beziehungen gelegt, während Beziehung, die
über Dritte vermittelt wurden (über Freunde oder die Familie), nur marginal sind.

Abbildung 30: Prozentuale Verteilung von Kennenlernsituationen nach Gesellungsstil der
Befragten

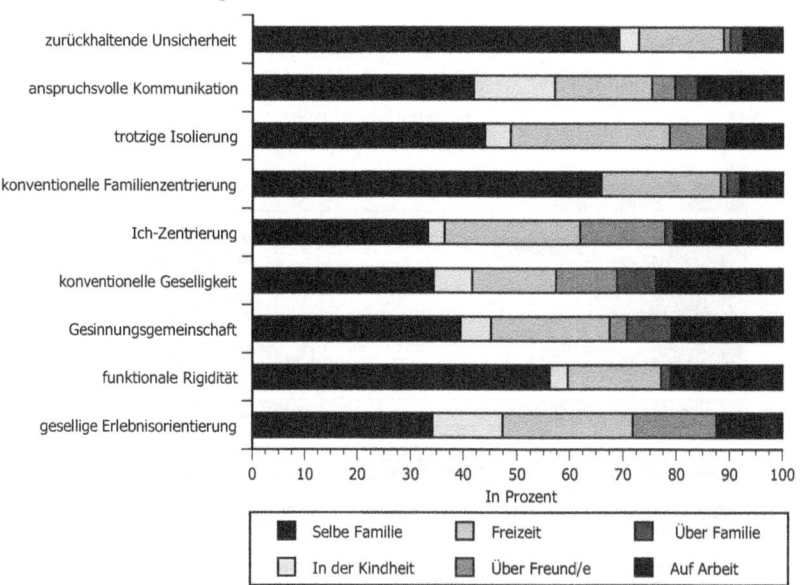

Im Ergebnis zeigt sich, dass der Zusammenhang sowohl zwischen dem Milieu als auch dem
Gesellungsstil einer befragten Person und den Kontexten, in denen Ego seine Alteri kennengelernt hat, auf Grundlage des Chi-Quadrat Tests nach Pearson hoch signifikant ist.

Ähnlich verhält es sich bei dem Zusammenhang zwischen Habitus und Dauer der Beziehungen, die zwischen unseren Befragten und ihren Alteri bestehen. Die Dauer jeder
Beziehung wurde an Hand von fünf Kategorien erhoben. Auch hier stellen wir sehr signifikante Zusammenhänge zwischen Milieu bzw. Gesellungsstil und Dauer der Beziehungen
fest. Neue Beziehungen, die weniger als ein Jahr bestehen, sind in den Netzwerken der
Befragten kaum zu finden. Bei den anderen vier Kategorien finden wir deutliche Unterschiede, wenn wir sie nach der Milieuzugehörigkeit differenzieren.

Abbildung 31: Prozentuale Verteilung von Beziehungsdauer nach Milieu der Befragten

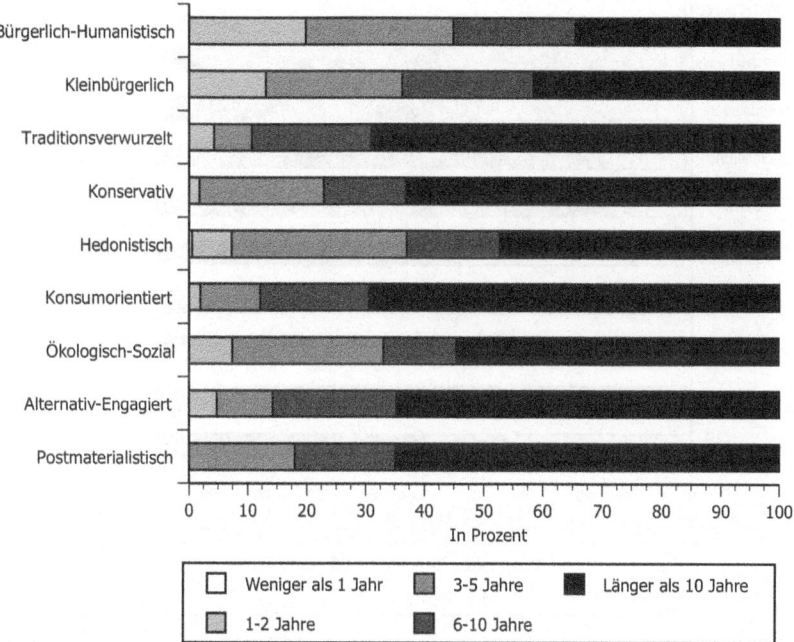

Auch in den Gesellungsstilen finden wir ganz typische Unterschiede. So überrascht es nicht, dass die sozialen Beziehungen der Befragten aus den Gesellungsstilen der zurückhaltenden Unsicherheit, der trotzigen Isolierung, der konventionellen Familienzentrierung und der funktionalen Rigidität zu einem ganz überwiegenden Teil bereits länger als sechs Jahre bestehen. Diese Gruppen haben ein relativ ähnliches Bild in der Dauer ihrer Beziehungen, wenn auch die Gründe dafür nicht identisch sind. Die Motivationsunterschiede für die Fixierung auf einige langjährige Kontakte bei den trotzig Isolierten und den Familienzentrierten lassen sich auf der Grundlage der Beschreibung der Gesellungsstile (Kap. 6.3.) leicht ausmachen.

Den Gesellungsstilen, die zu langjährigen Beziehungen neigen, stehen beispielsweise die Befragten aus den Gruppen gegenüber, die mehr Wert auf die Geselligkeit und Erlebnisse legen. Dazu gehören die Gesellungsstile der anspruchsvollen Kommunikation, der konventionellen Geselligkeit und der geselligen Erlebnisorientierung. Hier finden wir einen deutlich höheren Anteil von Beziehungen, die weniger als sechs Jahre andauern.

Insgesamt muss man natürlich sagen, dass es einen deutlichen Korrelationszusammenhang (.7) zwischen der durchschnittlichen Dauer des Kennens der Alteri und dem Alter der Befragten Personen gibt. Da Milieu- und Gesellungstypen auch altersspezifisch variieren, können wir Interkorrelationseffekte also nicht ausschließen. Es wäre an dieser Stelle allerdings auch sehr erstaunlich, wenn wir keinen Zusammenhang zwischen Alter der befragten Person und deren Beziehungsdauern finden würden.

Abbildung 32: Prozentuale Verteilung von Beziehungsdauer nach Gesellungsstil der
Befragten

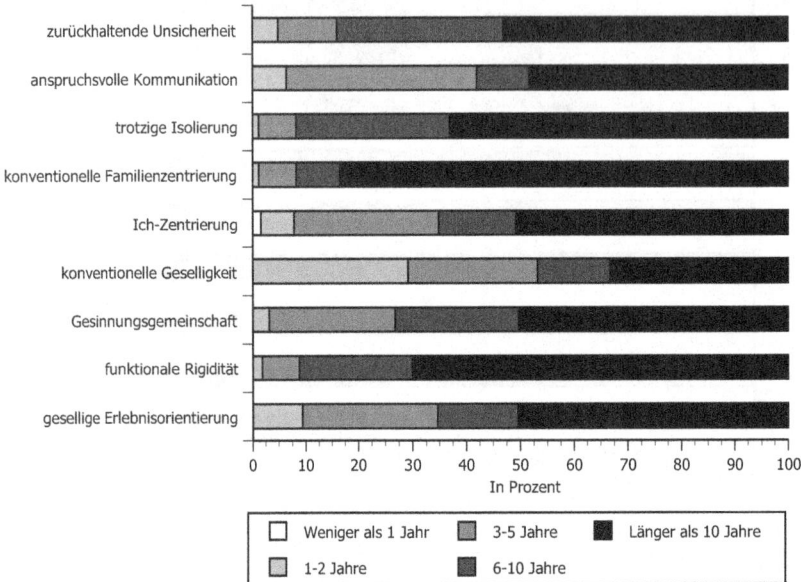

Nach den Untersuchungen zum Einfluss des Habitus auf Netzwerkstrukturen haben wir nun mehr als nur Anhaltspunkte, die uns bestätigen, dass habituelle Stellungen die Rahmungen und Spielräume sowie Möglichkeiten und Grenzen sozialer Beziehungen und deren strukturelle Herausbildung mitbestimmen. Im nächsten Abschnitt werden wir die in Kapitel 5 abgeleiteten Hypothesen zum Sozialkapital empirisch überprüfen.

9 Sozialkapital und Netzwerkstruktur

Wie wir in Kapitel 4 ausführlich beschrieben haben, betrachten wir Sozialkapital als Investition in soziale Beziehungen, die sich quantifizieren lässt. Diesen Investitionen steht ein Ertrag gegenüber, den wir als abrufbare Unterstützungsleistungen beschreiben und in retrospektiver Abfrage exemplarisch (vgl. Fußnote 17 und 18) erfasst haben.

Zuerst interessiert uns der Zusammenhang von Investition und Ertrag, wobei Bourdieu diesen Zusammenhang so formuliert hat, dass der Umfang des Sozialkapitals im Wesentlichen durch den Umfang des Beziehungsnetzes und die Kapitalausstattung der Alteri bestimmt ist. Die von uns daraus abgeleitete Hypothese, die einen positiven Zusammenhang von Netzwerkgröße (Investition) und erhaltener Unterstützungsleistungen (Ertrag) formuliert, kann zunächst uneingeschränkt bestätigt werden. Denn in unserer Erhebung finden wir einen signifikanten Zusammenhang (Korrelation von .68, beidseitig < 0,01) zwischen Netzwerkgröße und Anzahl der Beziehungen, die mit Unterstützungsleistungen verbunden sind.

Nan Lin hat seine Überlegungen zum Sozialkapital etwas komplexer dargestellt, indem er mögliche Erträge aus dem Sozialkapital (Investitionen in soziale Beziehungen) in expressiven und instrumentellen Nutzen unterscheidet (siehe Kapitel 4). Expressiver Nutzen dient nach Lin zur Absicherung physischer und mentaler Gesundheit sowie der Lebenszufriedenheit (vgl. Lin 2001a: 19). Die Operationalisierung der expressiven Unterstützung haben wir aus den Variablen V_053A, V_053C und V_053F[17] gebildet, indem jede Beziehung zwischen Ego und Alter zunächst als expressiv gilt, wenn Alter eine oder mehrere dieser Unterstützungsleistungen für Ego erbracht hat. Dies galt also, wenn Alter Ego bereits bei wichtigen Angelegenheiten beraten, als Gesprächspartner bei Sorgen oder Ärger zur Verfügung gestanden und/oder Pflege bei ernsthaften Erkrankungen geleistet hat.

Bei instrumentellen Zielen geht es vor allem um ökonomische, politische oder soziale Zugewinne (vgl. Lin 2001a: 19). Äquivalent zu den expressiven Unterstützungsleistungen wurden bei der Operationalisierung der instrumentellen Leistungen die Variablen V_053B, V_053D, V_053E und V_053G[18] herangezogen. Eine Beziehung von Alter zu Ego ist also dann instrumentell, wenn Hilfe bei Jobfragen, Renovierung, Umzug, PC-Nutzung geleistet und/oder finanzielle Unterstützung gewährt wurde.

Diejenigen Alteri, die sowohl eine oder mehrere expressive als auch eine oder mehrere instrumentelle Unterstützungsleistungen erbracht haben, wurden zu einer Gruppe gemischter Beziehungen zusammengefasst, während die übrigen entweder als rein expressive bzw.

---

[17] Die Frage dafür war:
Nun interessiert mich, von wem Sie Hilfe erhalten. Sagen Sie mir bitte die Kennziffer der Personen, von der Sie in den folgenden Situationen schon mal Unterstützung erhalten haben.
V_53A: Rat bei wichtigen Angelegenheiten erhalten; V_53C: Pflege bei ernsthaften Erkrankungen erhalten; V_53F: Person war für mich da, als ich mit jemandem über meine Sorgen oder Ärger sprechen wollte
[18] Die Frage dafür war:
Nun interessiert mich, von wem Sie Hilfe erhalten. Sagen Sie mir bitte die Kennziffer der Personen, von der Sie in den folgenden Situationen schon mal Unterstützung erhalten haben.
V_053B: Hilfe bei Jobfragen erhalten; V_053D Hilfe bei Wohnungsrenovierungen oder Umzug erhalten; V_053E: Hilfe bei der PC-Nutzung erhalten; V_053G: Finanzielle Unterstützung erhalten

rein instrumentelle Unterstützungsbeziehungen definiert wurden. Von allen Unterstützungs-
formen wurden dann die Summen pro Ego aggregiert und die Anteile am Gesamtnetzwerk
berechnet.

Im Abschnitt zur empirischen Überprüfung unseres Konzeptes der Verknüpfung von
Netzwerkperspektive und Habitus-/ Feldtheorie (Kapitel 5) konnten wir aus den Annahmen
Lins verschiedene Hypothesen ableiten, die unterschiedliche Zusammenhänge von Sozialkapital (Investitionen in soziale Beziehungen) und den jeweiligen Erträgen (instrumen-
tell/expressiv) betreffen.

Die erste Hypothese besagt, dass eine hohe Zahl instrumenteller Unterstützungsbeziehungen mit ausgedehnten Netzwerken einhergeht, während mehr expressive Unterstützungsbeziehungen mit kleineren, engeren Netzen verbunden sind. Analysiert man den Zusammenhang von Netzwerkgröße nach Art der Unterstützungsleistungen, zeigt sich bei allen
Arten der erhaltenen Unterstützung ein positiver Zusammenhang zwischen Netzwerkgröße
und Anzahl der Alteri, die die jeweiligen Unterstützungsleistungen erbringen (Tabelle 45).
Der Zusammenhang zwischen Netzwerkgröße und Anzahl der Alteri, die sowohl expressive
als auch instrumentelle Unterstützung leisten, korreliert mit .54 am stärksten. Relativ stark
ist auch der Zusammenhang zwischen Netzwerkgröße und Anzahl der Alteri, die rein expressive Unterstützung leisten (.49). Dieses Ergebnis widerspricht zunächst der Hypothese
von Lin, dass expressive Unterstützungsbeziehungen vermehrt mit kleineren und engeren
Netzwerken verbunden sind. Der Zusammenhang zwischen einem hohen Anteil an instrumentellen Unterstützungsbeziehungen und ausgedehnten Netzwerken kann mit einem Zu-
sammenhangswert von .33 schwach nachgewiesen werden. Dieser Teil der Hypothese kann
also zunächst bestätigt werden. Insgesamt zeigen die Ergebnisse, dass sich die Anzahl der
Unterstützungsleistungen, gleich welcher Art, signifikant mit der Netzwerkgröße Egos erhöht.

Tabelle 45: Korrelationsmatrix zwischen Netzwerkgröße und Anzahl der Alteri, die jeweils
rein expressive, rein instrumentelle oder sowohl expressive als auch
instrumentelle Unterstützung leisten

	Netzwerkgröße	Anzahl der Alteri, die rein expressive Unterstützung leisten	Anzahl der Alteri, die rein instrumentelle Unterstützung leisten	Anzahl der Alteri, die sowohl expressive als auch instrumentelle Unterstützung leisten
Netzwerkgröße	1	,494[**]	,332[*]	,540[**]
Anzahl der Alteri, die rein expressive Unterstützung leisten	,494[**]	1	-,233	,498[**]
Anzahl der Alteri, die rein instrumentelle Unterstützung leisten	,332[*]	-,233	1	,088
Anzahl der Alteri, die sowohl expressive als auch instrumentelle Unterstützung leisten	,540[**]	,498[**]	,088	1

**. Die Korrelation ist auf dem Niveau von 0,01 (2-seitig) signifikant.
*. Die Korrelation ist auf dem Niveau von 0,05 (2-seitig) signifikant.

Auffällig ist die recht hohe Korrelationen zwischen der Anzahl an Alteri, die rein expressive bzw. sowohl expressive als auch instrumentelle Unterstützung leisten (.5). Entweder ist es leichter, Beziehungen mit rein expressivem Ertrag um den instrumentellen Bereich zu ergänzen als andersherum. Möglicherweise führt aber auch eine gute „Ausstattung" mit Mischunterstützung dazu, dass in weiteren Beziehungen rein expressive Unterstützung fokussiert wird.

Eine weitere Hypothese, die wir hergeleitet haben, (vgl. Kapitel 5) lautet: Je mehr expressive Unterstützung Ego erhält, desto weniger instrumentelle Unterstützungsbeziehungen hat Ego und umgekehrt.

Tabelle 46: Korrelationsmatrix zwischen Netzwerkgröße und Anteil der Alteri, die jeweils rein expressive, rein instrumentelle oder sowohl expressive als auch instrumentelle Unterstützung leisten

	Netzwerk-größe	Anteil der Alteri am Netzwerk, die expressive und instrumentelle Unterstützung geben	Anteil der Alteri am Netzwerk, die nur expressive Unterstützung geben	Anteil der Alteri am Netzwerk, die nur instrumentelle Unterstützung geben
Netzwerkgröße	1	-,016	,194	-,037
Anteil der Alteri am Netzwerk, die expressive und instrumentelle Unterstützung geben	-,016	1	,141	-,192
Anteil der Alteri am Netzwerk, die nur expressive Unterstützung geben	,194	,141	1	-,313[*]
Anteil der Alteri am Netzwerk, die nur instrumentelle Unterstützung geben	-,037	-,192	-,313[*]	1

*. Die Korrelation ist auf dem Niveau von 0,05 (2-seitig) signifikant.

Korreliert man die Anteile expressiver und instrumenteller Unterstützungsbeziehungen am Gesamtnetzwerk (Tabelle 46), so erkennen wir den in der Hypothese formulierten negativen Zusammenhang (-.31). Tendenziell bedeutet das: Je größer der Anteil an rein expressiven Unterstützungsbeziehungen im Netzwerk von Ego ist, desto kleiner ist der Anteil rein instrumenteller Unterstützungsbeziehungen. Dasselbe gilt andersherum. Dieser Zusammenhang ist zwar mit einem Wert von -.31 nicht sehr stark ausgeprägt, aber er ist beobachtbar und signifikant.

Die letzte Hypothese zum Sozialkapital bezieht sich auf den Zusammenhang zwischen dem Habitus von Ego sowie Art und Zusammensetzung der Unterstützungsleistungen.

Diese Hypothese lässt sich nur teilweise bestätigen (vgl. Anhang Abbildungen A6.1-A6.4. und A7.1-A7.4). Die Ergebnisse der Varianzanalysen (ANOVA) verweisen auf systematische und signifikante Einflüsse der Milieuzugehörigkeit auf den Anteil expressiver Beziehungen am Netzwerk und den Anteil von Beziehungen, die überhaupt mit Unterstützungsleistungen verbunden sind. Die erklärte Varianz liegt hier bei 19,7 bzw. 16,6 Prozent. Systematische Zusammenhänge, die etwas über der Signifikanzgrenze von ,05 liegen, finden wir beim Einfluss der Gesellungsstile auf den Anteil von Mischunterstützungen und dem Einfluss des Milieus auf den Anteil instrumenteller Beziehungen. Insgesamt können wir also nicht über alle Unterstützungstypen systematische Einflüsse der Habituselemente erkennen, wobei die geringen Fallzahlen einerseits dazu führen können, dass die Gruppenmittelwerte anfällig gegenüber Ausreißern sind. Andererseits können wir aufgrund der Fallzahlen nur bivariate Analysen durchführen, weshalb wir kombinatorische Effekte nicht mit multivariaten Analysemethoden aufzeigen können. Deshalb wollen wir mit Hilfe deskriptiver Analysen an Hand von Einzelbeispielen einige deutliche Unterschiede aufzeigen, die über die systematische bivariate Varianzanalyse so nicht ersichtlich werden.

Im Bereich der Milieus vergleichen wir zunächst den Typus der Traditionsverwurzelten mit dem der Hedonisten. Beide Typen haben mit 18,8 bzw. 19,8 genannten Alteri im Durchschnitt eine ähnliche Netzwerkgröße. Der erste große Unterschied besteht jedoch im Anteil der Alteri, die bei den sieben (siehe Fußnoten 17 und 18) zur Auswahl stehenden Unterstützungsleistungen genannt werden. Die Traditionsverwurzelten nennen im Mittel 25 Prozent aller Alteri, von denen sie überhaupt in einem der sieben Bereiche Unterstützung erhalten. Dagegen sind es beim hedonistischen Typus 46 Prozent, was fast doppelt so viele sind (siehe Anhang Tabelle A3.1). Die Unterschiede werden noch deutlicher, wenn wir die Anteile an rein expressiven Unterstützungsbeziehungen betrachten. Hier verfügen die Hedonisten mit 20 Prozent über fast viermal so viele Beziehungen als die Traditionsverwurzelten (5,8 %). Im Bereich der instrumentellen Unterstützungsbeziehungen gibt es keine großen Unterschiede zwischen beiden Milieutypen, wohingegen bei den Mischbeziehungen wiederum die Hedonisten einen deutlich größeren Anteil aufweisen als die Traditionsverwurzelten (21,3 % gegenüber 12,7 %). Dieses Beispiel bekräftigt, wie stark sich einzelne Milieus in der Ausgestaltung ihrer Unterstützungsleistungen unterscheiden.

Im Bereich der Gesellungsstile finden wir im Ergebnis der Varianzanalyse bei den anteiligen Unterstützungsbeziehungen kaum systematische Unterschiede. Aber auch hier möchten wir exemplarisch zeigen, dass dies keinesfalls bedeutet, dass die Gesellungsstile bezüglich der Unterstützungsbeziehungen absolut homogen sind. Vergleichen wir die Stile der funktionalen Rigidität und der zurückhaltenden Unsicherheit, dann sind dies beides Gesellungsstile, die bezüglich ihrer durchschnittlichen Anteile an Beziehungen mit Mischunterstützung (22,2 % und 21,7 %) relativ homogen sind (siehe Anhang Tabelle A3.2). Nimmt man dagegen den Gesellungsstil der trotzigen Isolierung, dann ist hier der Anteil an Mischbeziehungen mit 1,2 Prozent so gut wie nicht vorhanden. Dafür haben die trotzig Isolierten mit 13,9 Prozent deutlich mehr expressive Unterstützungsbeziehungen als die funktional Rigiden (7 %) und die zurückhaltend Unsicheren (11,8 %). Alles in allem können wir festhalten, dass das Habituselement der Milieuzugehörigkeit einen deutlich größeren Anteil der Varianz beim „Sozialkapital" erklären kann als die Gesellungsstile. Es ist aber keinesfalls so, dass die Gesellungsstile nicht auch variieren. Somit können wir den Zusammenhang von Habitus und Art bzw. Ausgestaltung der Erträge aus dem Sozialkapital in ausdifferenzierter Form bestätigen.

Es verbleibt die Untersuchung des Zusammenhanges soziodemographischer Merkmale (Alter und Geschlecht) auf Art und Umfang der Erträge aus dem Sozialkapital. Das Alter der Befragten beeinflusst Art und Umfang der Unterstützungsbeziehungen in keiner Weise.

Anders ist es beim Geschlecht der befragten Personen. Frauen haben im Mittel einen signifikant höheren Anteil an Beziehungen im Netzwerk (beidseitig signifikant), die auf irgendeine Art und Weise Unterstützung leisten. Da Frauen heutzutage immer noch die Hauptlast bei der Organisation des Haushaltes und der Kinderbetreuung tragen, kann vermutet werden, dass sie deshalb auch einen größeren Teil von Unterstützungsbeziehungen jeglicher Art in ihr Netzwerk einbinden müssen. Es könnte aber auch sein, dass Männer viele Unterstützungsleistungen von weniger Personen erhalten. Das würde allerdings bedeuten, dass Männer einen größeren Anteil multiplexer Beziehungen haben müssten als Frauen. Das kann deshalb keine hinreichende Begründung sein, weil wir den ungekehrten Fall beobachten, denn Frauen haben zehn Prozent mehr multiplexe Beziehungen im Netzwerk als Männer (vgl. Tabelle 6).

Betrachten wir den Anteil rein instrumenteller und gemischter Unterstützungsbeziehungen, dann zeigt sich der eben diskutierte Gesamtzusammenhang allerdings nicht mehr. Zwar haben die Frauen im Mittel einen etwas größeren Anteil als die Männer, jedoch ist der Zusammenhang nicht signifikant. Der Anteil der Beziehungen, die rein expressive Unterstützungsleistungen zur Verfügung stellen, ist bei den Frauen (18,6 %) signifikant höherer als bei den Männern (11,8 %). Insgesamt spielt das Alter der Befragten keinerlei Rolle für die Verwertung des Sozialkapitals. Für das Geschlecht finden wir einige Zusammenhänge, die sich vermutlich auf geschlechtsspezifische Arbeitsteilungen zurückführen lassen.

10 Schlussbemerkungen

Unser Ziel war es, der Netzwerkperspektive mit Hilfe Bourdieus Habitus- und Feldtheorie ein theoretisches Fundament zu verschaffen, das empirisch überprüfbar ist. Zu diesem Zweck haben wir die unterschiedlichen Perspektiven unter Berücksichtigung ihrer Stärken und Schwächen zum beiderseitigen Vorteil verknüpft.

Im ersten Teil wurden die wesentlichen Merkmale der Habitus- und Feldtheorie sowie der Netzwerkperspektive aufgearbeitet. Der Ansatz unserer Verknüpfung lag bei der Gemeinsamkeit beider Ansätze, sich einer relationalen Soziologie zu verpflichten, der positionsgebundenes Handeln immanent ist. Der Strukturbegriff von Bourdieu bezieht sich dabei auf einen Raum objektivierbarer Relationen, während sich die Netzwerkperspektive auf die Manifestationen direkt beobachtbarer Interaktionen in Form von direkten sozialen Beziehungen und persönlichen Kontakten bezieht. Das bedeutet, dass der Schwerpunkt Bourdieus auf objektiven Beziehungen bzw. Distinktionsbeziehungen liegt, während das Zentrum der Netzwerkperspektive im Bereich subjektiver, auf Interaktion beruhender Beziehungen in Form von Netzwerkstrukturen zu finden ist.

Weil Bourdieu Unterschiede in der Struktur sozialer Beziehungen aus seiner Perspektive wenig berücksichtigt, musste die Bedeutung der Distinktionsbeziehungen aus unserer Sicht um die Bedeutung der sozialen Beziehungen als Ergebnis des relationalen Ansatzes in der Netzwerkperspektive erweitert werden, denn diese erlaubt es uns intersubjektive Beziehungen und ihre Eigendynamik angemessen zu berücksichtigen.

Insgesamt haben wir durch die Verknüpfung der Praxistheorie mit der Netzwerkanalyse die Möglichkeit, individuelle Strategien als eine Kombination aus individuellen Eigenschaften, Interaktionen sowie sozialen Positionen zu betrachten. Wir berücksichtigen in der Konzeption, dass die Struktur eines Feldes nicht ausschließlich von externen Machtbeziehungen und den historisch festgelegten Kategorien der Wahrnehmung abhängt, sondern die Interaktion in einem Feld auch durch die Wahrnehmungskategorien und die Praxis innerhalb des Feldes selbst hervorgebracht wird. Diese Kategorien dienen dabei der Inklusion und Exklusion von Akteuren und bestimmen mit, wer zu wem eine Beziehung hat und wer isoliert ist. Sie symbolisieren und konsolidieren Muster der Inklusion und Exklusion, so dass die daraus resultierenden Schemata die Beziehungsmuster verstärken, die wiederum verstärkend rückwirken. Es handelt sich dabei um einen selbstverstärkenden Prozess, der eben jenes Wechselspiel zwischen Makro- und Mikroebene meint, dass wir in Kapitel 4 als Wirkungszirkel bezeichnet haben.

Kurz zusammengefasst: Objektive Beziehungen, als Machtbeziehungen im sozialen Raum, beeinflussen die Interaktion innerhalb des Feldes und gestalten so die Struktur eines Feldes. Durch die Interaktionen verfestigen sich Schemata, Vorurteile, Identitäten, auf die andere Individuen oder Gruppen reagieren. Die objektiven Beziehungen sind jedoch keine autonomen Kräfte, die direkt und kontinuierlich jedes Feld bestimmen, sondern sie werden erst wirksam, wenn Menschen oder Gruppen an Interaktionen innerhalb eines Feldes beteiligt sind. In diesem Prozess werden neue symbolische Distinktionen und Werte geschaffen, oder bestehende wieder bestätigt oder verworfen.

Durch die Verknüpfung der Netzwerkperspektive mit der Habitus- und Feldtheorie von Bourdieu konnten auch die Defizite, die vor allem aus dem strukturalistischen Fundament der Netzwerkperspektive stammen, behoben werden. Durch den Habitus werden die Möglichkeiten der Interaktion, die zu einem komplexen Erfahrungswissen verarbeitet und immer wieder transformiert werden, selektiert. Der Habitus konstituiert die Praxisformen der Akteure und die damit verbundenen alltäglichen Wahrnehmungen. So sind die unterschiedlichen Ausprägungen des Habitus sowohl von den Erfahrungen als auch der sozialen Position, die der Einzelne im sozialen Raum einnimmt, abhängig. Der Habitus als Modus Operandi begrenzt nicht nur die Praxisformen des sozialen Akteurs, sondern erzeugt gleichsam auch einen Raum der Möglichkeiten für ihn. Der Habitus muss daher ständig in Praxi umgesetzt werden. Praxis kommt aber erst durch das Handeln von Akteuren in Feldern zustande. Wir können die Netzwerkstrukturen nun als Muster sozialer Praktiken auffassen, denen eine Tiefenstruktur zu Grunde liegt. Diese Tiefenstruktur leitet sich aus dem Habitus ab, der als Ursache für bestimmte Formen des Denkens und Handelns, aber auch der Interaktionsbeziehungen angesehen werden kann. Damit wird es möglich, zu verstehen, warum bestimmte Handlungen andere konkrete Handlungen auslösen und wie die Konsistenz, Integration und Zurückweisung in den intersubjektiven sozialen Beziehungen entsteht.

Ausgehend von diesen grundlegenden theoretischen Annahmen über den Zusammenhang von Habitus, Feld, Praxis und Interaktionsbeziehungen war es uns zunächst wichtig, empirisch zu überprüfen, ob und inwieweit objektive Beziehungen, die sich über den Habitus und die darin inkorporierten Denk- und Handlungsschemata ausdrücken lassen, Netzwerkinteraktionen und Netzwerkstrukturen beeinflussen. Wir gehen in unserem Gesamtmodell jedoch nicht davon aus, dass dieser Mechanismus einseitig verläuft, da das Wechselspiel zwischen Makro- und Mikroebene mehrere Wirkungszirkel impliziert, von denen wir hier einen Ausschnitt untersucht haben.

Da wir in unseren theoretischen Überlegungen zu dem Schluss kamen, dass Netzwerkstrukturen als Muster sozialer Praktiken aufgefasst werden können, denen eine Tiefenstruktur zu Grunde liegt, die sich aus dem Habitus ableitet, haben wir zunächst unterschiedlichste Einstellungen, Wahrnehmungen und Meinungen aus den Bereichen Gesellschaft, Beruf und Privatleben, Lebensziele und Verhaltensweisen, den verschiedenen Aspekten der Politik sowie Meinungen zu Autorität und Unterordnung mit einem Fragebogendesign im Rahmen einer geschichteten Stichprobe von 53 Befragten in Berlin erhoben und operationalisiert. Mit Hilfe von Faktoranalysen wurden die miteinander zusammenhängenden Variablen (Statements) auf komplexe Erklärungsvariablen (Grundorientierungen) zurückgeführt und der Untersuchungsgegenstand damit auf wenige, wichtige Dimensionen reduziert. Von Adorno (1973) ausgehend, setzt sich der Habitus als ein Syndrom aus einzelnen Zügen und Dispositionen zusammen. In Anlehnung an Max Webers Idealtypen wurden abstrahierende und zugleich idealtypische Kategorien als Hilfswerkzeuge gebildet, um einzelne Habituszüge begrifflich fassen und benennen zu können. Bei der Benennung haben wir uns an den Beschreibungen der Sinus Milieus (2010) sowie den Elementarkategorien der Habitushermeneutik von Bremer und Teiwes-Kügler (2010) orientiert. Letztlich konnten wir jeder Person zwei wesentliche Elemente des Habitus, nämlich die Milieuzugehörigkeit und den Gesellungsstil, zuordnen und fanden damit einen empirischen Zugang, der bei Individuen beginnt, über die wir letztlich die Netzwerkstruktur beschreiben konnten. Diese Herangehensweise ist für die Netzwerkperspektive neu, weil bei der Analyse emergenter Strukturen in der Regel unter Ausblendung des Individuums und seiner Erfahrungen angesetzt wird.

Mit dem hier vorgestellten integrativen Modell wird die Schwäche der Netzwerkanalyse, individuelles Handeln von Akteuren ohne ihre Einbeziehung als Subjekte mit Erfahrungen und Vergangenheit zu erklären, mit Hilfe von Bourdieus Habituskonzept überwunden. Das Individuum verschwindet nicht mehr bei der Erklärung von Struktur, sondern wird mit seinen subjektiven und objektiven Erfahrungen und Beziehungen in einem relationalen Forschungskonzept in den Mittelpunkt gerückt. Es ist uns also gelungen, den Mustern, die durch die Netzwerkperspektive sonst losgelöst betrachtet werden, mit Hilfe eines theoretischen Rahmens Tiefe zu geben.

Die theoretische Verknüpfung der Habitus- und Feldtheorie mit der Netzwerkperspektive führte auch dazu, dass wir den Begriff des sozialen Kapitals präzisieren mussten.

Dabei fassen wir das Netzwerk eines Akteurs als Gelegenheitsstruktur auf, die durch Investition in Sozialbeziehungen entsteht. Davon zu trennen sind die möglichen Erträge, die aus den Investitionen, die wir als Sozialkapital betrachten, erwachsen können. Sozialkapital ist also eine Investition in soziale Beziehungen unter unsicheren Bedingungen und kann Gelegenheitsstrukturen eröffnen. Dagegen zählen die Ressourcen, über die die Netzwerkmitglieder verfügen und die für eigene Zwecke mobilisiert werden können, zu den möglichen Erträgen aus sozialem Kapital. Das Sozialkapital steht als Metapher für die Beziehungen, von deren Besitz es abhängt, was im Sozialen möglich und was nicht möglich ist. Es weist den Akteuren ihre Positionen in der gesellschaftlichen Hierarchie zu und schafft damit eine soziale Infrastrukturkomponente für die Investition in soziale Beziehungen. Unter dieser Perspektive erscheint das Netzwerk von Individuen als Gelegenheitsstruktur, die es ermöglicht, Erträge abzurufen, die wir wiederum in expressive und instrumentelle Unterstützungsleistungen unterschieden haben. Durch die Erfassung der Netzwerkstruktur konnten wir das Sozialkapital als Gelegenheitsstruktur empirisch erfassen. Außerdem war es uns möglich, die Erträge des Sozialkapitals über eine retrospektive, exemplarische Abfrage expressiver und instrumenteller Unterstützungsleistungen durch die Alteri zu untersuchen.

In der empirischen Untersuchung zum Zusammenhang von Habitus und Netzwerkstruktur zeigten sich deutliche, oft systematische Einzelzusammenhänge zwischen den Habituselementen unserer Befragungspersonen (Milieu und Gesellungsstil) und deren Netzwerkstrukturen. Die Milieuzugehörigkeit erklärt in signifikantem Ausmaß die Rollendiversität, Reziprozität, Kontakthäufigkeit und den Verwandtschaftsanteil, während der Gesellungsstil dies bei Netzwerkgröße, Rollendiversität, Kontakthäufigkeit, Verwandtschaftsanteil und Vorstellungshomogenität ermöglicht. Insgesamt gibt es nur drei von neun Netzwerkmerkmalen, bei denen keine systematisch-signifikanten Zusammenhänge mit der Milieuzugehörigkeit oder dem Gesellungsstil erkennbar sind. Dies sind die Status- und Altersdiversität sowie die Multiplexität. Aber auch hier konnten wir in Teilbereichen über Deskription und „genaueres Hinsehen" deutliche Differenzen aufzeigen. So unterscheiden sich Postmaterialisten und Kleinbürger beispielsweise sehr deutlich im Bereich der Statusdiversität, während wir im Bereich der Gesellungsstile klare Multiplexitätsdifferenzen zwischen „Familienzentrierten" und „trotzig Isolierten" finden. Die einzige Variable, die sowohl über die Milieutypen als auch über die Gesellungsstile relativ homogen ist, ist die Altersdiversität. Aufgrund der geringen Fallzahlen war es uns leider nicht möglich, die jeweiligen Einflussstärken mittels multivariater Modelle gegeneinander abzuwiegen.

Die Analyse des Kennenlernkontextes und der Bekanntschaftsdauer hatte für uns insofern Bedeutung, als dass der Habitus auch über Möglichkeiten und deren Nutzung mitbe-

stimmt, wie und wo man andere Menschen kennenlernen kann. Daher sind wir davon ausgegangen, dass die Habituselemente Milieu und Gesellungsstil in einem engen Zusammenhang mit den Kontexten stehen, in denen die Befragten ihren Alteri begegnet sind. Der
Habitus als Element der Ermöglichung und Begrenzung von Kontakten kommt in den Ergebnissen deutlich zum Tragen, denn sowohl Milieu als auch Gesellungsstile stehen mit
den Kennenlernkontexten in einem hochsignifikanten Zusammenhang. So stellen wir fest,
dass beispielsweise Freunde aus der Kindheit nur bei den Personen des ökologisch-sozialen, traditionsverwurzelten und bürgerlich-humanistischen Milieus zu finden sind. Im konservativen und kleinbürgerlichen Milieu stammen die Alterikontakte hauptsächlich aus
Familie, Freizeit und Arbeit, während diese Zusammensetzung bei Traditionsverwurzelten
und Ökologisch-Sozialen deutlich breiter gestreut ist. Das bedeutet letztlich, dass der Habitus als Element der Ermöglichung und Begrenzung von Interaktionen und Kontakten auch
über den Kennenlernkontext und die Bekanntschaftsdauer wirksam wird.

Die Überprüfung unserer Hypothesen zum Sozialkapital und den daraus resultierenden
Erträgen brachte uns einerseits zu dem Ergebnis, dass sowohl Investition als auch Erträge
in der einen oder anderen Weise mit dem Habitus in Verbindung stehen. Ganz im Gegensatz zum Alter, das hier keine Rollen spielt. Zunächst finden wir einen deutlichen Zusammenhang zwischen Netzwerkgröße und Anzahl der Beziehungen, die in unserer Erhebung
Unterstützungsleistungen erbringen. Die aus Bourdieus Formulierungen zum Sozialkapital
abgeleitete Hypothese, dass der Umfang des Netzwerks positiv mit den daraus resultierenden Erträgen (Unterstützungsleistungen) zusammenhängt, konnten wir empirisch nachweisen. Auch unter Berücksichtigung der Ertragsdifferenzierung in instrumentelle und expressive Unterstützungsleistungen lässt sich zeigen, dass sich die Anzahl der Unterstützungsleistungen, gleich welcher Art, signifikant mit der Netzwerkgröße Egos erhöht. Korrelierte
man allerdings die Anteile expressiver und instrumenteller Unterstützungsbeziehungen am
Gesamtnetzwerk, so fanden wir einen negativen Zusammenhang, der mit unseren Hypothesen korrespondiert. Tendenziell bedeutet das: Je größer der Anteil an rein expressiven Unterstützungsbeziehungen im Netzwerk von Ego ist, desto kleiner ist der Anteil rein instrumenteller Unterstützungsbeziehungen. Dasselbe gilt andersherum. Das stützt unsere Annahme, dass sich Ego je nach Habitus zum Teil unbewusst unterschiedlicher Investitionsstrategien bedient, deren Schwerpunkt entweder auf instrumenteller oder auf expressiver
Ertragsorientierung liegt. Durch die Analysen des Zusammenhanges von Habitus (Milieu
und Gesellungsstil) und Erträgen aus dem Sozialkapital fanden wir systematische und signifikante Einflüsse der Milieuzugehörigkeit auf den Anteil expressiver Beziehungen am
Netzwerk und den Anteil von Beziehungen, die überhaupt mit Unterstützungsleistungen
verbunden sind. Die erklärte Varianz liegt hier bivariat bei 19,7 Prozent bzw. 16,6 Prozent.
Systematische Zusammenhänge, die etwas über der Signifikanzgrenze von ,05 liegen, finden wir beim Einfluss der Gesellungsstile auf den Anteil von Mischunterstützungen und
dem Einfluss des Milieus auf den Anteil instrumenteller Beziehungen. Insgesamt können
wir also nicht über alle Unterstützungstypen systematische Einflüsse der Habituselemente
erkennen. Durch „genaues Hinsehen" konnten wir auf deskriptivem Wege dennoch deutliche Unterschiede zwischen einigen Milieutypen und Gesellungsstilen erkennen. Ein erstaunlicher Unterschied zeigt sich beispielsweise in dem Anteil der Alteri, die Unterstützungsleistungen erbringen, gemessen am Gesamtnetzwerk. In diesem Bereich haben die
Personen des hedonistischen Milieus mit 46 Prozent einen nahezu doppelt so hohen Anteil,
wie die Traditionsverwurzelten (25 %). Dieser Unterschied wird noch deutlicher, wenn man

die rein expressiven Unterstützungsleistungen betrachtet, bei denen die Hedonisten über einen fast vierfachen Anteil verfügen, wenn man diesen mit den Traditionsverwurzelten vergleicht (20 % bzw. 5,8 %). An diesem Beispiel soll gezeigt werden, dass ein Mangel systematischer empirischer Evidenz nicht bedeutet, dass wir keine bemerkenswerten Differenzen finden.

Insgesamt bietet die Verknüpfung der Habitustheorie mit der Netzwerkperspektive eine gute Grundlage, um Netzwerkstrukturen von Individuen zu erklären. Selbst mit 53 Befragten konnten wir eine relativ breite Palette von Milieus und Gesellungsstilen darstellen und Zusammenhänge mit den meisten Netzwerkstrukturmaßen bivariat nachweisen. Mit Hilfe des Sozialkapitals gelang es, Zusammenhänge zwischen Habitus, Netzwerkstruktur und Sozialkapitalerträgen systematisch darzustellen und abzuleiten. Aufgrund des kleinen Untersuchungssamples konnten jedoch einige der Hypothesen zur Stellung im Beruf und der Netzwerkstruktur mangels fehlender Zellbelegungen nicht empirisch geprüft werden.

Die Ergebnisse der empirischen Studie zeigen, sowohl bei der Analyse der Milieutypen als auch der Gesellungsstile, zwischen den Typologien und innerhalb der Typologien deutlich unterschiedliche Netzwerkstrukturen der Akteure. Die Unterschiede zwischen den Typologien lassen sich auf Differenzen der Befragtenhabitus zurückführen. Die Variationen innerhalb der Typologien sind vermutlich zum Teil auf die kleine Stichprobe zurückzuführen. Zum Beispiel umfasst der konsumorientierte Milieutypus drei Frauen, von denen zwei den gleichen Gesellungsstil (konventionelle Familienzentrierung) bevorzugen, während eine Frau davon abweicht. Ähnlich verhält es sich hier bei der Netzwerkgröße. Damit stellt sich die Frage, welche der vorgefundenen Habitus- und Netzwerkstrukturen die Regel und welche die Abweichungen darstellen? Diese Frage ließ sich aufgrund unserer kleinen Stichprobe nicht beantworten. Leider war es mit unserem Sample auch nicht möglich, empirisch nachzuweisen, inwieweit Einflüsse von Habituselementen (Milieu und Gesellungsstil) und Netzwerkstrukturen sich wechselseitig bedingen, oder welche Einflussfaktoren sich gegenseitig verstärken oder eventuell sogar neutralisieren.

Im Rahmen unserer theoretischen Überlegungen kamen wir zu dem Schluss, dass nicht nur der Habitus die Interaktionsbeziehungen und damit auch die Netzwerkstruktur der Individuen beeinflusst, sondern die Interaktionen mit anderen auch Einfluss auf den Habitus haben. Dieses Wechselspiel zwischen Habitus und Interaktion, als weiterer Wirkungszirkel gedacht, gilt es in Zukunft genauer zu untersuchen.

11 Literatur

Adorno, Theodor W., 1973: Studien zum Autoritären Charakter. Frankfurt am Main: Suhrkamp.

Asch, Solomon E., 1952: Social Psychology. New York: Prentice-Hall.

Beck, Ulrich, 1986: Risikogesellschaft. Auf dem Weg in die andere Moderne. Frankfurt/Main: Edition Suhrkamp.

Beckert, Jens, 2005: Soziologische Netzwerkanalyse. S. 286-312 in: *Dirk Käsler* (Hg.), Aktuelle Theorien der Soziologie. Von Shmuel Eisenstadt bis zur Postmoderne. München: Beck.

Bernhard, Stefan, 2008: Netzwerkanalyse und Feldtheorie. Grundriss einer Integration im Rahmen von Bourdieus Feldtheorie. S. 121-130 in: *Christian Stegbauer* (Hg.), Netzwerkanalyse und Netzwerktheorie: Ein neues Paradigma in den Sozialwissenschaften. Wiesbaden: VS Verlag für Sozialwissenschaften.

Bien, Walter und Ursula Hebborn-Brass, 1981: „Social Dilemma Game" als Indikator für kognitive Aspekte sozialer Struktur. Göteborg: 7th Congress for Subjektive Probability, Utility and Decision Making

Blau, Peter M., 1964: Exchange and power in social life. New York,: J. Wiley.

Blau, Peter M., 1982: Structural Sociology and Network Analysis. S. 273-279 in: *Peter V. Marsden und Nan Lin* (Hg.), Social Structure and Network Analysis. Beverly Hills: Sage.

Blau, Peter M. , 1968: Interaction: Social Exchange. S. 452-458 in: *David L. Sills und Robert K. Merton* (Hg.), International Encyclopedia of the Social Sciences. New York: Maximilian/Free Press.

Blau, Peter Michael, 2005: Sozialer Austausch. S. 125 -138 in: *Frank Adloff und Steffen Mau* (Hg.), Vom Geben und Nehmen. Zur Soziologie der Reziprozität. Frankfurt/New York: Campus.

Bommes, Michael und Valerie Tacke, 2005: Luhmann's system theory and network theory. S. 282-304 in: *David Seidl und Kai Helge Becker* (Hg.), Niklas Luhmann and organzation studies. Malmö: Lieber & Copenhagen Business School Press.

Bott, Elizabeth, 1971: Family and social network (2nd ed.). New York: Free Press.

Bourdieu, Pierre, 1979: Entwurf einer Theorie der Praxis auf der ethnologischen Grundlage der kabylischen Gesellschaft. Frankfurt am Main: Suhrkamp.

Bourdieu, Pierre, 1981: Klassenschicksal, individuelles Handeln und das Gesetz der Wahrscheinlichkeit. S. 169-226 in: *Pierre Bourdieu, Luc Boltanski, Monique de Saint Martin und Pascale Maldidier* (Hg.), Titel und Stelle. Über die Reproduktion sozialer Macht. Frankfurt a. M.: Europäische Verlagsanstalt.

Bourdieu, Pierre, 1983: Ökonomisches Kapital, kulturelles Kapital, soziales Kapital. S. 183-198 in: *Reinhard Kreckel* (Hg.), Soziale Ungleichheiten. Göttingen: Schwartz.

Bourdieu, Pierre, 1985: Sozialer Raum und Klassen. Frankfurt a. M.: Suhrkamp.

Bourdieu, Pierre, 1987: Die feinen Unterschiede. Kritik an der gesellschaftlichen Urteilskraft. Frankfurt am Main: Suhrkamp.

Bourdieu, Pierre, 1992a: Die verborgenen Mechanismen der Macht. Hamburg: VSA-Verlag.

Bourdieu, Pierre, 1992b: Rede und Antwort. Frankfurt am Main: Suhrkamp.

Bourdieu, Pierre, 1993: Sozialer Sinn. Kritik der theoretischen Vernunft. Frankfurt am Main: Suhrkamp.

Bourdieu, Pierre, 1997: Die männliche Herrschaft. S. 153-217 in: *Irene Dölling und Beate Krais* (Hg.), Ein alltägliches Spiel. Geschlechterkonstruktion in der sozialen Praxis. Frankfurt am Main: Suhrkamp.

Bourdieu, Pierre, 1998: Praktische Vernunft. Zur Theorie des Handelns. Frankfurt am Main: Suhrkamp.

Bourdieu, Pierre und Loïc J. D. Wacquant, 2006: Reflexive Anthropologie. Frankfurt am Main: Suhrkamp.

Bremer, Helmut und Christel Teiwes-Kügler, 2010: Typenbildung in der Habitus- und Milieuforschung: Das soziale Spiel durchschaubarer machen. S. 251 - 276 in: *Jutta Ecarius und Burkhard Schäfer* (Hg.), Typenbildung und Theoriegenerierung. Methoden und Methodologien qualitativer Bildungs- und Biographieforschung. Opladen & Farmington Hills, MI: Verlag Barbara Budrich.

Burt, Ronald S., 1980: Models of Network Structure. Annual Review Sociol. 6: 79-141

Burt, Ronald S., 1982: Toward a Structural Theory of Action. Network Models of Social Structure, Perception, and Action. New York: Academis Press.

Burt, Ronald S., 1992: Structural Holes. The Social Structure of Competition. Cambridge, Massachusetts, London: Havard University Press.

Cartwright, Dorwin und Frank Harary, 1956: Structural balance: A generalization of Heider's theory. Psychological Review 63: 277-292

Davis, James A., 1967: Clustering and Structural Balance. Human Relations 20: 181-187

Davis, James A. und Samuel Leinhardt, 1972: The Structure of Positive Interpersonal Relations in Small Groups. S. 218-251 in: *Joseph Berger, Morris Zelditch und Bo Anderson* (Hg.), Sociological Theories in Progress. New York

De Nooy, Wouter 2003: Fields and networks: correspondence analysis and social network analysis in the framework of field theory. Poetics 31: 305-327

Doreian, Patrick, 2006: Actor network utilities and network evolution. Social Networks 28: 137-164

Durkheim, Emile, 1988: Über soziale Arbeitsteilung. Frankfurt/Main: Suhrkamp.

Eder, Klaus, 2002: Zur Logik sozialer Kämpfe. Mitteilungen des Instituts für Sozialforschung 13: 51-68

Elder, Glen H., 1974: Children of the Great Depression. Chicago: Univ. of Chicago Press

Emirbayer, Mustafa, 1997: Manifesto for a Relational Sociology. American Journal of Sociology 103: 281-317

Emirbayer, Mustafa und Jeff Goodwin, 1994: Network Analysis, Culture and the Problem of Agency. American Journal of Sociology 99: 1411-1454

Erbrecht, Jörg, 2002: Die Kreativität der Praxis. Überlegungen zum Wandel von Habitusformen. S. 225-241 in: *Jörg Ebrecht und Frank Hillebrandt* (Hg.), Bourdieus Theorie der Praxis. Erklärungskraft – Anwendung – Perspektiven. Wiesbaden: Westdeutscher Verlag.

Fischer, Claude, 1976: The Urban Experience. New York, San Fransico: Verlag Jovanovich.

Fröhlich, Gerhard, 1994: Kapital, Habitus, Feld, Symbol. S. 42-54 in: *Ingo Mörth und Gerhard Fröhlich* (Hg.), Das symbolische Kapital der Lebenstile. Zur Kultursoziologie der Moderne nach Pierre Bourdieu. Frankfurt/ New York: Campus Verlag.

Fröhlich, Gerhard, 2007a: Die Einverleibung sozialer Ungleichheit (Habitus, Hexis). S. 41-54 in: *Elisabeth J. Nöstlinger und Ulrike Schmitzer* (Hg.), Bourdieus Erben. Gesellschaftliche Elitenbildung in Deutschland und Österreich. Wien: Mandelbaum Verlag.

Fröhlich, Gerhard, 2007b: Denn jenen, die haben, denen wird gegeben werden. S. 55-67 in: *Elisabeth J. Nöstlinger und Ulrike Schmitzer* (Hg.), Bourdieus Erben. Gesellschaftliche Elitenbildung in Deutschland und Österreich. Wien: Mandelbaum Verlag.

Giddens, Anthony, 1988: Die Konstitution der Gesellschaft. Grundzüge einer Theorie der Strukturierung. Frankfurt/New York: Campus Verlag.

Göhler, Gerhard und Rudolf Speth, 1998: Symbolische Macht. S. 17-48 in: *Reinhard Blänkner und Bernhard Jussen* (Hg.), Institution und ereignis. Über historische Praktiken und Vorstellungen gesellschaftlichen Ordnens. Göttingen: Vandenhoeck & Ruprecht.

Granovetter, Mark, 1973: The strength of weak ties. American Journal of Sociology 78: 1360-1380

Granovetter, Mark, 1995: Getting a job. A study of contacts and careers. Chicago, London: The University of Chicago Press.

Gulas, Christian, 2007: Netzwerke im Feld der Macht. Zur Bedeutung des Sozialkapitals für die Elitenbildung. S. 68-94 in: *Elisabeth J. Nöstlinger und Ulrike Schmitzer* (Hg.), Bourdieus Erben. Gesellschaftliche Elitenbildung in Deutschland und Österreich. Wien: Mandelbaum Verlag.

Haines, Valerie A., 1988: Social network analysis, structuration theory and the holism-individualism debate. Social Networks 10: 157-182

Heider, Fritz, 1946: Attitudes and Cognitive Organizations. Journal of Psychology 21: 107-112

Heider, Fritz, 1958: The psychology of interpersonal relations. New York: Wiley.

Hennig, Marina, 2006: Individuen und ihre sozialen Beziehungen. Wiesbaden: VS Verlag für Sozialwissenschaften.

Holzer, Boris, 2006: Netzwerke. Themen der Soziologie. Bielefeld: Transcript Verlag.

Holzer, Boris 2008: Netzwerke und Systeme. Zum Verhältnis von Vernetzung und Differenzierung. S. 155-164 in: *Christian Stegbauer* (Hg.), Netzwerkanalyse und Netzwerktheorie. Ein neues Paradigma in den Sozialwissenschaften. Wiesbaden: VS Verlag für Sozialwissenschaften.

Hummon, Norman P., 2000: Utility and dynamic social networks. Social Networks 22: 221-249

Illies, Florian, 2000: Generation Golf. Frankfurt: Fischer.

Jansen, Dorothea, 1999: Einführung in die Netzwerkanalyse. Grundlagen, Methoden, Anwendungen. Opladen: Leske & Budrich.

Kadushin, Charles, 2004: Too Much Investment in Social Capital. Social Networks 26: 75-90

Kappelhoff, Peter, 1987: Blockmodellanalyse: Positionen, Rollen und Rollenstrukturen. S. 101-128 in: *Franz Urban Pappi, Jürgen Van Koolwijk und Maria Wieken-Mayser* (Hg.), Techniken der empirischen Sozialforschung. München: R. Oldenbourg Verlag.

Knoke, David und James H. Kuklinski, 1982: Network Analysis. Californien: Sage Publications.

Krais, Beate und Gunter Gebauer, 2008: Habitus. Themen der Soziologie. Bielefeld: Transcript Verlag.

Leenders, Roger TH. A. J., 1995: Structure and Influence, Statistical Models for the Dynamics of Actor Attributes, Network Structure and their Interdependence. Amsterdam: Tesla Thesis Publishers.

Lévi-Strauss, Claude, 1981: Die elementaren Strukturen der Verwandschaft. Frankfurt a. Main: Suhrkamp.

Lin, Nan, 2001a: Building a Network Theory of Social Capital. S. 3-29 in: *Nan Lin, Karen Cook und Ronald S. Burt* (Hg.), Social Capital. Theory and Research. New York: Aldine de Gruyter.

Lin, Nan, 2001b: Social Capital. A Theory of Social Structure and Action. Cambridge: Cambridge University Press.

Lin, Nan, Walter M. Ensel und John C. Vaughn, 1981: Social Resources and strength of ties: Structural factors in occuptional status attainment. American Sociological Review 46: 393-405

Lüscher, Kurt, 2002: Intergenerational Ambivalence: Further Steps in Theory and Research. Journal of Marriage and Family 64: 585-593

Mauss, Marcel, 1989: Soziologie und Anthropologie. Frankfurt am Main: Fischer Taschenbuch Verlag.

Merton, Robert, 1957: The Role-Set: Problems on Sociological Theory. The British Journal of Sociology 8: 106-120

Mitchell, J. Clyde, 1969: Social networks in urban situations: Analyses of personal relationships in Central African towns. Manchester: Published for the Institute for Social Research, University of Zambia, by Manchester U.P.

Mueller, John H., Karl F. Schuessler und Herbert L. Costner, 1977: Statistical reasioning in sociology. Boston: Houghton Mifflin Harcourt.

Müller, Hans Peter, 1997: Sozialstruktur und Lebensstile. Der neuere theoretische Diskurs über soziale Ungleichheit. Frankfurt a. M.: Suhrkamp.

Mützel, Sophie, 2002: Making meaning of the move of the German capital: Networks, logics, and the emergence of capital city journalism. New York

Mützel, Sophie und Jan Fuhse, 2010: Relationale Soziologie: Zur kulturellen Wende der Netzwerkforschung. Wiesbaden

Nadel, Siegfried F., 1957: The theory of social structure. Glencoe, III: Free Press.

Nadel, Siegfried F., 1969: Theory of social structure; with a memoir by M. Fortes / S. Nadel. London: Cohen and West.

Newcomb, Theodore M., 1953: An Approach to the Study of Communicative Acts. Psychological Review 60: 393-404

Pappi, Franz Urban, 1987: Die Netzwerkanalyse aus soziologischer Perspektive. S. 11-38 in: *Franz Urban Pappi* (Hg.), Methoden der Netzwerkanalyse. München: R. Oldenbourg Verlag.

Parsons, Talcott, 1949: Essays in sociological theory, pure and applied. Glencoe, Ill.: Free Press.

Parsons, Talcott, 1968: The structure of social action. New York: Free Press.

Parsons, Talcott und Edward Shils, 1951: Toward a general theory of action. Cambridge: Harvard University Press.

Raub, Werner, 2010: Rational Choice. S. 269-280 in: *Christian Stegbauer und Roger Häusling* (Hg.), Handbuch Netzwerkforschung. Wiesbaden: VS Verlag für Sozialwissenschaften.

Raub, Werner und Thomas Voss, 1986: Die Sozialstruktur der Kooperation rationaler Egoisten - Zur „utilitaristischen" Erklärung sozialer Ordnung. Zeitschrift für Soziologie 15: 309-323

Schenk, Michael, 1984: Soziale Netzwerke und Kommunikation. Tübingen: J.C.B.Mohr.

Schweizer, Thomas, 1996: Muster sozialer Ordnung. Netzwerkanalyse als Fundament der Sozial-ethnologie. Berlin: Dietrich Reimer Verlag.

Schwingel, Markus, 1995: Pierre Bourdieu zur Einführung. Hamburg: Junius Verlag.

Sewell, William H., 1992: A theory of Structure: Duality, Agency and Transformation. American Journal of Sociology 98: 1-29

Sherif, Muzafer 1936: The Psychology of Social Norms. New York: Octagon Books

Simmel, Georg, 1968: Soziologie.Untersuchungen über die Formen der Vergesellschaftung. Berlin: Duncker & Humblot.

Sociovision, Sinus, 2010: Informationen zu den Sinus-Milieus 2010. Heidelberg

Steiner, Pascal, 2001: Bourdieu lesen und verstehen. Bern

Trezzini, Bruno, 1998: Theoretische Aspekte der Sozialwissenschaftlichen Netzwerkanalyse. Schweizerische Zeitschrift für Soziologie 24: 511-544

Trezzini, Bruno, 2010: Netzwerkanalyse, Emergenz und die Mikro-Makro-Problematik. S. 193-204 in: *Christian Stegbauer und Roger Häusling* (Hg.), Handbuch Netzwerkforschung. Wiesbaden: VS Verlag für Sozialwissenschaften.

Vanberg, Viktor, 1975: Die zwei Soziologien - Individualismus und Kollektivismus in der Sozialtheorie. Tübingen: Mohr Verlag.

Vanberg, Viktor, 1984: 'Unsichtbare Hand Erklärung' und soziale Normen. S. 115- 144 in: *Horst Todt* (Hg.), Normgeleitetes Verhalten in den Sozialwissenschaften. (Schriften des Vereins für Social-politik). Berlin: Duncker & Humblot.

Vester, Michael, Peter von Oertzen, Heiko Geiling, Thomas Hermann und Dagmar Müller, 1993: Soziale Milieus im gesellschaftlichen Strukturwandel. Zwischen Integration und Ausgrenzung. Köln: Bund Verlag.

Weber, Max, 1922: Wirtschaft und Gesellschaft; Grundriss der verstehenden Soziologie. . Tübingen: Mohr.

Wellman, Barry, 1988: Structural analysis. From method and methaphor to theory and substance. S. 19-61 in: *Barry Wellman und Stephen D. Berkowitz* (Hg.), Social Structures: a network Approach. Cambridge; New York: Camridge University Press.

Weyer, Johannes, 2000: Soziale Netzwerke als Mikro-Makro-Scharnier: Fragen an die soziologische Theorie. S. 237-254 in: *Johannes Weyer* (Hg.), Soziale Netzwerke. Konzepte und Methoden der sozialwissenschaftlichen Netzwerkforschung. München: Oldenbourg Verlag.

White, Harrison C., 1992: Identity and Control. A Structurel Theory of Social Aktion. Princeton.

White, Harrison C., Scott A. Boorman und Ronald L. Breiger, 1976: Social Structure from Multiple Networks. I. Blockmodels of Roles and Positions. The American Journal of Sociology 81: 730-780

White, Harrison C., Jan Fuhse, Matthias Thiemann und Larissa Buchholz, 2007: Networks and Meanings: Style and Switches. Soziale Systeme 13: 543-555

Windeler, Arnold, 2001: Unternehmungsnetzwerke. Konstitution und Strukturation. Opladen: Westdeutscher Verlag.

Windolf, Paul, 2007: Sozialkapital und soziale Ungleichheit. Vergleichende Analysen zur Unternehmensverflechtung in Deutschland und den USA 1896-1938. S. 197-228 in: *Alfred Reckendrees* (Hg.), Die Bundesdeutsche Massenkonsumgesellschaft 1950-2000. Berlin: Akademie Verlag GmbH.

Ziegler, Rolf, 1987: Positionen in sozialen Räumen. Die multivariate Analyse multipler Netzwerke. S. 64-100 in: *Franz Urban Pappi* (Hg.), Methoden der Netzwerkanalyse. München: R. Oldenbourg Verlag.

Anhang A:
Zusätzliche Abbildungen und Tabellen

Signifikante Alterseffekte

Abbildungen A1.1 – A1.4

Bivariate Anpassung von Netzgröße nach
Alter (in Monaten)

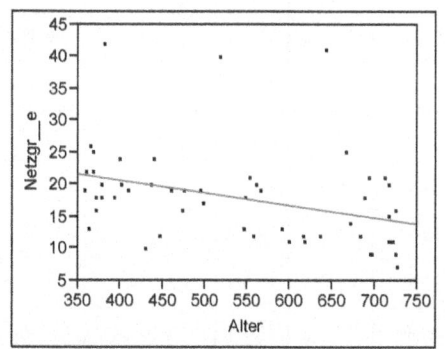

r² korrigiert 0,11; Signifikanz <0,01

Bivariate Anpassung von Rollendiversität nach
Alter (in Monaten)

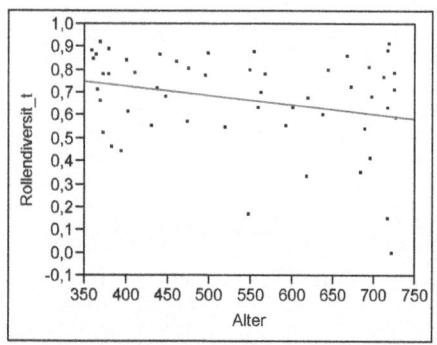

r² korrigiert 0,057; Signifikanz <0,05

Bivariate Anpassung von Reziprozität nach
Alter (in Monaten)

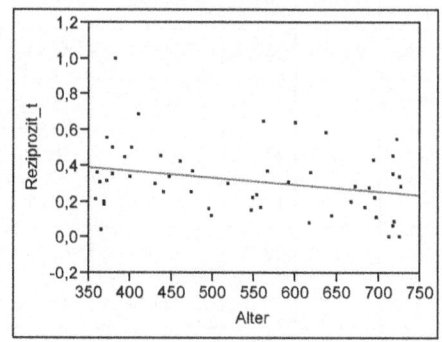

r² korrigiert 0,055; Signifikanz <0,05

Bivariate Anpassung von Kontakthäufigkeit nach
Alter (in Monaten)

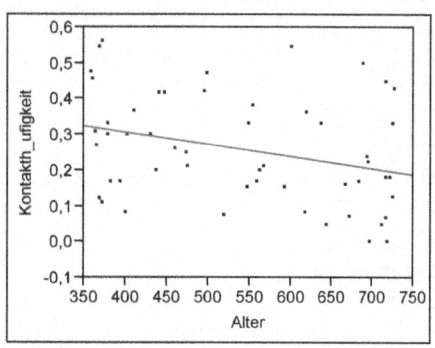

r² korrigiert 0,076; Signifikanz <0,05

Mittelwerte zu den Netzwerken der Befragten nach Milieu und Gesellungsstil

Tabelle A1

	Netz-werk-größe	Rol-len-diver-sität	Status-diver-sität	Alters-diversi-tät	Multi-plexität	Rezip-rozität	Kon-takt-häu-figkeit	Verwandt-schaftsanteil	Vorstel-lungs-homo-philie
Postmaterialistisch	15,9	49,3	78,1	83,7	26,9%	21,1%	15,5%	68,7%	56,1%
Alternativ-Engagiert	15	67,1	54,9	83,9	31,2%	28,2%	19,6%	57,5%	61,4%
Ökologisch-Sozial	17,3	70,7	47,9	78,4	25,6%	30,5%	31,2%	50,0%	66,3%
Konsumorientiert	16,3	41,4	50,1	75,8	47,3%	49,1%	29,4%	77,4%	58,9%
Hedonistisch	19,8	80,7	55,5	86,5	37,3%	40,8%	29,6%	44,7%	59,7%
Konservativ	14,3	75,0	29,8	86,0	34,9%	38,0%	45,6%	47,1%	77,5%
Traditionsver-wurzelt	18,8	77,2	55,0	85,6	18,2%	13,1%	20,5%	31,6%	57,5%
Kleinbürgerlich	16,5	69,4	40,5	90,1	32,8%	21,3%	27,5%	55,7%	53,5%
Bürgerlich-Humanistisch	27,2	59,8	65,7	74,2	45,3%	49,1%	21,1%	44,9%	65,8%
gesellige Erlebnis-orientierung	26	72,0	51,5	83,5	36,3%	36,6%	23,8%	41,9%	57,9%
funktionale Rigidität	14,3	65,7	73,2	88,0	28,7%	29,6%	36,7%	61,0%	55,3%
Gesinnungsge-meinschaft	17,4	77,5	54,6	89,7	37,4%	37,6%	29,8%	44,9%	68,4%
konventionelle Geselligkeit	19,2	78,3	46,3	87,3	31,6%	37,1%	36,6%	45,5%	61,8%
Ich-Zentrierung	21	86,1	59,0	79,3	32,5%	34,0%	37,7%	36,8%	75,4%
konventionelle Fa-milienzentrierung	12,1	44,8	36,7	78,3	37,6%	35,7%	22,3%	69,7%	76,9%
trotzige Isolierung	14	62,9	63,5	75,5	13,5%	12,5%	10,3%	50,5%	50,0%
anspruchsvolle Kommunikation	23,3	76,0	64,3	77,8	26,0%	27,6%	29,6%	45,9%	61,5%
zurückhaltende Unsicherheit	13,5	51,5	55,2	85,5	39,3%	25,9%	18,7%	72,6%	45,1%

ANOVA-Analysen zu den Netzwerken der Befragten nach Milieuzugehörigkeit

Abbildungen A2.1 – A2.3

Einfaktorielle Analyse von Netzgröße nach Milieu

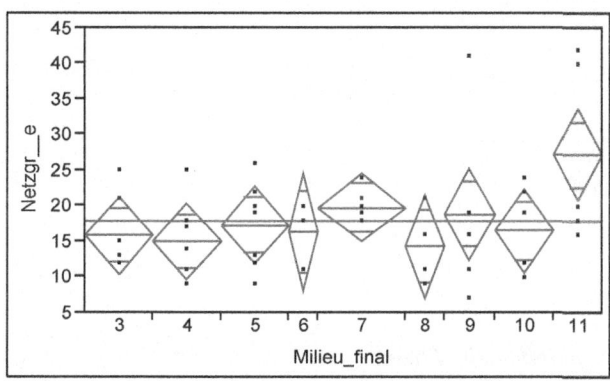

r² korrigiert: 0,078
Signifikanz: 0,169

Einfaktorielle Analyse von Rollendiversität nach Milieu

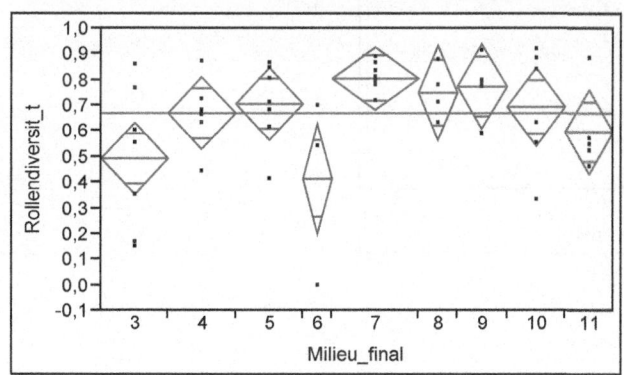

r² korrigiert: 0,201
Signifikanz: <0,05

Legende
3 Postmaterialistisch
4 Alternativ-Engagiert
5 Ökologisch-Sozial
6 Konsumorientiert
7 Hedonistisch
8 Konservativ
9 Traditionsverwurzelt
10 Kleinbürgerlich
11 Bürgerlich-Humanistisch

Einfaktorielle Analyse von Statusdiversität nach Milieu

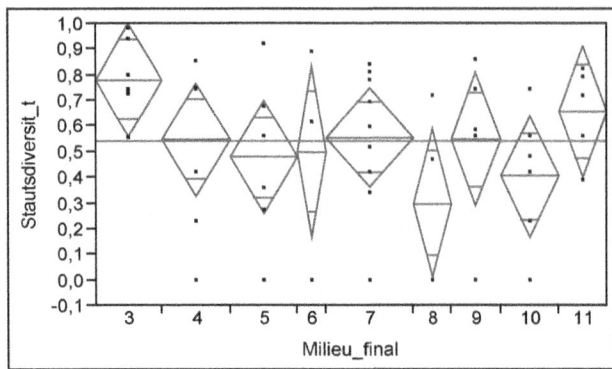

r² korrigiert: 0,043
Signifikanz: 0,273

Abbildungen A2.4 – A2.6

Einfaktorielle Analyse von Altersdiversität nach Milieu

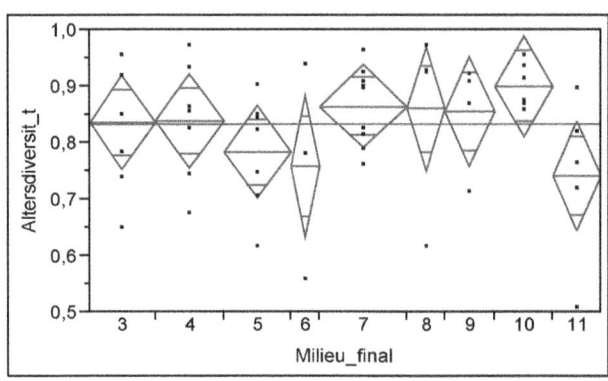

r² korrigiert: 0,038
Signifikanz: 0,291

Einfaktorielle Analyse von Multiplexität nach Milieu

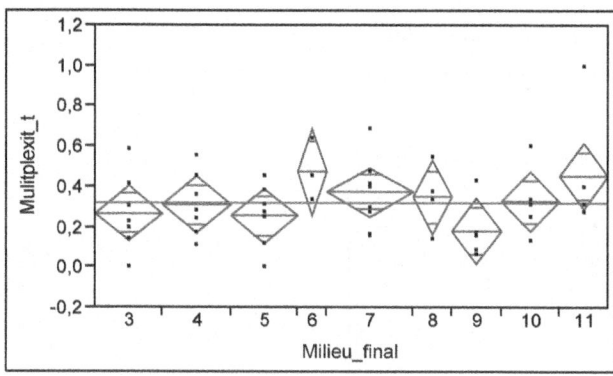

r² korrigiert: 0,038
Signifikanz: 0,291

Legende
3 Postmaterialistisch
4 Alternativ-Engagiert
5 Ökologisch-Sozial
6 Konsumorientiert
7 Hedonistisch
8 Konservativ
9 Traditionsverwurzelt
10 Kleinbürgerlich
11 Bürgerlich-Humanistisch

Einfaktorielle Analyse von Reziprozität nach Milieu

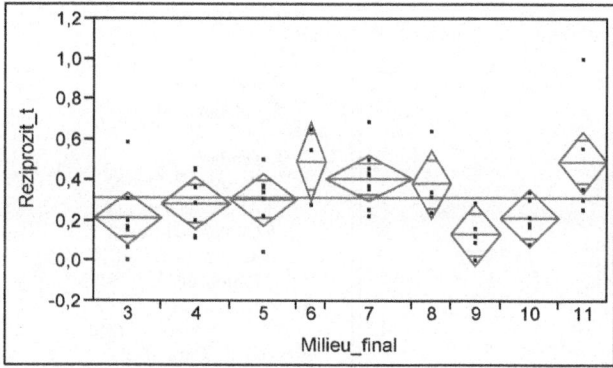

r² korrigiert: 0,226
Signifikanz: <0,05

Abbildungen A2.7 – A2.9

Einfaktorielle Analyse von Kontakthäufigkeit nach Milieu

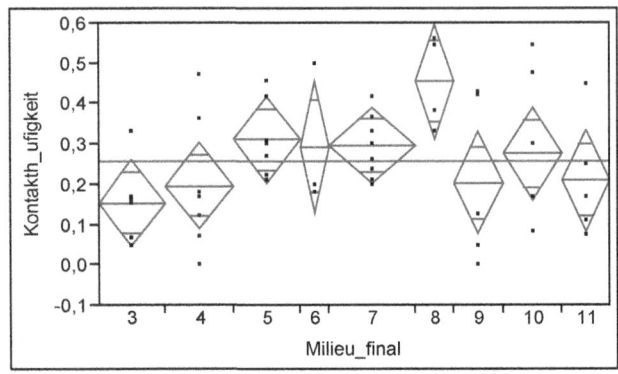

r² korrigiert: 0,137
Signifikanz: 0,065

Einfaktorielle Analyse von Anteil verwandter Alteri nach Milieu

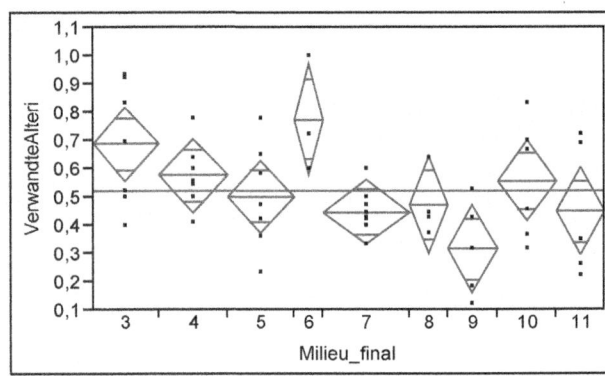

r² korrigiert: 0,24
Signifikanz: <0,01

Legende
3 Postmaterialistisch
4 Alternativ-Engagiert
5 Ökologisch-Sozial
6 Konsumorientiert
7 Hedonistisch
8 Konservativ
9 Traditionsverwurzelt
10 Kleinbürgerlich
11 Bürgerlich-Humanistisch

Einfaktorielle Analyse von Vorstellungshomophilie nach Milieu

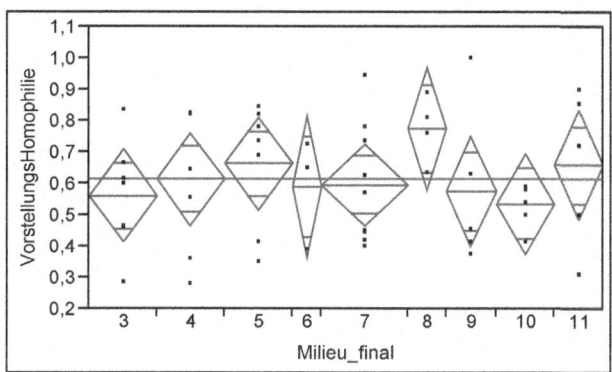

r² korrigiert: -0,055
Signifikanz: 0,722

ANOVA-Analysen zu den Netzwerken der Befragten nach Gesellungsstil

Abbildungen A3.1 – A3.3

Einfaktorielle Analyse von Netzgröße nach Gesellungsstil

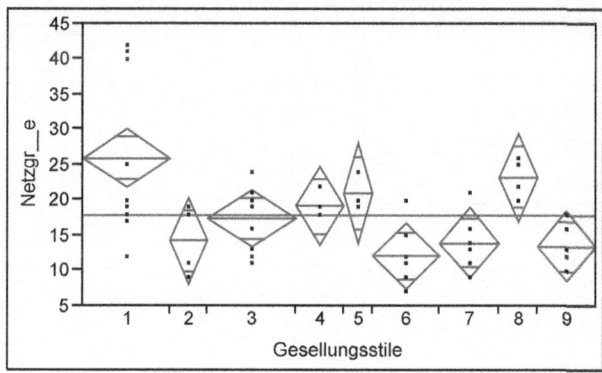

r² korrigiert: 0,327
Signifikanz: <0,01

Einfaktorielle Analyse von Rollendiversität nach Gesellungsstil

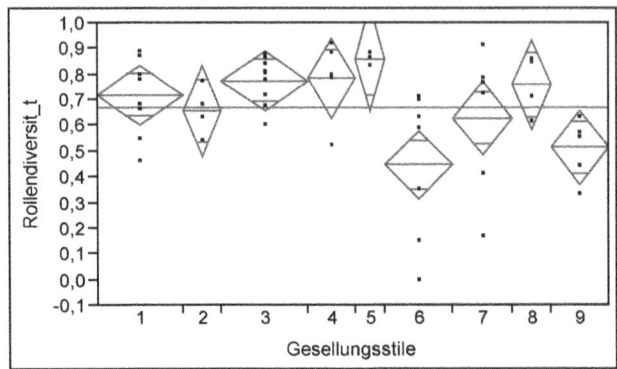

r^2 korrigiert: 0,271
Signifikanz: <0,01

Legende
1 gesellige Erlebnisorientierung
2 funktionale Rigidität
3 Gesinnungsgemeinschaft
4 konventionelle Geselligkeit
5 Ich-Zentrierung
6 konventionelle Familienzentrierung
7 trotzige Isolierung
8 anspruchsvolle Kommunikation
9 zurückhaltende Unsicherheit

Einfaktorielle Analyse von Stautsdiversität nach Gesellungsstil

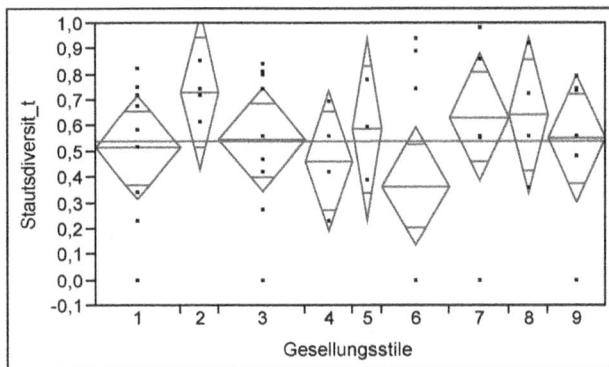

r^2 korrigiert: -0,051
Signifikanz: 0,704

Abbildungen A3.4 – A3.6

Einfaktorielle Analyse von Altersdiversität nach Gesellungsstil

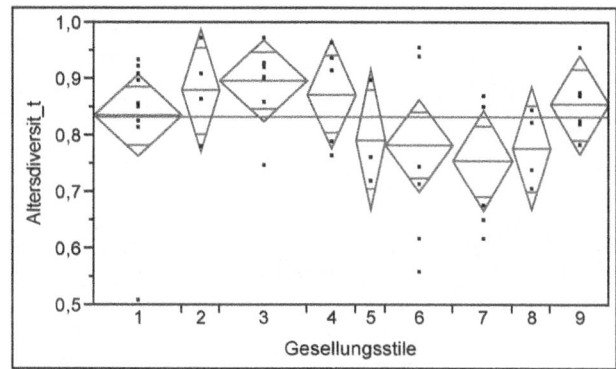

r² korrigiert: 0,057
Signifikanz: 0,226

Einfaktorielle Analyse von Multiplexität nach Gesellungsstil

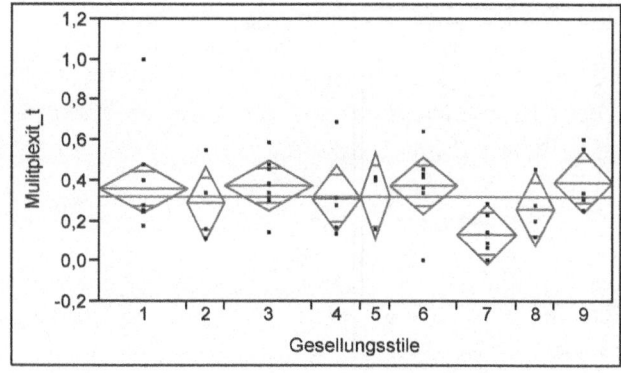

r² korrigiert: 0,031
Signifikanz: 0,318

Legende
1 gesellige Erlebnisorientierung
2 funktionale Rigidität
3 Gesinnungsgemeinschaft
4 konventionelle Geselligkeit
5 Ich-Zentrierung
6 konventionelle Familienzentrierung
7 trotzige Isolierung
8 anspruchsvolle Kommunikation
9 zurückhaltende Unsicherheit

Einfaktorielle Analyse von Reziprozität nach Gesellungsstil

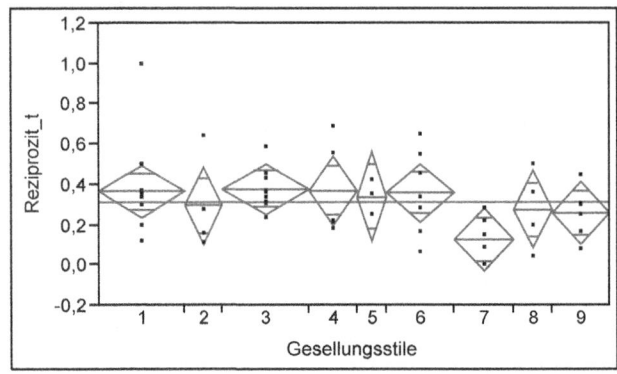

r² korrigiert: 0,022
Signifikanz: 0,352

Abbildungen A3.7 – A3.9

Einfaktorielle Analyse von Kontakthäufigkeit nach Gesellungsstil

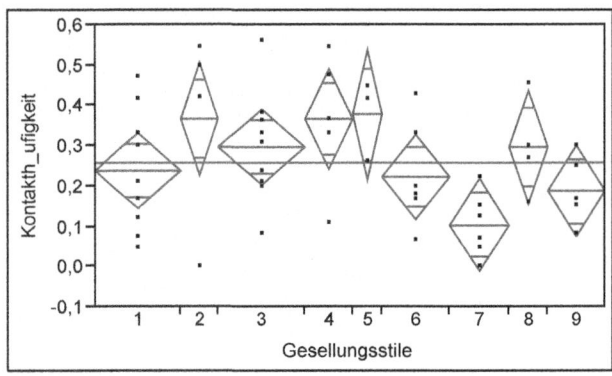

r² korrigiert: 0,169
Signifikanz: <0,05

Einfaktorielle Analyse von Anteil verwandter Alteri nach Gesellungsstil

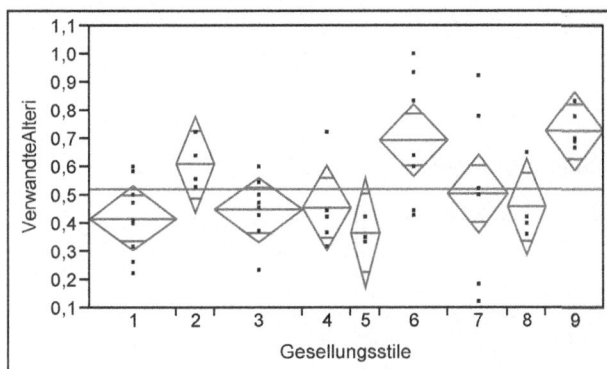

r^2 korrigiert: 0,262
Signifikanz: <0,01

Legende
1 gesellige Erlebnisorientierung
2 funktionale Rigidität
3 Gesinnungsgemeinschaft
4 konventionelle Geselligkeit
5 Ich-Zentrierung
6 konventionelle Familienzentrierung
7 trotzige Isolierung
8 anspruchsvolle Kommunikation
9 zurückhaltende Unsicherheit

Einfaktorielle Analyse von Vorstellungshomophilie nach Gesellungsstil

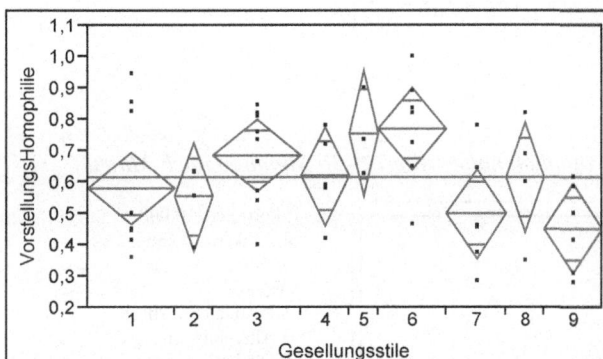

r^2 korrigiert: 0,16
Signifikanz: <0,05

Weitere ANOVA-Analysen zu den Netzwerken der Befragten nach Milieuzugehörigkeit

Abbildungen A4.1 – A4.3

Einfaktorielle Analyse des Männeranteils nach Milieu

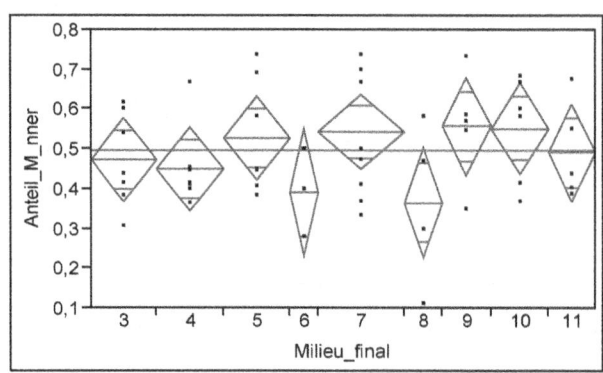

r² korrigiert: 0,031
Signifikanz: 0,316

Einfaktorielle Analyse des Anteils räumlich naher Alteri (<30 Minuten) nach Milieu

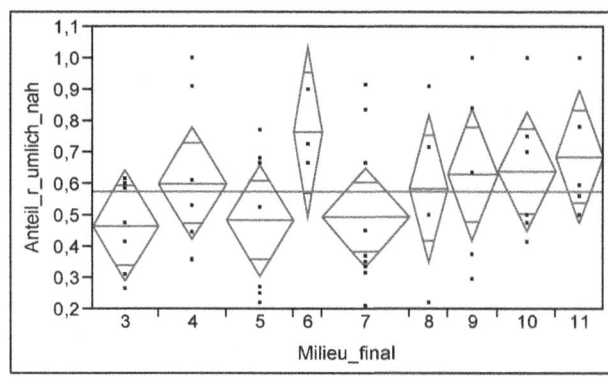

r² korrigiert: -0,008
Signifikanz: 0,486

Legende
3 Postmaterialistisch
4 Alternativ-Engagiert
5 Ökologisch-Sozial
6 Konsumorientiert
7 Hedonistisch
8 Konservativ
9 Traditionsverwurzelt
10 Kleinbürgerlich
11 Bürgerlich-Humanistisch

Einfaktorielle Analyse des Anteils räumlich entfernter Alteri (>60 Minuten) nach Milieu

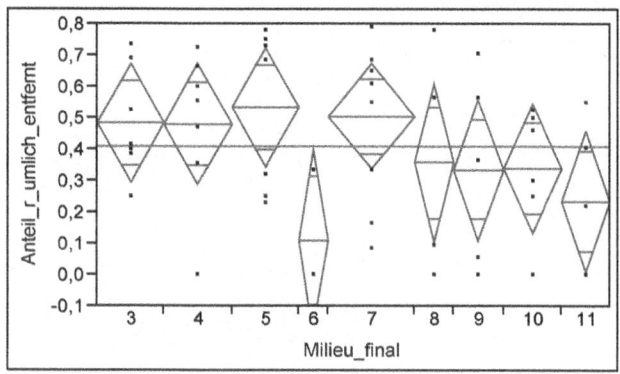

r² korrigiert: 0,073
Signifikanz: 0,18

Abbildungen A4.4 – A4.5

Einfaktorielle Analyse des Anteils der Alteri mit denen man mindesten 1x im Monat eine Bar oder ein Restaurant besucht nach Milieu

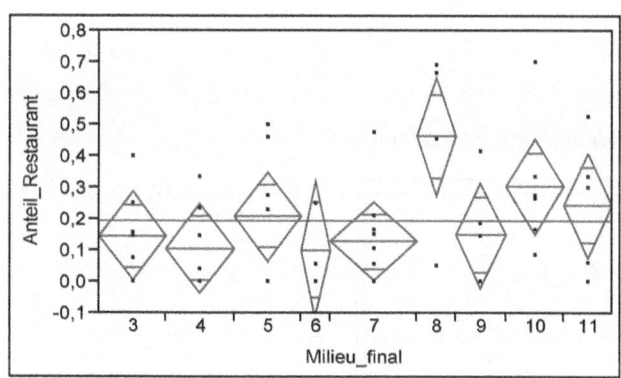

r² korrigiert: 0,119
Signifikanz: 0,089

Einfaktorielle Analyse des Anteils der Alteri mit die man mindesten 1x im Monat zu Hause
besucht, oder von ihnen besucht wird nach Milieu

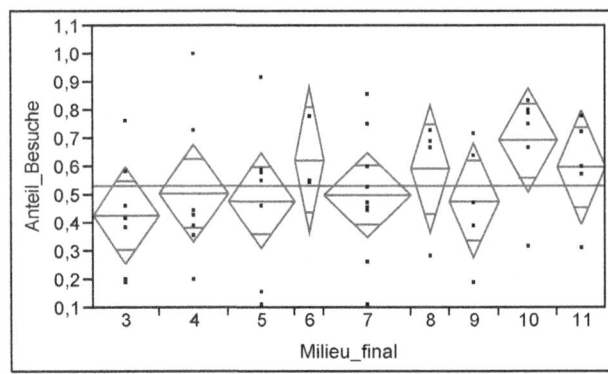

r² korrigiert: -0,024
Signifikanz: 0,568

Legende
 3 Postmaterialistisch
 4 Alternativ-Engagiert
 5 Ökologisch-Sozial
 6 Konsumorientiert
 7 Hedonistisch
 8 Konservativ
 9 Traditionsverwurzelt
10 Kleinbürgerlich
11 Bürgerlich-Humanistisch

Weitere ANOVA-Analysen zu den Netzwerken der Befragten nach Gesellungsstil

Abbildungen A5.1 – A5.3

Einfaktorielle Analyse des Männeranteils nach Gesellungsstil

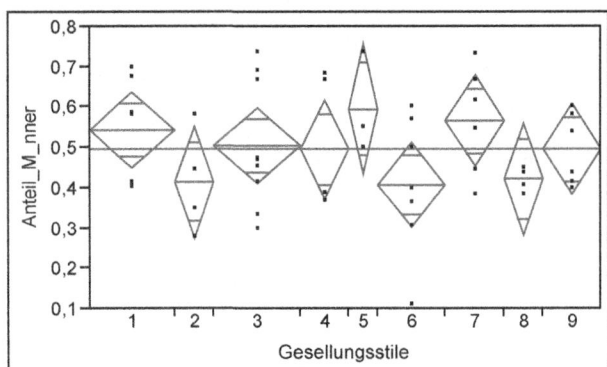

r² korrigiert: 0,032
Signifikanz: 0,314

Einfaktorielle Analyse des Anteils räumlich naher Alteri (<30 Minuten) nach Gesellungsstil

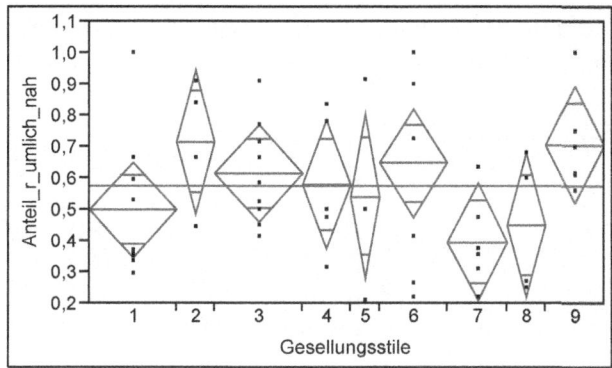

r² korrigiert: 0,046
Signifikanz: 0,263

Legende
1 gesellige Erlebnisorientierung
2 funktionale Rigidität
3 Gesinnungsgemeinschaft
4 konventionelle Geselligkeit
5 Ich-Zentrierung
6 konventionelle Familienzentrierung
7 trotzige Isolierung
8 anspruchsvolle Kommunikation
9 zurückhaltende Unsicherheit

*Einfaktorielle Analyse des Anteils räumlich entfernter Alteri
(>60 Minuten) nach Gesellungsstil*

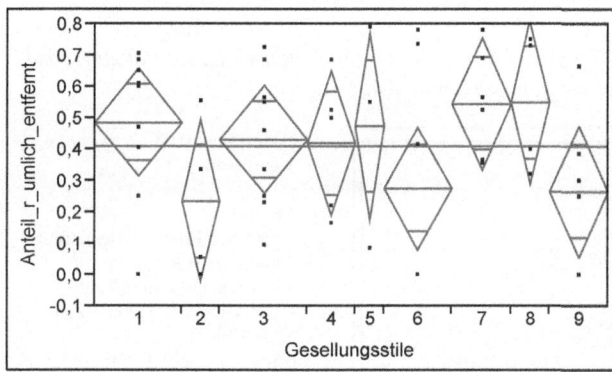

r² korrigiert: 0,031
Signifikanz: 0,316

Abbildungen A5.4 – A5.5

Einfaktorielle Analyse des Anteils der Alteri mit denen man mindesten 1x im Monat eine Bar oder ein Restaurant besucht nach Gesellungsstil

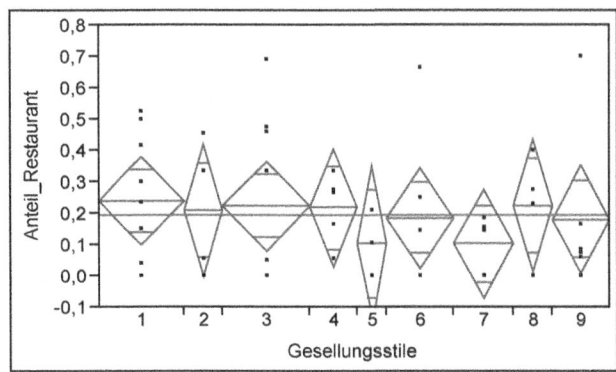

r² korrigiert: -0,119
Signifikanz: 0,959

Einfaktorielle Analyse des Anteils der Alteri mit die man mindesten 1x im Monat zu Hause besucht, oder von ihnen besucht wird nach Gesellungsstil

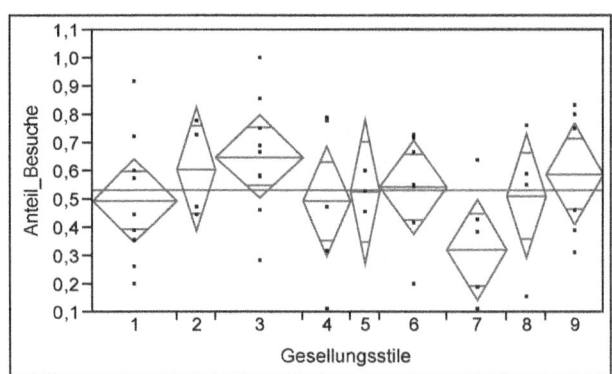

r² korrigiert: 0,03
Signifikanz: 0,32

Legende
1 gesellige Erlebnisorientierung
2 funktionale Rigidität
3 Gesinnungsgemeinschaft
4 konventionelle Geselligkeit
5 Ich-Zentrierung
6 konventionelle Familienzentrierung
7 trotzige Isolierung
8 anspruchsvolle Kommunikation
9 zurückhaltende Unsicherheit

Mittelwerte zur Netzwerkdichte der Befragten nach Milieu und Gesellungsstil

Tabelle A2.1: Netzwerkdichte nach Milieu der Befragten

		Personen die Ego sehr nahe stehen und sich kennen	Personen die Ego nahe stehen und sich kennen	Personen die Ego nicht so nahe stehen und sich kennen	Alle kombi- niert: Anzahl der Personen die sich kennen
Postmaterialistisch	Mittelwert (Standardabw.)	1,57 (,535)	1,57 (,787)	1,75 (,957)	3,00 (,000)
	N	7	7	4	3
Alternativ-Engagiert	Mittelwert (Standardabw.)	1,43 (,535)	2,00 (,816)	2,50 (1,291)	2,20 (,447)
	N	7	7	4	5
Ökologisch-Sozial	Mittelwert (Standardabw.)	1,71 (,756)	1,86 (,690)	2,67 (1,366)	2,50 (,837)
	N	7	7	6	6
Konsumorientiert	Mittelwert (Standardabw.)	1,00 (,000)	2,67 (2,082)	4,00 (1,414)	3,50 (,707)
	N	3	3	2	2
Hedonistisch	Mittelwert (Standardabw.)	1,44 (,527)	2,89 (,601)	2,75 (1,282)	3,44 (,527)
	N	9	9	8	9
Konservativ	Mittelwert (Standardabw.)	1,00 (,000)	2,25 (,500)	3,33 (1,155)	2,75 (,500)
	N	4	4	3	4
Traditionsverwurzelt	Mittelwert (Standardabw.)	1,40 (,894)	1,60 (,548)	2,50 (,577)	2,40 (,548)
	N	5	5	4	5
Kleinbürgerlich	Mittelwert (Standardabw.)	1,17 (,408)	2,17 (,408)	3,83 (,408)	3,17 (,753)
	N	6	6	6	6
Bürgerlich- Humanistisch	Mittelwert (Standardabw.)	1,00 (,000)	2,40 (,548)	3,25 (,957)	3,00 (,816)
	N	5	5	4	4
Insgesamt	Mittelwert (Standardabw.)	1,36 (,558)	2,15 (,841)	2,90 (1,158)	2,89 (,722)
	N	53	53	41	44

Anmerkung: Die Mittelwerte geben den Durchschnittswert aus einer 5er-Skala an, wobei die 1 bedeutet , dass sich alle untereinander kennen, 2: die meisten kennen sich, 3:die Hälfte kennt sich, 4: einige kennen sich und 5: keiner kennt sich

Tabelle A2.2: Netzwerkdichte nach Gesellungsstil der Befragten

		Personen die Ego sehr nahe stehen und sich kennen	Personen die Ego nahe stehen und sich kennen	Personen die Ego nicht so nahe stehen und sich kennen	Alle kombiniert: Anzahl der Personen die sich kennen
gesellige Erlebnis-orientierung	Mittelwert (Standardabw.)	1,44 (,527)	2,44 (1,014)	2,57 (1,397)	2,88 (1,246)
	N	9	9	7	8
funktionale Rigidität	Mittelwert (Standardabw.)	1,00 (,000)	2,50 (1,732)	4,00 (1,000)	3,00 (1,000)
	N	4	4	3	3
Gesinnungsgemein-schaft	Mittelwert (Standardabw.)	1,00 (,000)	2,11 (,601)	3,43 (,976)	2,89 (,601)
	N	9	9	7	9
konventionelle Geselligkeit	Mittelwert (Standardabw.)	1,40 (,548)	2,60 (,548)	3,00 (1,414)	3,00 (,707)
	N	5	5	5	5
Ich-Zentrierung	Mittelwert (Standardabw.)	1,33 (,577)	2,33 (,577)	2,33 (1,155)	2,67 (,577)
	N	3	3	3	3
konventionelle Familienzentrierung	Mittelwert (Standardabw.)	1,29 (,488)	1,43 (,535)	2,50 (1,291)	2,50 (,577)
	N	7	7	4	4
trotzige Isolierung	Mittelwert (Standardabw.)	2,00 (,632)	1,83 (,753)	2,33 (,577)	2,67 (,577)
	N	6	6	3	3
anspruchsvolle Kommunikation	Mittelwert (Standardabw.)	2,00 (,816)	2,00 (,816)	2,50 (,577)	,000
	N	4	4	4	4
zurückhaltende Unsicherheit	Mittelwert (Standardabw.)	1,00 (,000)	2,33 (,516)	3,20 (1,304)	3,20 (,447)
	N	6	6	5	5
Insgesamt	Mittelwert (Standardabw.)	1,36 (,558)	2,15 (,841)	2,90 (1,158)	2,89 (,722)
	N	53	53	41	44

Anmerkung: Die Mittelwerte geben den Durchschnittswert aus einer 5er-Skala an, wobei die 1 bedeutet , dass sich alle untereinander kennen, 2: die meisten kennen sich, 3:die Hälfte kennt sich, 4: einige kennen sich und 5: keiner kennt sich

Mittelwerte zu den Unterstützungsleistungen der Befragten nach Milieu und Gesellungsstil

Tabelle A3.1: Merkmale erhaltener Unterstützungsleistungen nach Milieu der Befragten

Milieuzuordnung	Anteil der Beziehungen im Gesamtnetzwerk, die mit erhaltener Unterstützung verbunden sind		Anteil an Beziehungen am Netzwerk, die nur expressive Unterstützung geben		Anteil an Beziehungen am Netzwerk, die nur instrumentelle Unterstützung geben		Anteil an Beziehungen am Netzwerk, die expressive und instrumentelle Unterstützung geben	
	Mittel-wert	Standard-abw.	Mittel-wert	Standard-abw.	Mittel-wert	Standard-abw.	Mittel-wert	Standard-abw.
Postmaterialis-tisch	0,321	0,185	0,141	0,065	0,104	0,124	0,076	0,091
Alternativ-Engagiert	0,376	0,163	0,174	0,112	0,079	0,079	0,124	0,071
Ökologisch-Sozial	0,440	0,109	0,088	0,036	0,188	0,085	0,163	0,140
Konsumorien-tiert	0,577	0,115	0,198	0,095	0,147	0,137	0,233	0,102
Hedonistisch	0,462	0,164	0,198	0,135	0,051	0,052	0,213	0,119
Konservativ	0,491	0,258	0,212	0,159	0,055	0,065	0,225	0,202
Traditionsver-wurzelt	0,246	0,115	0,058	0,056	0,062	0,075	0,127	0,180
Kleinbürgerlich	0,324	0,139	0,046	0,056	0,080	0,081	0,198	0,119
Bürgerlich-Humanistisch	0,579	0,240	0,298	0,243	0,073	0,080	0,208	0,085
Insgesamt	0,413	0,185	0,153	0,132	0,092	0,091	0,168	0,126

Tabelle A3.2:   Merkmale erhaltener Unterstützungsleistungen nach Gesellungsstil der Befragten

Gesellungsstil	Anteil der Beziehungen im Gesamtnetzwerk, die mit erhaltener Unterstützung verbunden sind		Anteil an Beziehungen am Netzwerk, die nur expressive Unterstützung geben		Anteil an Beziehungen am Netzwerk, die nur instrumentelle Unterstützung geben		Anteil an Beziehungen am Netzwerk, die expressive und instrumentelle Unterstützung geben	
	Mittelwert	Standardabw.	Mittelwert	Standardabw.	Mittelwert	Standardabw.	Mittelwert	Standardabw.
gesellige Erlebnis-orientierung	0,434	0,233	0,166	0,204	0,107	0,079	0,161	0,113
funktionale Rigidität	0,351	0,236	0,073	0,089	0,055	0,079	0,223	0,157
Gesinnungsgemein-schaft	0,476	0,157	0,187	0,137	0,132	0,095	0,157	0,064
konventionelle Geselligkeit	0,381	0,224	0,109	0,088	0,092	0,067	0,180	0,174
Ich-Zentrierung	0,388	0,084	0,202	0,140	0,031	0,027	0,155	0,054
konventionelle Fa-milienzentrierung	0,522	0,191	0,211	0,136	0,089	0,116	0,223	0,154
trotzige Isolierung	0,231	0,103	0,139	0,076	0,080	0,100	0,012	0,029
anspruchsvolle Kommunikation	0,484	0,129	0,115	0,085	0,153	0,135	0,217	0,158
zurückhaltende Unsicherheit	0,374	0,119	0,118	0,121	0,040	0,065	0,217	0,107
Insgesamt	0,413	0,185	0,153	0,132	0,092	0,091	0,168	0,126

ANOVA-Analysen zu den Unterstützungsleistungen der Befragten nach Milieuzugehörigkeit

Abbildungen A6.1 – A6.4

Einfaktorielle Analyse des Anteils von Unterstützungsbeziehungen nach Milieu

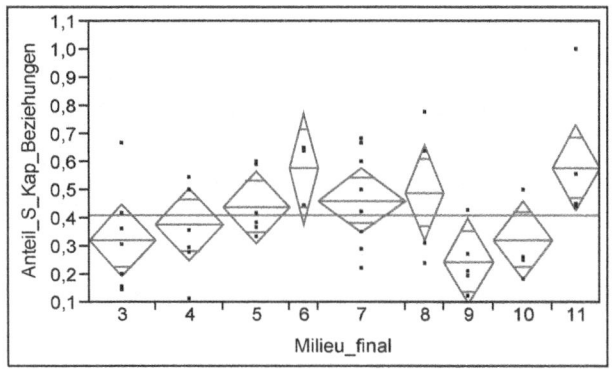

r^2 korrigiert: 0,166
Signifikanz: 0,038

Einfaktorielle Analyse des Anteils expressiver Unterstützungsbeziehungen nach Milieu

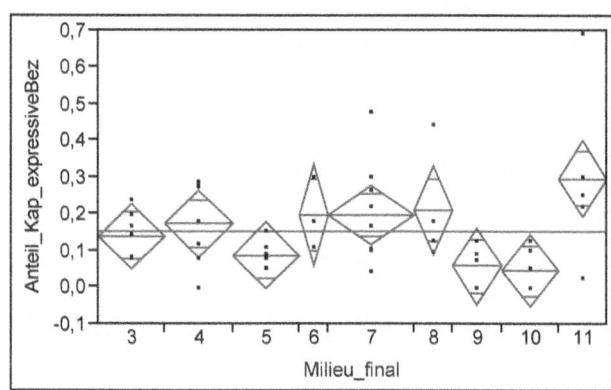

r² korrigiert: 0,197
Signifikanz: 0,02

Legende
3 Postmaterialistisch
4 Alternativ-Engagiert
5 Ökologisch-Sozial
6 Konsumorientiert
7 Hedonistisch
8 Konservativ
9 Traditionsverwurzelt
10 Kleinbürgerlich
11 Bürgerlich-Humanistisch

Einfaktorielle Analyse des Anteils instrumenteller Unterstützungsbeziehungen nach Milieu

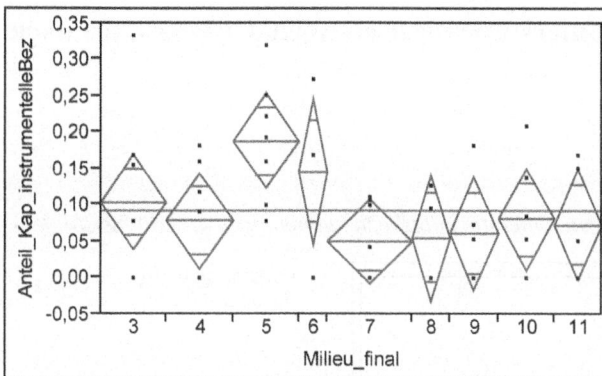

r² korrigiert: 0,104
Signifikanz: 0,113

Einfaktorielle Analyse des Anteils gemischter Unterstützungsbeziehungen nach Milieu

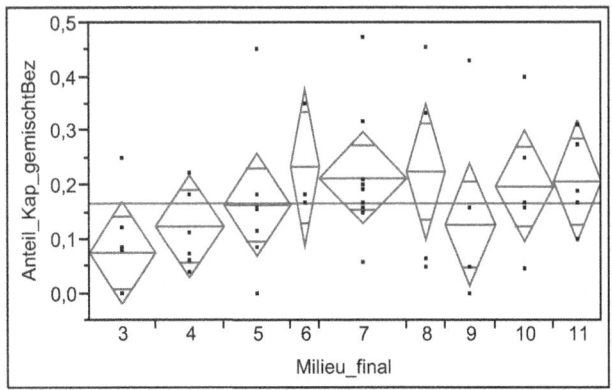

r² korrigiert: 0,018
Signifikanz: 0,372

ANOVA-Analysen zu den Unterstützungsleistungen der Befragten nach Gesellungsstil

Abbildungen A7.1 – A7.4

Einfaktorielle Analyse des Anteils von Unterstützungsbeziehungen nach Gesellungsstil

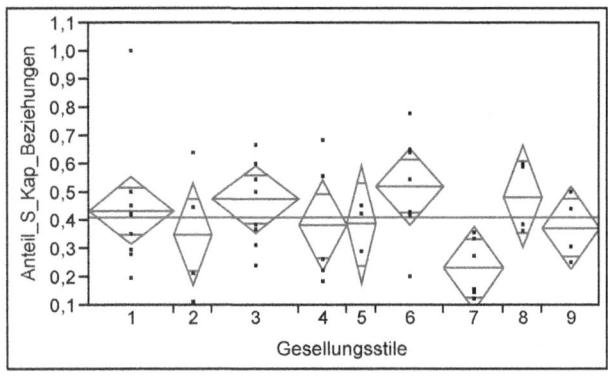

r² korrigiert: 0,066
Signifikanz: 0,199

Einfaktorielle Analyse des Anteils expressiver Unterstützungsbeziehungen nach Gesellungsstil

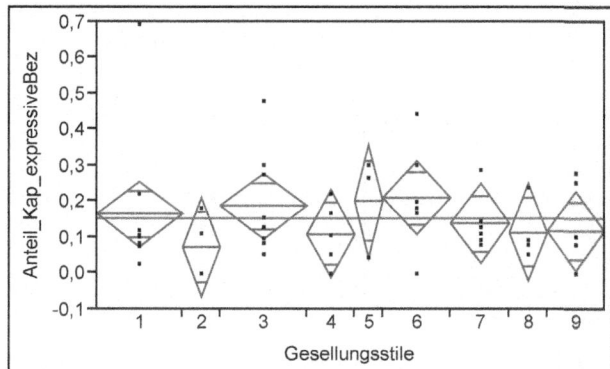

r² korrigiert: -0,061
Signifikanz: 0,751

Legende
1 gesellige Erlebnisorientierung
2 funktionale Rigidität
3 Gesinnungsgemeinschaft
4 konventionelle Geselligkeit
5 Ich-Zentrierung
6 konventionelle Familienzentrierung
7 trotzige Isolierung
8 anspruchsvolle Kommunikation
9 zurückhaltende Unsicherheit

Einfaktorielle Analyse des Anteils instrumenteller Unterstützungsbeziehungen nach Gesellungsstil

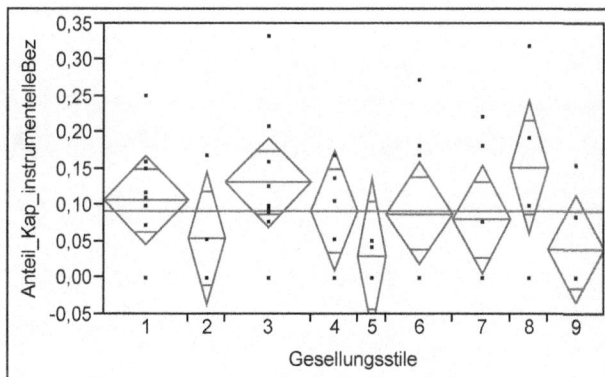

r² korrigiert: -0,002
Signifikanz: 0,46

Einfaktorielle Analyse des Anteils gemischter Unterstützungsbeziehungen nach Gesellungsstil

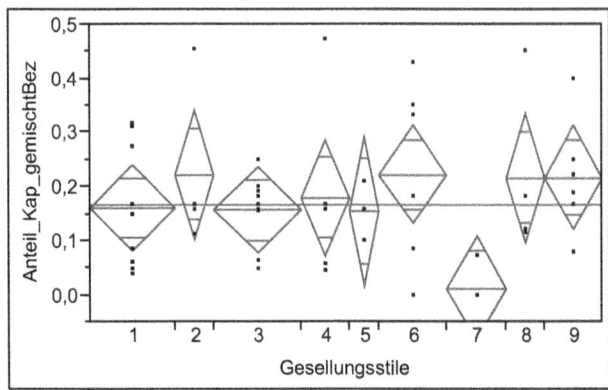

r² korrigiert: 0,114
Signifikanz: 0,096

Anhang B:

Fragebogen

001. **Bei der Kleidung hat ja jeder so seinen eigenen Stil. Nennen Sie mir bitte die Buchstaben,
die auf Sie zutreffen.**

Liste 1 vorlegen!   *Mehrfachnennung möglich!*

Kleiden Sie sich im Allgemeinen ....

A   bequem.. ☐

B   elegant... ☐

C   unauffällig, zurückhaltend............................. ☐

D   modisch.. ☐

E   qualitätsbewusst.. ☐

F   sportlich.. ☐

G   zeitlos.. ☐

H   sexy... ☐

J   ungezwungen, leger...................................... ☐

K   jugendlich.. ☐

L   praktisch, zweckmäßig.................................. ☐

M   auffallend, extravagant................................. ☐

N   figurbetont, eng anliegend............................. ☐

002. **Im Folgenden finden Sie einige Aussagen zu Möbeln und zum Einrichten. Nennen
Sie mir bitte die Buchstaben, die auf Sie zutreffen.**

Liste 2 vorlegen!   *Mehrfachnennung möglich!*

Legen Sie bei ihren Möbeln großen Wert auf ...

A   Funktionalität und Zweckmäßigkeit................. ☐

B   Ihren ganz persönlichen Stil.......................... ☐

C   Einen günstigen Preis................................... ☐

D   Natürliche Materialien und eine
         ökologische Verarbeitung.............................. ☐

E   Behaglichkeit... ☐

F   Exklusivität... ☐

G   Modernes Design... ☐

H   Eine hohe Qualität von Material
         und Verarbeitung.. ☐

003.   **Können Sie ein Musikinstrument spielen?**

Auch Grundkenntnisse!

Ja...........☐   Weiter mit **004**

Nein........☐   Weiter mit **005**

004.   **Welches Instrument/ welche Instrumente können Sie spielen?**

Maximal 3 Nennungen!

_____   _____   _____

005.   **Interessieren Sie sich für Sport?**

Ja...........☐   Weiter mit **006**

Nein........☐   Weiter mit **007**

006.   **Für welche Sportarten interessieren Sie sich?**
Maximal 3 Nennungen!

_____   _____   _____

007. Es folgen nun einige Meinungen zu verschiedenen Aspekten des Lebens, wie z.B. Gesellschaft, Beruf und Privatleben. Sagen Sie mir bitte anhand dieser Skala, in welchem Maß
diese Meinungen und Ansichten für Sie persönlich zutreffen.

Antworten bitte vorlesen! *Liste 3 vorlegen!* *In jede Zeile bitte eine Nennung!*	Trifft voll und ganz zu	Trifft eher zu	Trifft eher nicht zu	Trifft überhaupt nicht zu
1) Ich habe oft den Drang, etwas Neues zu erleben	☐	☐	☐	☐
2) Obwohl mir meine Arbeit Spaß macht, ist mir mein Privatleben wichtiger	☐	☐	☐	☐
3) Ich träume davon, einmal nicht mehr für andere die Dreckarbeit machen zu müssen	☐	☐	☐	☐
4) Der Sinn des Lebens besteht für mich darin, Spaß zu haben	☐	☐	☐	☐
5) Ich habe großes Verständnis für Leute, die nur tun wozu sie gerade Lust haben	☐	☐	☐	☐
6) Im Grunde ist das Leben ganz einfach, man kann sich immer irgendwie arrangieren	☐	☐	☐	☐
7) Durch Weiterbildung kann man seine berufliche Zukunft heute auch nicht mehr sichern	☐	☐	☐	☐
8) In meinem Leben spielen christliche Wertvorstellungen keine Rolle	☐	☐	☐	☐
9) Immer, wenn ich Zeit dazu finde, beschäftige ich mich mit Kultur und Kunst	☐	☐	☐	☐
10) Ich arbeite gern mehr, um mir einiges leisten zu können	☐	☐	☐	☐
11) Für unsereins gibt es wenige Chancen, es zu etwas zu bringen	☐	☐	☐	☐
12) Lebenserfüllung ist nur durch Pflichterfüllung möglich	☐	☐	☐	☐
13) Ideal ist ein Beruf, in dem man politisches und soziales Engagement verwirklichen kann	☐	☐	☐	☐
14) Es ist mir sehr wichtig, dass nichts nach außen dringt, wenn es in meiner Familie Probleme gibt	☐	☐	☐	☐
15) Überstunden sollten verboten werden	☐	☐	☐	☐
16) In einer Ehe sollten beide Partner ihren eigenen Freundes- und Bekanntenkreis haben	☐	☐	☐	☐
17) Bei der Arbeit ist mir vor allem wichtig, mir nichts zuschulden kommen zu lassen	☐	☐	☐	☐
18) Ich persönlich stehe voll und ganz hinter unserem Staat	☐	☐	☐	☐

Fortsetzung auf der nächsten Seite

		Trifft voll und ganz zu	Trifft eher zu	Trifft eher nicht zu	Trifft überhaupt nicht zu
19)	Erfolg im Beruf ist nicht so wichtig.................	☐	☐	☐	☐
20)	Auf Sicherheit pfeife ich. Ich möchte vor allem ein aufregendes Leben führen.........................	☐	☐	☐	☐
21)	Ich überlege mir oft, wie ich aus dieser Gesellschaft aussteigen kann.........................	☐	☐	☐	☐
22)	Ich bin unzufrieden, weil ich mir finanziell zu wenig leisten kann.........................	☐	☐	☐	☐
23)	Ein eigenes Haus zu haben, ist sicherlich sehr schön, aber ich habe keine Lust, mich dafür jahrelang einzuschränken.........................	☐	☐	☐	☐
24)	Wenn ich genügend Geld hätte, würde ich nie mehr arbeiten.........................	☐	☐	☐	☐
25)	Was die Zukunft betrifft, vertraue ich voll auf meine Leistungsfähigkeit.........................	☐	☐	☐	☐
26)	Arbeit ist etwas, womit ich mein Geld verdiene, mehr ist es eigentlich nicht.........................	☐	☐	☐	☐
27)	Meine Devise ist: Genießen und möglichst angenehm leben.........................	☐	☐	☐	☐
28)	Am liebsten würde ich alles hinschmeißen und abhauen.........................	☐	☐	☐	☐
29)	Computer und andere moderne elektronische Geräte machen mir einfach Spaß.........................	☐	☐	☐	☐
30)	Ich kaufe mir oft Dinge, ohne lange darüber nachzudenken, ob ich mir das überhaupt leisten kann.........................	☐	☐	☐	☐
31)	Ich fürchte, dass der technische Fortschritt unser Leben zerstört.........................	☐	☐	☐	☐
32)	Ob ich gesellschaftliches Ansehen genieße oder nicht, ist mir gleichgültig.........................	☐	☐	☐	☐
33)	Nach meiner Auffassung belastet materieller Besitz und schränkt die persönliche Freiheit ein....	☐	☐	☐	☐
34)	Wenn ich es mir richtig überlege, haben Werte wie Sparsamkeit, Sauberkeit und Ordnung für mein Leben eine ziemlich große Bedeutung.........	☐	☐	☐	☐
35)	Ich möchte nicht an später denken, ich lebe hier und jetzt.........................	☐	☐	☐	☐
36)	Eine Frau findet ihre Erfüllung in erster Linie in der Familie.........................	☐	☐	☐	☐

Fortsetzung auf der nächsten Seite

	Trifft voll und ganz zu	Trifft eher zu	Trifft eher nicht zu	Trifft überhaupt nicht zu
37) Es sind vor allem die Arbeitsscheuen, die immer vom Leistungsdruck in unserer Gesellschaft reden..	☐	☐	☐	☐
38) Man sollte sich politisch engagieren, um Unterdrückung und Ausbeutung in unserer Gesellschaft zu bekämpfen.............................	☐	☐	☐	☐
39) Arbeitstugenden wie Disziplin und Pflichtbewusstsein sind mir ein Gräuel................	☐	☐	☐	☐
40) Das Mitspracherecht der Gewerkschaften in der Wirtschaft muss erheblich höher werden..........	☐	☐	☐	☐
41) Jeder, der sich anstrengt, kann sich hocharbeiten..	☐	☐	☐	☐
42) Wer sich alles leistet, was er für sein Geld haben kann, handelt unmoralisch................................	☐	☐	☐	☐
43) Der technische Fortschritt macht für mich das Leben lebenswert......................................	☐	☐	☐	☐

008. Viele Leute in der Bundesrepublik neigen längere Zeit einer bestimmten politischen Partei zu, obwohl sie auch ab und zu mal eine andere Partei wählen?

Wie ist das bei Ihnen: Neigen Sie – ganz allgemein gesprochen – einer bestimmten Partei zu?

Ja............ ☐   Weiter mit **009**

Nein........ ☐   Weiter mit **010**

KA.......... ☐   Weiter mit **010**

009. Sagen Sie mir bitte auch noch welche Partei das ist? Nennen Sie mir bitte den entsprechenden Buchstaben.
Liste 4 vorlegen!   *Falls H, nachfragen: Welche?*

A   CDU/CSU............................ ☐

B   SPD..................................... ☐

C   FDP..................................... ☐

D   Bündnis 90/Die Grünen .... ☐

E   Die Linke (WASG, PDS).......... ☐

F   NPD..................................... ☐

G   Die Republikaner.................... ☐

H   Andere Partei, und zwar:_____

Antwort verweigert................. ☐

010. Wie war das als Sie 18 Jahre alt waren? Neigten Sie da einer bestimmten Partei zu?
Wenn ja, welcher Partei waren Sie in diesem Alter zugeneigt?
Liste 4 vorlegen!   *Falls H, nachfragen: Welche?*

A   CDU/CSU............................ ☐

B   SPD..................................... ☐

C   FDP..................................... ☐

D   Bündnis 90/Die Grünen .... ☐

E   Die Linke (WASG, PDS).......... ☐

F   NPD..................................... ☐

G   Die Republikaner.................... ☐

H   Andere Partei, und zwar:_____

Keine..................….............. ☐

Ich erinnere mich nicht mehr....... ☐

Antwort verweigert................. ☐

011. Es folgen nun einige Aussagen zu Familie, Freunden und Bekannten. Sagen Sie mir bitte auch hier, ob jede Aussage für Sie persönlich voll und ganz zutrifft, eher zutrifft, eher nicht zutrifft oder überhaupt nicht zutrifft.

Antworten bitte vorlesen!
Liste 5 vorlegen!
In jede Zeile bitte eine Nennung!

		Trifft voll und ganz zu	Trifft eher zu	Trifft eher nicht zu	Trifft überhaupt nicht zu
1)	Ich feiere meinen Geburtstag gern mit vielen Leuten	☐	☐	☐	☐
2)	Ich habe Freunde aus allen Kreisen, vom Handwerker bis zum Akademiker	☐	☐	☐	☐
3)	Durch enge Freundschaften fühle ich mich zu sehr gebunden	☐	☐	☐	☐
4)	Ich unternehme viel gemeinsam mit meinen Freunden und Bekannten	☐	☐	☐	☐
5)	Ich lege Wert auf gute Manieren	☐	☐	☐	☐
6)	Für die Pflege von Freundschaften habe ich leider zu wenig Zeit	☐	☐	☐	☐
7)	Im Freundeskreis philosophieren wir öfter über den Sinn des Lebens	☐	☐	☐	☐
8)	Ich kenne unheimlich viele interessante Leute	☐	☐	☐	☐
9)	Manchmal traue ich mich nicht, im Bekanntenkreis etwas zu sagen, weil ich einen dummen Fehler machen könnte	☐	☐	☐	☐
10)	Mit meinen Freunden mache ich gern etwas Verrücktes	☐	☐	☐	☐
11)	Ich treffe mich öfter mit meinen Freunden, um gemeinsam zu kochen	☐	☐	☐	☐
12)	Ich habe außerhalb meiner Familie kaum Freunde und Bekannte	☐	☐	☐	☐
13)	Meine Freunde und ich haben in vielen Dingen die gleichen Ansichten	☐	☐	☐	☐
14)	Ich fürchte, dass andere Leute mich nicht leiden können	☐	☐	☐	☐
15)	Ich mag es nicht, wenn man mich unangekündigt besucht	☐	☐	☐	☐
16)	Ich finde es wichtig, dass die Familie auf jeden Fall zusammenhält	☐	☐	☐	☐
17)	Im Freundeskreis haben wir oft Probleme, einen gemeinsamen Termin zu finden	☐	☐	☐	☐

Fortsetzung auf der nächsten Seite

	Trifft voll und ganz zu	Trifft eher zu	Trifft eher nicht zu	Trifft überhaupt nicht zu
18) Meine Freunde und ich haben in etwa die gleichen Interessen.	☐	☐	☐	☐
19) Es interessiert mich überhaupt nicht, was die Leute über mich reden.	☐	☐	☐	☐
20) Wenn ich mich mit Freunden treffen will, muss ich das richtig planen.	☐	☐	☐	☐
21) Mit meinen Freunden muss ich auch intime Dinge besprechen können.	☐	☐	☐	☐
22) Im Freundeskreis unterhalten wir uns oft über Kunst und Kultur.	☐	☐	☐	☐
23) Ich nehme meine Freunde auch gern mal in den Arm.	☐	☐	☐	☐
24) Wichtig ist, dass ich mich mit meinen Freunden über politische und soziale Fragen auseinandersetzen kann.	☐	☐	☐	☐
25) Viele Freunde zu haben, ist für mich sehr wichtig.	☐	☐	☐	☐
26) Mit meinen Freunden muss ich all meine Sorgen und Probleme besprechen können.	☐	☐	☐	☐
27) Ich stehe gern im Mittelpunkt.	☐	☐	☐	☐
28) Im Freundeskreis verabreden wir uns oft spontan.	☐	☐	☐	☐
29) Ich gehe Streit lieber aus dem Weg.	☐	☐	☐	☐
30) Wenn ich kurzfristig eingeladen werde, sage ich meistens ab.	☐	☐	☐	☐
31) Meine Freunde sind für mich wie eine große Familie.	☐	☐	☐	☐
32) Manchmal habe ich gar keine Lust, mich mit meinen Freunden zu treffen.	☐	☐	☐	☐
33) Ich kann immer auf die Hilfe meiner Freunde zählen.	☐	☐	☐	☐
34) Ich flirte gern.	☐	☐	☐	☐
35) Die Menschen, denen ich nahe stehe, haben im Großen und Ganzen dieselben sozialen und politischen Vorstellungen wie ich.	☐	☐	☐	☐

Fortsetzung auf der nächsten Seite

		Trifft voll und ganz zu	Trifft eher zu	Trifft eher nicht zu	Trifft überhaupt nicht zu
36)	Es fällt mir schwer, Freundschaften zu schließen...............	☐	☐	☐	☐
37)	Ich bin gern mit meinen Verwandten zusammen.................	☐	☐	☐	☐
38)	Ich erwarte von meinen Freunden, dass sie sich in meine Probleme einfühlen können...........	☐	☐	☐	☐

012. **Jeder Mensch hat ja gewisse Vorstellungen von dem, was er in seinem Leben anstrebt. Sind die folgenden Lebensziele für Sie persönlich sehr wichtig, wichtig, weniger wichtig oder unwichtig? Sagen Sie mir bitte was zu dem jeweiligen Buchstaben auf der Liste auf Sie zutrifft.**

Liste 6 vorlegen!
In jede Zeile bitte eine Nennung!

		Sehr wichtig	Wichtig	Weniger wichtig	Un- wichtig
A	Viel mit Freunden zusammen sein.................	☐	☐	☐	☐
B	Eine naturverbundene Lebensweise................	☐	☐	☐	☐
C	Ein aufregendes und abwechslungs- reiches Leben führen...............................	☐	☐	☐	☐
D	Urlaub machen, reisen............................	☐	☐	☐	☐
E	Für andere da sein................................	☐	☐	☐	☐
F	Gutes, attraktives Aussehen......................	☐	☐	☐	☐
G	Nach Sicherheit und Geborgenheit streben........	☐	☐	☐	☐
H	Unabhängig sein..................................	☐	☐	☐	☐
J	Eine Familie / Kinder haben......................	☐	☐	☐	☐
K	Anerkennung durch andere.........................	☐	☐	☐	☐
L	Viel Zeit für persönliche Dinge haben............	☐	☐	☐	☐
M	Eine sinnvolle und befriedigende Arbeit..........	☐	☐	☐	☐
N	Sparsam sein.....................................	☐	☐	☐	☐
O	Sich politisch oder gesellschaftlich engagieren...	☐	☐	☐	☐
P	Führungspositionen übernehmen....................	☐	☐	☐	☐
Q	Phantasievoll, schöpferisch sein.................	☐	☐	☐	☐

013.   Sagen Sie mir bitte, welche der folgenden Verhaltensweisen für Sie persönlich voll und ganz zutreffen, eher zutreffen, eher nicht zutreffen oder überhaupt nicht zutreffen. Sagen Sie mir bitte was zu dem jeweiligen Buchstaben auf der Liste auf Sie zutrifft.

Liste 7 vorlegen!
In jede Zeile bitte eine Nennung!

		Trifft voll und ganz zu	Trifft eher zu	Trifft eher nicht zu	Trifft überhaupt nicht zu
A	Ich führe ein einfaches, bescheidenes Leben	☐	☐	☐	☐
B	Ich verhalte mich besonders umweltbewusst	☐	☐	☐	☐
C	Ich lebe ganz für meine Familie	☐	☐	☐	☐
D	Ich leben nach religiösen Prinzipien	☐	☐	☐	☐
E	Ich bin in der Freizeit besonders aktiv	☐	☐	☐	☐
F	Ich setze mich aktiv für Hilfsbedürftige ein	☐	☐	☐	☐
G	Ich arbeite überdurchschnittlich viel	☐	☐	☐	☐
H	Ich genieße das Leben in vollen Zügen	☐	☐	☐	☐
J	Ich pflege einen gehobenen Lebensstandard	☐	☐	☐	☐
K	Ich gestalte mein Leben in erster Linie nach eigenen Wünschen und Bedürfnissen	☐	☐	☐	☐
L	Ich gehe in meiner Arbeit auf	☐	☐	☐	☐
M	Ich führe ein Leben, das in gleichmäßigen, geordneten Bahnen verläuft	☐	☐	☐	☐
N	Ich kümmere mich nicht um gesellschaftliche Normen und Zwänge	☐	☐	☐	☐

014.   **Sind Sie derzeit Mitglied einer Gewerkschaft?**

Ja........... ☐

Nein........ ☐

KA......... ☐

015.   **War oder ist ihr Vater in einer Gewerkschaft?**

Ja........... ☐

Nein........ ☐

KA......... ☐

016.   **War oder ist ihre Mutter in einer Gewerkschaft?**

Ja........... ☐

Nein........ ☐

KA......... ☐

017.   **Sagen Sie mir bitte, welche der folgenden Aussagen aus Ihrer Sicht voll und ganz zutreffen, eher zutreffen, eher nicht zutreffen oder überhaupt nicht zutreffen.**

Liste 8 vorlegen!
In jede Zeile bitte eine Nennung!

	Trifft voll und ganz zu	Trifft eher zu	Trifft eher nicht zu	Trifft überhaupt nicht zu
A) Im Allgemeinen kann man den Menschen Vertrauen	☐	☐	☐	☐
B) Heutzutage kann man sich auf niemanden mehr verlassen	☐	☐	☐	☐
C) Wenn man mit Fremden zu tun hat, ist es besser, vorsichtig zu sein, bevor man Ihnen vertraut	☐	☐	☐	☐

018.   **Glauben Sie, dass die meisten Leute ...**

Liste 9 vorlegen!
Nur eine Nennung möglich!

A) Sie ausnützen würden, falls Sie ein Möglichkeit dazu hätten........... ☐
B) oder versuchen würden, Ihnen gegenüber fair zu sein?........................ ☐

019. **Würden Sie sagen, das die Leute die meiste Zeit …**

Liste 10 vorlegen!
Nur eine Nennung möglich!

A) versuchen, hilfsbereit zu sein……………………………..……….□

B) oder nur ihre eigenen Interessen verfolgen?……………………………□

020. **Was würden Sie sagen: Wie viele enge Freunde haben Sie?**

Genannte Zahl eintragen!

☐ enge Freunde

021. **Wie oft kommt es vor, …**

Antworten bitte vorlesen!
Liste 11 vorlegen!
In jede Zeile bitte eine Nennung!

	Sehr oft	Oft	Manchmal	Selten	Nie
A) …dass Sie Ihren Freunden persönliche Dinge leihen (z.B. CDs, Bücher, Auto, Fahrrad)?	□	□	□	□	□
B) …dass Sie Ihren Freunden Geld leihen?	□	□	□	□	□
C) …dass Sie die Tür zu Ihrer Wohnung unversperrt lassen?	□	□	□	□	□

022. **Wie würden Sie das Verhältnis zu Ihren Nachbarn im Allgemeinen beschreiben. Was von dieser Liste trifft am ehesten zu?**

Liste 12 vorlegen!   *Nur eine Nennung!*

A) Ich kenne meine Nachbarn nicht…………□

B) Ich habe Grußkontakt zu meinen Nachbarn.□

C) Ich rede hin und wieder mit meinen Nachbarn, wir helfen uns gegenseitig aus……………□

D) Wir besuchen uns gegenseitig……………□

023. **Wie steht es um Ihr Vertrauen zu Ihren Nachbarn? Ich vertraue….**

Liste 13 vorlegen!   *Nur eine Nennung!*

A)…gar keinem Nachbarn………………………□

B)…einem Nachbarn…………………………….□

C)…ein paar Nachbarn…………………………□

D)…vielen Leuten in der Nachbarschaft……..□

024. Auf dieser Liste stehen unterschiedliche Meinungen zu verschiedenen Aspekten der Politik. Kreuzen Sie bitte selbst an, ob jede Aussage für Sie persönlich voll und ganz zutrifft, eher zutrifft, eher nicht zutrifft oder überhaupt nicht zutrifft. Bitte kreuzen Sie in jeder Zeile eine Nennung an.

Fragebogen an die befragte Person übergeben!

		Trifft voll und ganz zu	Trifft eher zu	Trifft eher nicht zu	Trifft überhaupt nicht zu
1)	Wenn man heute als Bürger politisch etwas erreichen will, muss man die Dinge selbst in die Hand nehmen............................	☐	☐	☐	☐
2)	Ich finde es gut, wenn Leute für ihre politischen Ziele auf die Straße gehen...............	☐	☐	☐	☐
3)	Ich glaube, dass es in einer Bürgerinitiative menschlicher zugeht als sonst in der Politik.........	☐	☐	☐	☐
4)	Politiker, die immer höflich und beherrscht sind, kann ich nicht leiden...........................	☐	☐	☐	☐
5)	Das Mitspracherecht der Arbeitnehmer an ihrem Arbeitsplatz muss sehr viel größer werden...	☐	☐	☐	☐
6)	Die Ausländer, die bei uns in Deutschland leben, sollten das Wahlrecht bekommen..............	☐	☐	☐	☐
7)	Ich meine: Politik ist Männersache..................	☐	☐	☐	☐
8)	Das Profitdenken der Unternehmer steht einer Lösung des Arbeitslosenproblems im Wege...	☐	☐	☐	☐
9)	Es ist die Aufgabe des Staates, die sozial Schwachen unbedingt abzusichern...................	☐	☐	☐	☐
10)	Frauen sind genauso wie Männer geeignet, führende Positionen in der Gesellschaft einzunehmen..	☐	☐	☐	☐
11)	Die Gewerkschaften mit ihren überzogenen Forderungen behindern den wirtschaftlichen Aufschwung..	☐	☐	☐	☐
12)	Wenn es in einem Betrieb zu größeren Entlassungen kommt, sollten sich die Arbeitnehmer dagegen wehren, notfalls auch mit Streiks..........	☐	☐	☐	☐
13)	Ich meine: Die Politiker sollen regieren und den Bürger in Ruhe lassen.......................	☐	☐	☐	☐
14)	Für mich gibt es wichtigere Dinge zu tun, als mich um Politik zu kümmern...................	☐	☐	☐	☐

Fortsetzung auf der nächsten Seite.

	Trifft voll und ganz zu	Trifft eher zu	Trifft eher nicht zu	Trifft überhaupt nicht zu
15) Ich fühle mich ganz einfach überfordert, in der großen Politik mitzureden...............	☐	☐	☐	☐
16) In der Politik geschieht selten etwas, was dem kleinen Mann nützt...................	☐	☐	☐	☐
17) Es ist egal, welche Partei man wählt, ändern wird sich doch nichts................	☐	☐	☐	☐
18) Moralische Grundsätze gelten heute in der Politik nichts mehr..................	☐	☐	☐	☐
19) Politiker können versprechen, was sie wollen, ich glaube ihnen nichts mehr..............	☐	☐	☐	☐
20) Ich fürchte, dass ich meinen heutigen Lebensstandard in den nächsten Jahren nicht aufrechterhalten kann................	☐	☐	☐	☐
21) Ich meine, dass die Politiker viele Probleme unnötig verkomplizieren............	☐	☐	☐	☐
22) Früher lebten die Menschen glücklicher, weil es noch nicht so viele Probleme gab........	☐	☐	☐	☐
23) Es ist Aufgabe der Politik, den Bürgern ein Gefühl der Geborgenheit zu geben..........	☐	☐	☐	☐
24) Anstatt sich dauernd zu bekämpfen, sollten die Politiker lieber an einem Strang ziehen......	☐	☐	☐	☐
25) Zu einem vertrauenswürdigen Politiker gehört für mich ein seriöses Auftreten..........	☐	☐	☐	☐
26) Von der Politik erwarte ich in erster Linie, dass sie den erreichten Lebensstandard sichert........	☐	☐	☐	☐
27) In der heutigen Zeit muss sich jeder alleine durchsetzen und sollte nicht auf die Hilfe anderer rechnen.................	☐	☐	☐	☐
28) Die meisten, die heutzutage im Leben nichts erreichen, sind selber Schuld................	☐	☐	☐	☐
29) Soziale Gerechtigkeit bedeutet für mich, dass jeder den Platz in der Gesellschaft erhält, den er auf Grund seiner Leistungen verdient............	☐	☐	☐	☐
30) Heutzutage brauchen wir in der Politik harte Männer..................	☐	☐	☐	☐

Fortsetzung auf der nächsten Seite.

		Trifft voll und ganz zu	Trifft eher zu	Trifft eher nicht zu	Trifft überhaupt nicht zu
31)	Ich sehe nicht ein, dass wir unseren hart erarbeiteten Wohlstand mit anderen teilen sollten..	☐	☐	☐	☐
32)	Um mit dem Ausländerproblem fertig zu werden, müssen unsere Behörden weit mehr Vollmachten als bisher erhalten...............	☐	☐	☐	☐
33)	Wir Deutsche haben einige gute Errungenschaften, die andere Völker nicht haben......................	☐	☐	☐	☐
34)	Gerade wir Deutschen sollten politisch verfolgten Menschen Asyl gewähren...............	☐	☐	☐	☐
35)	Bei uns in der Bundesrepublik werden Ausländer bevorzugt und Deutsche benachteiligt...	☐	☐	☐	☐
36)	Ich finde es gut, wenn Angehörige vieler Nationen in einem Land zusammenleben............	☐	☐	☐	☐
37)	Wir sind ein reiches Land, weil wir fleißiger und tüchtiger sind, als andere......................	☐	☐	☐	☐
38)	Die vielen Flüchtlinge aus allen Teilen der Welt entwickeln sich zu einer ernsthaften Bedrohung für unser Land.......................	☐	☐	☐	☐
39)	Ich meine, Politik sollte von Profis gemacht werden..	☐	☐	☐	☐
40)	Poltische Parteien sollten sich als Dienstleister für den Bürger verstehen.............	☐	☐	☐	☐
41)	Ein Politiker verdient grundsätzlich Vertrauen, weil er sich um das Wohl der Allgemeinheit kümmert..........................	☐	☐	☐	☐
42)	Wirklich fähige Leute gehen nicht in die Politik, weil man dort nicht genug verdient..	☐	☐	☐	☐
43)	Politische Probleme sind durch kühlen Sachverstand zu lösen.....................	☐	☐	☐	☐
44)	Ich weiß genau, welches meine politische Partei ist; eine andere würde ich nie wählen.........	☐	☐	☐	☐
45)	Wenn jemand genügend leistet, braucht er sich keine Sorgen um seinen Arbeitsplatz zu machen..	☐	☐	☐	☐

Bitte übergeben Sie den Fragebogen wieder an den Interviewer.

Nun möchte ich Ihnen einige Fragen zu Ihrer Person stellen.

025. **Haben Sie zur Zeit einen festen Partner / eine feste Partnerin?**

Ja............☐   Weiter mit **026**

Nein........☐   Weiter mit **028**

KA..........☐   Weiter mit **028**

026. **Ist ihr Partner / ihre Partnerin zur Zeit berufstätig? Was von dieser Liste trifft auf ihr / sie zu?**

Liste 14 vorlegen!

A. Voll berufstätig (mindestens 35 Stunden pro Woche)..........☐

B. Teilweise berufstätig (15 bis 34 Stunden pro Woche)..........☐

C. Hausfrau / Hausmann (unter 15 Stunden pro Woche)..........☐

D. Hausfrau / Hausmann ohne Berufsausübung.....................☐

E. Nur von Fall zu Fall oder von „Job zu Job" berufstätig.........☐

F. Zur Zeit arbeitslos...☐

G. Rentner, Pensionär..☐

H. In Berufsausbildung, Lehrling (auch Fachschule)...............☐

J. Schüler...☐

K. Student..☐

L. Wehrpflichtiger, Zivildienstleistender...........................☐

KA..☐

027. **Bitte ordnen Sie die berufliche Stellung ihres Partners / ihrer Partnerin nach der folgenden Liste zu. Falls Er/Sie nicht mehr oder zur Zeit nicht berufstätig ist, geben Sie bitte Seine/Ihre letzte berufliche Stellung an.**

Liste 15 vorlegen!

Kennziffer hier eintragen..................☐☐

Partner/in war nie berufstätig..................☐

KA...☐

028. **Darf ich Sie fragen, welcher Konfession oder Religionsgemeinschaft Sie angehören?**

Liste 16 vorlegen!   *Nur eine Nennung möglich!*

A   evangelisch.................☐

B   katholisch..................☐

C   andere Konfession, und zwar: _____

D   keine Konfession............☐...

Antwort verweigert...☐

KA.....................☐

029. **Sagen Sie mir bitte, in welchem Monat und in welchem Jahr Sie geboren sind?**

Zweistellig!   *Vierstellig!*

Monat:...........☐☐   Jahr:............☐☐☐☐

Achtung: Bitte auf korrekte Angaben achten!

030. **Sind Sie im Gebiet des heutigen Deutschland geboren?**

Ja...........☐   Weiter mit **032**

Nein........☐   Weiter mit **031**

KA..........☐   Weiter mit **032**

031. **Seit wann leben Sie im Gebiet des heutigen Deutschland? Bitte nenne Sie mir das Jahr.**

Seit dem Jahr:.....☐☐☐☐

Weiß nicht..........☐

KA..................☐

032. **Welchen allgemeinbildenden Schulabschluss haben Sie? Bitte nennen Sie mir den Buchstaben ihres höchsten Schulabschlusses.**

Liste 17 vorlegen!
Nur eine Nennung möglich!   *Nur den höchsten Schulabschluss angeben lassen!*

A   Noch Schüler.. ☐

B   Schule beendet ohne Abschluss.. ☐

C   Volks-/Hauptschulabschluss bzw. Polytechnische
     Oberschule mit Abschluss 8. oder 9. Klasse.................... ☐

D   Mittlere Reife, Realschulabschluss bzw. Polytechnische
     Oberschule mit Abschluss 10.Klasse............................... ☐

E   Fachhochschulreife (Abschluss einer Fachoberschule etc.)................ ☐

F   Abitur bzw. Erweiterte Oberschule mit
     Abschluss 12. Klasse (Hochschulreife)............................. ☐

G   Fachhochschul-/Hochschulzugangsberechtigung über
     den zweiten Bildungsweg.. ☐

H   Anderen Abschluss, und zwar: _____

     KA.. ☐

033. **Welchen beruflichen Abschluss haben Sie? Was von dieser Liste trifft auf Sie zu? Nennen Sie mir bitte die entsprechenden Kennbuchstaben.**

Liste 18 vorlegen!
Mehrfachnennungen möglich, außer wenn L genannt!

A   Beruflich-betriebliche Anlernzeit
     mit Abschluss, aber keine Lehre....................................... ☐

B   Teilfacharbeiterabschluss.. ☐

C   Abgeschlossene gewerbliche oder
     landwirtschaftliche Lehre.. ☐

D   Abgeschlossene kaufmännische Lehre............................... ☐

E   Berufliches Praktikum, Volontariat................................... ☐

F   Berufsfachschulabschluss.. ☐

G   Fachschulabschluss.. ☐

H   Meister-, Techniker- oder gleichwertiger
     Fachschulabschluss.. ☐

J   Fachhochschulabschluss
     (auch Abschluss einer Ingenieurschule)............................. ☐

K   Hochschulanschluss... ☐

L   keinen beruflichen Ausbildungsabschluss.......................... ☐

M   anderen beruflichen Ausbildungsabschluss, und zwar:_____

     KA.. ☐

034. **Sind Sie zur Zeit berufstätig? Was von dieser Liste trifft auf Sie zu? Nennen Sie mir bitte den Buchstaben, der auf Sie zutrifft.**

Liste 19 vorlegen!

A. Voll berufstätig (mindestens 35 Stunden pro Woche)..........☐

B. Teilweise berufstätig (15 bis 34 Stunden pro Woche)..........☐

C. Hausfrau / Hausmann (unter 15 Stunden pro Woche)..........☐

D. Hausfrau / Hausmann ohne Berufsausübung....................☐

E. Nur von Fall zu Fall oder von „Job zu Job" berufstätig.........☐

F. Zur Zeit arbeitslos..☐

G. Rentner, Pensionär...☐

H. In Berufsausbildung, Lehrling (auch Fachschule)..............☐

J. Schüler...☐

K. Student...☐

L. Wehrpflichtiger, Zivildienstleistender...........................☐

KA..☐

035. **Bitte ordnen Sie Ihre berufliche Stellung nach der folgenden Liste zu. Falls Sie nicht mehr oder zur Zeit nicht berufstätig sind, geben Sie bitte Ihre letzte berufliche Stellung an. Nennen Sie mir bitte die entsprechende Ziffer.**

Liste 20 vorlegen!

Kennziffer hier eintragen.................☐☐

Ich war nie berufstätig.........................☐
KA..☐

036. **Wie viele Kinder haben Sie?**

Anzahl der Kinder ☐☐

037. **Welchen Familienstand haben Sie? Nennen Sie mir bitte den entsprechenden Buchstaben.**

Liste 21 vorlegen!   Nur eine Nennung möglich!

A   Verheiratet und leben mit Ihrem Partner zusammen......... ☐

B   Verheiratet, Partner wohnt aber überwiegend woanders.... ☐

C   Verheiratet getrennt lebend ohne neuen Partner............. ☐

D   Verheiratet getrennt lebend mit neuem Partner
         zusammenlebend.. ☐

E   Verheiratet getrennt lebend mit neuem Partner,
         er (sie) wohnt aber woanders.................................... ☐

F   Geschieden, ohne neuen Partner.............................. ☐

G   Geschieden, mit neuem Partner zusammenlebend........... ☐

H   Geschieden, mit neuem Partner, er (sie) wohnt
         aber woanders.. ☐

J   Verwitwet, ohne neuen Partner............................... ☐

K   Verwitwet, mit neuem Partner zusammenlebend............. ☐

L   Verwitwet, mit neuem Partner, er (sie) wohnt
         aber woanders.. ☐

M   Ledig, ohne Partner.. ☐

N   Ledig, mit Partner zusammenlebend........................ ☐

O   Ledig, mit Partner, er (sie) wohnt
         aber woanders.. ☐

KA.. ☐

---

038. **Wie viele Personen leben ständig in Ihrem Haushalt – ich meine, die hier essen und schlafen – Sie selbst mit eingeschlossen? Denken Sie bitte auch an Kinder.**

Anzahl der Personen hier eintragen........... ☐☐

Wenn die Befragte Person nur sich angibt, dann: **Weiter mit Frage 040.**

---

039. **Wie viele davon sind ...**

Bitte darauf achten, dass die Befragte Person mit angegeben wird!

Kinder unter 3 Jahren.......... ☐☐ Kind/-er

Kinder von 3-5 Jahren.......... ☐☐ Kind/-er

Kinder von 6-13 Jahren .... ☐☐ Kind/-er

Kinder von 14-17 Jahren....... ☐☐ Kind/-er

Personen ab 18 Jahren?.......... ☐☐ Person/-en

Bitte darauf achten, dass die Summe mit der Anzahl in Frage 038 übereinstimmt!

040. **Ich bitten Sie nun um Angaben zu Ihrem eigenen Lebenslauf ab dem Alter von 15 Jahren.**

Den Fragebogen an die befragte Person übergeben!

Bitte füllen Sie das Schema wie folgt aus:

Kreuzen Sie bitte in den Kästchen unter den entsprechenden Altersangaben an, was auf Sie zutraf. Wichtig ist, dass für **alle** Jahre Ihres Lebens bis heute etwas angekreuzt ist. Wenn in einem Jahr mehreres zutrifft, können Sie mehreres Ankreuzen.

Im Alter von...	15	16	17	18	19	20	21	22	23	24	25	26	27	28	29	30	31	32	33	34	35
war ich:																					
in Schule, Studium, Ausbildung, Abendschule........	☐	☐	☐	☐	☐	☐	☐	☐	☐	☐	☐	☐	☐	☐	☐	☐	☐	☐	☐	☐	☐
beim Wehrdienst/Zivildienst, im Krieg/ in Gefangenschaft.....	☐	☐	☐	☐	☐	☐	☐	☐	☐	☐	☐	☐	☐	☐	☐	☐	☐	☐	☐	☐	☐
Voll berufstätig, (einschl. Zeit-/Berufssoldat).....	☐	☐	☐	☐	☐	☐	☐	☐	☐	☐	☐	☐	☐	☐	☐	☐	☐	☐	☐	☐	☐
teilzeitbeschäftigt oder geringfügig erwerbstätig.........	☐	☐	☐	☐	☐	☐	☐	☐	☐	☐	☐	☐	☐	☐	☐	☐	☐	☐	☐	☐	☐
arbeitslos..........................	☐	☐	☐	☐	☐	☐	☐	☐	☐	☐	☐	☐	☐	☐	☐	☐	☐	☐	☐	☐	☐
Hausfrau/Hausmann..............	☐	☐	☐	☐	☐	☐	☐	☐	☐	☐	☐	☐	☐	☐	☐	☐	☐	☐	☐	☐	☐
Im Ruhestand, Rentner/ Pensionär (auch Vorruhestand)..	☐	☐	☐	☐	☐	☐	☐	☐	☐	☐	☐	☐	☐	☐	☐	☐	☐	☐	☐	☐	☐
Sonstiges, und zwar:_____	☐	☐	☐	☐	☐	☐	☐	☐	☐	☐	☐	☐	☐	☐	☐	☐	☐	☐	☐	☐	☐

36 37 38 39	40 41 42 43 44	45 46 47 48 49	50 51 52 53 54	55 56 57 58 59	60 61 62 63 64	65
☐ ☐ ☐ ☐	☐ ☐ ☐ ☐ ☐	☐ ☐ ☐ ☐ ☐	☐ ☐ ☐ ☐ ☐	☐ ☐ ☐ ☐ ☐	☐ ☐ ☐ ☐ ☐	☐
☐ ☐ ☐ ☐	☐ ☐ ☐ ☐ ☐	☐ ☐ ☐ ☐ ☐	☐ ☐ ☐ ☐ ☐	☐ ☐ ☐ ☐ ☐	☐ ☐ ☐ ☐ ☐	☐
☐ ☐ ☐ ☐	☐ ☐ ☐ ☐ ☐	☐ ☐ ☐ ☐ ☐	☐ ☐ ☐ ☐ ☐	☐ ☐ ☐ ☐ ☐	☐ ☐ ☐ ☐ ☐	☐
☐ ☐ ☐ ☐	☐ ☐ ☐ ☐ ☐	☐ ☐ ☐ ☐ ☐	☐ ☐ ☐ ☐ ☐	☐ ☐ ☐ ☐ ☐	☐ ☐ ☐ ☐ ☐	☐
☐ ☐ ☐ ☐	☐ ☐ ☐ ☐ ☐	☐ ☐ ☐ ☐ ☐	☐ ☐ ☐ ☐ ☐	☐ ☐ ☐ ☐ ☐	☐ ☐ ☐ ☐ ☐	☐
☐ ☐ ☐ ☐	☐ ☐ ☐ ☐ ☐	☐ ☐ ☐ ☐ ☐	☐ ☐ ☐ ☐ ☐	☐ ☐ ☐ ☐ ☐	☐ ☐ ☐ ☐ ☐	☐
☐ ☐ ☐ ☐	☐ ☐ ☐ ☐ ☐	☐ ☐ ☐ ☐ ☐	☐ ☐ ☐ ☐ ☐	☐ ☐ ☐ ☐ ☐	☐ ☐ ☐ ☐ ☐	☐
☐ ☐ ☐ ☐	☐ ☐ ☐ ☐ ☐	☐ ☐ ☐ ☐ ☐	☐ ☐ ☐ ☐ ☐	☐ ☐ ☐ ☐ ☐	☐ ☐ ☐ ☐ ☐	☐

Bitte übergeben Sie nach Fertigstellung den Fragbogen wieder dem Interviewer.

041. **Aus welchen Quellen bestreiten Sie vorwiegend Ihren Lebensunterhalt? Nennen Sie mir bitte maximal 2 der entsprechenden Buchstaben.**

Liste 22 vorlegen!   *2 Nennungen möglich!*

A   Eigene Erwerbs-/Berufstätigkeit......................☐

B   Eigene Rente/Pension..................................☐

C   Arbeitslosengeld I.......................................☐

D   Arbeitslosengeld II......................................☐

E   Unterhalt durch Eltern................................☐

F   Unterhalt durch (Ehe-)Partner......................☐

G   Eigenes Vermögen, Vermietung,
         Zinsen, Altenteil..☐

H   Sozialhilfe und sonstige Unterstützungen............☐

J   BaföG / Stipendium.................……......☐

K   Rente des Ehepartners/Witwenrente................☐

042. **Wie hoch ist etwa das monatliche Haushaltseinkommen, d.h. das Netto-Einkommen, dass Sie alle zusammen im Haushalt nach Abzug der Steuern und Sozialversicherungen haben? Denken Sie bitte auch an Rente, Pension oder Unterstützung. Bitte nenne Sie mir den entsprechenden Buchstaben auf der Liste.**

Liste 23 vorlegen!

Haushaltseinkommen........☐

KA...☐

Spontane Antwort des Befragten.........☐

Schätzung des Befragten.................☐

Schätzung des Interviewers..............☐

Falls „weiß nicht": Nachfragen: Schätzen Sie doch bitte einmal.
Falls Angabe verweigert schätzen Sie bitte selbst.

043. **Und wie hoch ist Ihr persönliches monatliches Nettoeinkommen, dass Sie selbst nach Abzug der Steuern und Sozialversicherung haben? Denken Sie auch hier an Rente, Pension oder Unterstützung. Bitte nenne Sie mir den entsprechenden Buchstaben auf der Liste.**

Liste 21 vorlegen!

Persönliches Einkommen.... ☐

Kein persönliches Einkommen........... ☐

KA................................. ☐

Spontane Antwort des Befragten......... ☐

Schätzung des Befragten................. ☐

Schätzung des Interviewers.............. ☐

Falls „weiß nicht": Nachfragen: Schätzen Sie doch bitte einmal.
Falls Angabe verweigert schätzen Sie bitte selbst.

044. **Es wird heute viel über die verschiedenen Schichten in der Bevölkerung gesprochen. Welcher Schicht rechnen Sie sich selber eher zu? Nennen Sie mir bitte den entsprechenden Buchstaben von der Liste.**

Liste 24 vorlegen!   *Nur eine Nennung möglich!*

A) Unterschicht........... ☐

B) Arbeiterschicht........ ☐

C) Mittelschicht.......... ☐

D) Obere Mittelschicht... ☐

E) Oberschicht............ ☐

Keiner dieser Schichten.. ☐

Einstufung abgelehnt..... ☐

Weiß nicht................ ☐

KA........................ ☐

045. **Als Sie 15 waren, welche berufliche Stellung traf damals auf Ihren Vater zu? Bitte nennen Sie mir die entsprechende Ziffer auf der Liste.**

Liste 25 vorlegen!

Kennziffer hier eintragen................. ☐☐

Wenn keine Antwort zutrifft, bitte nachfragen, ob eine der folgenden Antworten zutrifft.

Vater war zu der Zeit Rentner/Pensionär............☐

Vater war zu der Zeit arbeitslos......................☐

Vater war zu der Zeit im Krieg/Gefangenschaft....☐

Vater lebte zu der Zeit nicht mehr...................☐

Vater unbekannt.......................................☐

Weiß nicht...☐

KA..☐

046. **Als Sie 15 waren, welche berufliche Stellung traf damals auf Ihre Mutter zu? Bitte nennen Sie mir die entsprechende Ziffer auf der Liste.**

Liste 25 vorlegen!

Kennziffer hier eintragen................. ☐☐

Wenn keine Antwort zutrifft, bitte nachfragen, ob eine der folgenden Antworten zutrifft.

Mutter war zu der Zeit Rentner/Pensionär...........☐

Mutter war zu der Zeit arbeitslos....................☐

Mutter lebte zu der Zeit nicht mehr.................☐

Weiß nicht...☐

KA..☐

047. Wo haben Sie den größten Teil Ihrer Kindheit bis zum 15. Lebensjahr verbracht?

Antworten bitte vorlesen!

In einer Großstadt..............☐

In einer mittleren Stadt........☐

In einer Kleinstadt.............☐

Auf dem Lande.................☐

048. Und in welchem der heutigen Bundesländer war das?

Namen des Bundeslandes nennen lassen und eintragen!

Außerhalb des heutigen Gebietes von Deutschland...............☐

049. Haben Sie oder hatten Sie Geschwister?
Falls Ja: Wie viele Brüder und wie viele Schwestern?

Ja..............☐........und zwar: ☐ ☐

                                  Brüder   **Schwestern**

Nein..........☐

050. Nun interessieren mich die Personen, mit denen Sie in ihrem Leben so zu tun haben. *Bunte Arbeitsblätter Vorlegen!* Vor Ihnen liegen drei Arbeitsblätter mit unterschiedlichen Farben. Die Farbe der Listen entspricht der Nähe der Personen zu Ihnen. Diese Listen verbleiben bei Ihnen und dienen nur der Erfassung zusätzlicher Informationen anhand der laufenden Nummern auf den Listen. Ihre Kontakte bleiben also anonym. Bitte tragen Sie auf die Listen die Namen der Personen ein, die in Ihrem Leben eine Rolle spielen. Denken Sie dabei an verschiedene Bereiche Ihres Lebens wie, Familie, Freunde, Beruf oder Freizeit. *Liste 26 vorlegen!* Beginnen wir mit der roten Liste, also Personen, die in Ihrem Leben eine Rolle spielen und Ihnen sehr nahe stehen. Tragen Sie bitte alle Personen, die Ihnen einfallen, namentlich in die Liste ein. Nutzen Sie als Orientierung bitte die Beispiele der Lebensbereiche auf Liste 26.

Nach der roten Liste, gleiche Aufforderung für die gelbe und dann die blaue Liste.

051. Nun bitte ich Sie noch um ein paar Informationen zu diesen Personen. Dafür haben wir diese Vorlagentafeln vorbereitet. *Liste 27 vorlegen!* Nehmen Sie bitte zuerst die rote Liste. Sagen sie mir bitte zu der ersten Person, die Kennziffer.

Uns Interessieret:
A) das Alter der Person,
B) wie lange Sie sich kennen,
C) in welcher Beziehung die Person zu Ihnen steht,
D) die Ähnlichkeit ihrer Vorstellungen und Einstellungen zum Leben und
E) die Kontakthäufigkeit,
F) welchen Beruf die Person ausübt,
G) die Kommunikation mit der Person und
H) woher Sie die Person kennen

Jede Person auf den Listen durchgehen und die Informationen nennen lassen. Beginnen Sie mit der roten Liste, darauf folgen die gelbe und dann die blaue Liste. Wenn alle Personen aufgenommen wurden: Weiter mit Frage 52.

Bitte darauf achten, dass die Kennziffern exakt angegebene werden, da die Nummern über die verschiedenen Listen nicht fortlaufend sind.

Kenn-ziffer	**A** Alter	**B** Wie lange kennen Sie sich?	**C** In welcher Beziehung steht die Person zu Ihnen?	**D** Ähnlichkeit der Vorstellungen und Einstellungen zum Leben	**E** Kontakt-häufigkeit	**F** Beruf	**G** Diskussions-situationen	**H** Kennenlern-situation
	☐	☐	☐	☐	☐		☐	☐
	☐	☐	☐	☐	☐		☐	☐
	☐	☐	☐	☐	☐		☐	☐
	☐	☐	☐	☐	☐		☐	☐
	☐	☐	☐	☐	☐		☐	☐
	☐	☐	☐	☐	☐		☐	☐
	☐	☐	☐	☐	☐		☐	☐
	☐	☐	☐	☐	☐		☐	☐
	☐	☐	☐	☐	☐		☐	☐

Fortsetzung auf der nächsten Seit

052. **Ich nenne Ihnen nun verschiedene Situationen des Alltags. Sagen Sie mir bitte die Kennziffer der Personen, die schon mal Unterstützung von Ihnen erhalten hat. Dazu legen Sie bitte die bunten Listen nebeneinander und geben mir die entsprechenden Kennziffern an.**

Antworten bitte vorlesen!   Lassen Sie die befragte Person bei jeder Antwort alle 3 Listen durchgehen!

Tragen Sie die Kennziffern bitte getrennt durch Kommata ein.

A) Rat bei wichtigen
   Angelegenheiten gegeben _____

B) Hilfe bei Jobfragen gegeben _____

C) Pflege bei ernsthaften
   Erkrankungen geleistet _____

D) Bei Wohnungs-
   renovierungen
   oder Umzug geholfen _____

E) Bei der
   PC-Nutzung geholfen _____

F) Bin für die Person da gewesen,
   als sie mit jemandem
   über Ihre Sorgen
   oder Ärger sprechen wollte _____

G) Finanzielle Unterstützung
   geleistet _____

053. **Nun interessiert mich, von wem Sie Hilfe erhalten. Sagen Sie mir bitte die Kennziffer der Personen, von der Sie in den folgenden Situationen schon mal Unterstützung erhalten haben. Dazu legen Sie bitte die bunten Listen nebeneinander und geben mir die entsprechenden Kennziffern an.**

Antworten bitte vorlesen!   Lassen Sie die befragte Person bei jeder Antwort alle 3 Listen durchgehen!
Tragen Sie die Kennziffern bitte getrennt durch Kommata ein.

A) Rat bei wichtigen
Angelegenheiten erhalten

B) Hilfe bei Jobfragen erhalten

C) Pflege bei ernsthaften
Erkrankungen erhalten

D) Hilfe bei Wohnungs-
renovierungen
oder Umzug erhalten

E) Hilfe bei der
PC-Nutzung erhalten

F) Person war für mich da,
als ich mit jemandem
über meine Sorgen
oder Ärger sprechen wollte

G) Finanzielle Unterstützung
erhalten

054. Wenn Sie jetzt auf ihre Kontaktlisten schauen, können Sie mir mitteilen, ob Sie mit Jemandem zuweilen eine schwierige Zeit gehabt hatten? Damit meine ich, dass Sie verschiedener Meinung waren oder mit dieser Person einen Konflikt über eine längere Zeit
hatten. Gehen Sie bitte Ihre Listen durch und nennen Sie mir bitte die entsprechenden
Kennziffern.

__ __,__ __,__ __,__ __,__ __,__ __,__ __,__ __,__ __,__ __,__ __,__ __,__ __

Keine Person...........☐

056. Bitte nehmen Sie die rote Liste und sagen mir: Wie viele Personen....

Antwortvorgaben bitte vorlesen!

	Rote Liste	Gelbe Liste	Blaue Liste
A... sind weiblich.............................	☐☐	☐☐	☐☐
B... sind männlich........................	☐☐	☐☐	☐☐
C... leben in Deutschland und weniger als 30 Minuten entfernt.............	☐☐	☐☐	☐☐
D...leben in Deutschland und weiter als 1 Stunde entfernt.................	☐☐	☐☐	☐☐
E... leben außerhalb von Deutschland..........................	☐☐	☐☐	☐☐
F... treffen sich mit Ihnen mindestens einmal im Monat in einer Bar oder einem Restaurant	☐☐	☐☐	☐☐
G... besuchen Sie mindestens einmal im Monat zu Hause oder werden von Ihnen besucht............	☐☐	☐☐	☐☐

*Das gleiche Prozedere nach Abschluss der roten Liste mit der gelben und der blauen Liste
durchführen!*

057. Bitte gehen sie nacheinander die farbigen Listen durch und schätzen Sie, wie viele der Personen auf den Listen einander kennen?

Liste 28 vorlegen!   Hier muss nicht mehr genau gezählt werden, schätzen genügt!

	Alle	Die meisten	Die Hälfte	Einige	Keine
A) Rote Liste	☐	☐	☐	☐	☐
B) Gelbe Liste	☐	☐	☐	☐	☐
C) Blaue Liste	☐	☐	☐	☐	☐
D) Alle Menschen kombiniert	☐	☐	☐	☐	☐

058. Inwieweit stimmen Sie den folgenden Aussagen über sich und ihre sozialen Beziehungen zu?

Liste 29 vorlegen!
Antworten Vorlesen!

	Trifft voll und ganz zu	Trifft eher zu	Trifft eher nicht zu	Trifft überhaupt nicht zu
Wenige Freunde, auf die man sich verlassen kann sind mir lieber, als viele lose Bekannte	☐	☐	☐	☐
Wenn ich in schwierigen Situationen bin, kenne ich immer jemanden, der mir helfen kann	☐	☐	☐	☐
Ich sehe Kontaktpflege immer auch als Investition in die Zukunft an	☐	☐	☐	☐
Beruflich kommt man heute ohne Beziehungen nicht weit	☐	☐	☐	☐
Wenn ich ein Anliegen habe, scheue ich mich nicht auch weniger gute Bekannte anzusprechen	☐	☐	☐	☐
Ich bin jemand, der schnell Kontakt zu anderen findet	☐	☐	☐	☐
Von mir nahe stehenden Personen würde ich mir keine Arbeit vermitteln lassen	☐	☐	☐	☐
Beruflich vertraue ich stärker auf meine Abschlüsse/Qualifikationen als auf Beziehungen	☐	☐	☐	☐

059. Ich werde Ihnen nun einige Berufe vorlesen. Bitte sagen Sie mir jeweils, ob es in Ihrem persönlichen Umfeld mindestens eine Person gibt, die den jeweiligen Beruf ausübt und mit der Sie in
Kontakt stehen.

Liste 30 vorlegen!

Haben Sie Kontakt zu einem/ einer ….

Antwortvorgaben bitte vorlesen!

*Wenn ja, nachfragen, ob
Freund, Bekannter oder Verwandter
Mehrfachnennung möglich!*

	Ja	Nein	Freund	Bekannter	Verwandter
…Krankenschwester oder einen Krankenpfleger?	☐	☐	☐	☐	☐
…Ingenieur oder eine Ingenieurin, der/die seinen/ihren Beruf in Deutschland ausüben?	☐	☐	☐	☐	☐
…Fernfahrer/in?	☐	☐	☐	☐	☐
…Gebäude-/Hausmeister/in?	☐	☐	☐	☐	☐
…Verkäufer/in?	☐	☐	☐	☐	☐
…Polizisten/in?	☐	☐	☐	☐	☐
…Arzt oder eine Ärztin, der/die in Deutschland seinen/ihren Beruf ausüben?	☐	☐	☐	☐	☐
…Bankkaufmann oder eine Bankkauffrau?	☐	☐	☐	☐	☐
…Kraftfahrzeugmechaniker/in?	☐	☐	☐	☐	☐
…Jurist/in, wie z.B. einen Anwalt oder eine Anwältin oder einen Richter oder eine Richterin?	☐	☐	☐	☐	☐
…Informatiker/in?	☐	☐	☐	☐	☐
…Grund-, Haupt- oder Realschullehrer/in?	☐	☐	☐	☐	☐
…Personalfachmann/-frau?	☐	☐	☐	☐	☐
…Abgeordnete/r?	☐	☐	☐	☐	☐

060. **Hier unterhalten sich zwei Personen.** *Liste 31 vorlegen!* **Wem von beiden würden Sie eher recht geben: A oder B?**

Nur eine Nennung!

A) Ich binde niemandem auf, wie es mir geht.
Nach außen lieber bescheiden, aber im
Hintergrund Geld – das ist mein Prinzip......................☐

B) Wenn man Erfolg im Leben hat, soll man es
auch zeigen. Wenn die Leute sehen, dass man
es zu was gebracht hat, dann respektieren Sie einen.........☐

061. **Auf dieser Liste unterschiedliche Meinungen zu verschiedenen Eigenschaften. Geben Sie bitte an, was davon für Sie persönlich voll und ganz zutrifft, eher zutrifft, eher nicht zutrifft oder überhaupt nicht zutrifft. Bitte kreuzen Sie in jeder Zeile eine Nennung an.**

Fragebogen an die befragte Person übergeben!

		Trifft voll und ganz zu	Trifft eher zu	Trifft eher nicht zu	Trifft überhaupt nicht zu
1)	Unabhängigkeit ist mir sehr wichtig	☐	☐	☐	☐
2)	Ich kann mich gut durchsetzen	☐	☐	☐	☐
3)	Ich übernehme gern Verantwortung	☐	☐	☐	☐
4)	Geld braucht man zum leben, zu mehr nicht	☐	☐	☐	☐
5)	Autorität sollte man sich unterordnen	☐	☐	☐	☐
6)	Es ist mir wichtig, andere Menschen von meiner Meinung zu überzeugen	☐	☐	☐	☐
7)	Jedes Problem kann verbal gelöst werden	☐	☐	☐	☐
8)	Ich bin sehr zielstrebig	☐	☐	☐	☐
9)	Jeder hat das Recht auf eine eigene Meinung, unabhängig davon wie diese aussieht	☐	☐	☐	☐
10)	Die Menschen kann man in 2 Klassen einteilen: die Schwachen und die Starken	☐	☐	☐	☐
11)	Bei gemeinsamen Unternehmungen übernehme ich gern die Führung	☐	☐	☐	☐
12)	Bestimmte Probleme lassen sich nur mit Gewalt lösen	☐	☐	☐	☐
13)	Ich gebe anderen oft Ratschläge/Empfehlungen	☐	☐	☐	☐
14)	Viel Geld zu haben bedeutet unabhängig zu sein	☐	☐	☐	☐
15)	Auf Autorität reagiere ich meist abwehrend	☐	☐	☐	☐
16)	Ich versuche die Meinungen der Menschen in meiner Umgebung zu beeinflussen	☐	☐	☐	☐
17)	Ich lasse mich durch andere leicht von meinen Zielen abbringen	☐	☐	☐	☐
18)	Ich lehne Gewalt grundsätzlich ab	☐	☐	☐	☐
19)	Viel Geld zu haben, ist mir sehr wichtig	☐	☐	☐	☐

The manufacturer's authorised representative in the EU is Springer
Nature Customer Service Centre GmbH, Europaplatz 3, 69115 Heidelberg,
Germany. If you have any concerns regarding our products, please
contact ProductSafety@springernature.com

Printed and bound by CPI Group (UK) Ltd, Croydon, CR0 4YY
27/04/2026
02097648-0002